촛불과 함께한
모든 날이 행복했습니다

촛불과 함께한 모든 날이 행복했습니다
박근혜 퇴진 촛불항쟁의 역사

2021년 12월 30일 초판 1쇄 발행

엮은이 | 퇴진행동 기록기념위원회
편저자 | 박석운 · 주제준
펴낸이 | 김영호
펴낸곳 | 도서출판 동연
등 록 | 제1-1383호(1992. 6. 12.)
주 소 | 서울시 마포구 월드컵로 163-3
전 화 | (02)335-2630
전 송 | (02)335-2640
이메일 | h-4321@hanmail.net
블로그 | https://blog.naver.com/dong-yeon-press

ISBN 978-89-6447-749-6 03040

촛불과 함께한
모든 날이 행복했습니다

박근혜 퇴진 촛불항쟁의 역사

퇴진행동 기록기념위원회 **엮음** | 박석운 · 주제준 **편저**

동연

| 사진 1 | 2015년 11월 14일 종로구청 입구 사거리에서 경찰이 민중총궐기 참가자에게 물대포를 쏘고 있다. 물대포를 맞고 실신한 보성 지역 백남기 농민과 그를 구조하려는 참가자들에게 계속해서 물대포를 쏘고 있다. 이날 갑호비상령이 내려진 가운데 경찰은 최루액으로 범벅된 물대포를 직사하였다. 70세 가까운 고령의 백남기 농민은 직사 물대포로 쓰러져 의식불명이 되었고, 심지어는 당시 경찰이 부상자를 후송하던 앰뷸런스나 도망가는 시민들을 인도까지 추적해 가며 직사하는 방식으로 물대포를 난사하였다. 이 동영상을 접한 국민들이 큰 충격을 받았다. ⓒ 민중의소리 양지웅 기자

| 사진 2 | 2016년 10월 1일 서울 종로구 대학로에서 열린 백남기 농민 추모대회를 마친 시민들이 국가폭력의 책임자 처벌을 촉구하며 백남기 농민이 쓰러진 종로구청 입구 사거리(르메이에르빌딩 앞)까지 행진하고 있다. 전남 보성에서 올라온 백남기 농민은 밥쌀 수입 중단, 쌀값 공약 이행 등을 촉구하던 도중 직사 물대포를 머리에 맞고 쓰러진 이후 317일 만인 2016년 9월 25일 끝내 운명하셨다. ⓒ 민중의소리 정의철 기자

┇ | 사진 3 | 제1차 퇴진촛불 당시인 2016년 10월 29일 저녁, 행진도중 광화문 광장으
로 기습 진입한 시민들을 기동경찰이 둘러싸면서 다른 시민들의 합류를 차단하고 있
다. 제1차 퇴진촛불은 2016년 10월 29일 청계광장에서 열렸고, 행진은 청계로와 보신각
을 거쳐 종로2가 인근 북인사마당까지 진행될 예정이었다. 청계광장을 가득 메운 3만여명
의 집회 참가자들은 집회를 마치고 행진을 하는 도중 보신각에서 진로를 바꾸어 종로통을
거쳐 광화문 광장으로 진입했다. ⓒ 함형재

┇ | 사진 4 | 2016년 10월 29일. 제1차 퇴진촛불 당시 광화문 광장에 진입한 시민들이
세종대왕상 앞까지 진출했던 장면. 당시 경찰은 광화문에 경찰 병력을 배치하여 저
지선을 설치하였지만, 분노한 시민들의 기세에 밀려 경찰의 저지선은 한꺼번에 무너져 버
렸다. ⓒ 함형재

| 사진 5 | 2016년 11월 5일의 제2차 퇴진촛불은 백남기 농민의 장례식으로 시작했다. 사망한 지 41일 만에 비로소 장례를 치를 수 있었다. 백남기 농민의 희생은 퇴진촛불의 마중물이 되었다. ⓒ 함형재

| 사진 6 | 2016년 11월 5일의 제2차 퇴진촛불 당시 광화문에서 진행된 촛불집회를 마친 후, 종로통을 통해 종로3가를 돌아 을지로와 퇴계로 등을 거쳐 광화문 광장으로 돌아오는 가두행진을 진행하는 장면. 제2차 퇴진촛불에는 제1차 퇴진촛불 참가자보다 10배가 넘는 30만 명이 참여했다. ⓒ 함형재

| 사진 7 | 2016년 11월 12일의 제3차 퇴진촛불에는 무려 100만 명이 운집했다. 광화문을 비롯해 종로, 서대문, 태평로 등에는 촛불을 든 시민으로 빈틈이 없었다. 촛불은 아름다웠고 또 감동적이었다. ©금속노동자 신동준

| 사진 8 | 2016년 11월 12일의 100만 촛불행동에 앞서 민중총궐기투쟁본부는 오후 4시부터 서울시청 광장에서 '박근혜정권퇴진 2016민중총궐기대회'를 열었다. 당시 서울 전역에서 사전대회를 마친 노동자, 농민, 도시빈민, 청년학생, 여성, 시민, 청소년 등 20여만 명이 집결하였는데, 민중총궐기대회를 마친 민중들은 가두행진을 거친 후 저녁 7시 반부터 광화문 광장에서 열리는 범국민촛불행동에 참가하여 제3차 퇴진촛불의 마중물이 되었다. 당시 가두행진 하고 있는 장면. ⓒ 민중의소리 정의철 기자

| 사진 9 | 2016년 12월 3일의 제6차 퇴진촛불에 광화문 광장에 170만 명을 포함해 전국적으로 모두 232만 명의 시민이 참가했다. 참가한 시민들이 촛불을 들고 거대한 파도를 연출하는 모습은 실로 감동적인 장면이었다. © **연합뉴스**

| 사진 10 | 2016년 12월 3일. 제6차 퇴진촛불 당시 청와대 경계 지점에서 약 100m 떨어진 효자치안센터 앞에서 수많은 시민들이 박근혜 대통령의 즉각 퇴진을 요구하고 있다. 경찰은 매번 금지통보를 했지만 법원은 그때마다 청와대 인근 500m → 400m → 200m → 100m 앞까지 행진을 열어주었다. ⓒ **오마이뉴스 유성호 기자**

| 사진 11 | 동학농민항쟁의 지도자 전봉준의 이름을 딴 '전봉준 투쟁단' 농민들이 11월 15일부터 전국 각지에서 트랙터와 농기계 연 1,000여대를 몰고 꼬박 열흘을 달려 서울로 진입하려 했으나 경찰이 가로막았다. 농민들은 이를 뚫고 박근혜 탄핵 소추안 의결일인 12월 9일에 국회 앞으로 진입했다. ⓒ **함형재**

| 사진 12 | 박근혜 대통령 탄핵 소추안이 가결된 이튿날인 2016년 12월 10일. 서울 광화문 일대에서 제7차 촛불집회를 진행한 후, 시민들이 청운동주민센터 앞에서 폭죽을 터뜨리고 있다. ⓒ 민중의소리 정의철 기자

| 사진 13 | 2016년 12월 9일. 국회에서 박근혜 대통령 탄핵소추안이 가결되었다. 불참 1, 찬성 234, 반대 56, 무효 7이었다. 12월 3일의 232만 촛불을 지켜본 정치권은 박근혜 탄핵소추안을 서둘러 상정했고, 집권여당인 새누리당은 분열되었다. 시민들은 국회 앞에서 기념촬영을 했다. 시민들의 표정이 밝다. © 함형재

| 사진 14 | 촛불은 매주 토요일 진행되었다. 2016년의 마지막 날인 12월 31일. 제10
차 퇴진촛불, 송박영신(送朴迎新) 문화제다. 박근혜는 보내고, 새로운 해를 맞이한다
는 뜻이다. © 민중의소리 양지웅 기자

| 사진 15 | 2017년 2월 25일. "박근혜 4년 이제는 끝내자" 제17차 촛불집회의 제목이다. 박근혜 대통령의 탄핵소추안 가결 이후 직무가 정지된 박근혜 대통령을 대신해 황교안 국무총리가 직무대행을 했다. 황교안 직무대행은 촛불의 요구를 철저하게 묵살하였다. 박근혜 정권 출범 4년이 되는 이날, 시민들은 햇불을 들고 청와대와 총리공관으로 행진했다. ⓒ 함형재

| 사진 16 | 2017년 3월 10일 오전. 헌법재판소가 박근혜 대통령 탄핵을 '만장일치'로 인용하자, 안국역 부근에서 탄핵선고를 지켜보던 시민들이 환호하며 기뻐하고 있다. 여러분은 이 순간 어디에 계셨고 어떤 기분이셨나요? ⓒ 오마이뉴스 권우성

| 사진 17 | 헌법재판소에서 박근혜 파면 선고가 내려진 다음 날인 2017년 3월 11일에 열린 제21차 퇴진촛불을 마치고 퇴진행동 상황실원이 모두 모였다. 촛불이 7개월간 빛나기 위해서는 주말 이전부터 부지런히 움직이는 사람들이 있어야 했다. 촛불을 마치면 새벽녘까지 무대를 철거하고, 또 모금을 취합하고 청소를 해야 했다. 월요일부터는 각 팀별 회의를 통해 촛불을 평가하고 그주 토요일 촛불의 기조와 구호 등을 논의했다. 화요일에는 퇴진행동운영위가 개최되어 전체적인 방향을 확정하면 이후 각 팀을 통해 집회 신고를 하고, 공연팀과 자유발언자 모집과 웹자보도 만들면서, 또 자원봉사단을 모집하고 행진 방식을 결정해야 했다. 무대는 금요일부터 쌓기 시작했다. 초와 종이컵 그리고 피켓 등 각종 선전물 등은 토요일 오전에 이동을 완료해야 했다. 촛불이 밝혀지는데 필요한 수많은 노동은 자원봉사단과 상황실이 도맡았다. © 함형재

| 사진 18 | 2017년 5월 24일. 박근혜정권퇴진비상국민행동(퇴진행동) 공동대표와 상황실원들이 서울 중구 프레스센터에서 '촛불대개혁 호소' 기자회견을 마치고 퇴진행동 해산을 선언했다. 기자회견문의 마지막 글은 "촛불과 함께한 모든 날이 행복했습니다. 세상을 바꿀 촛불은 계속됩니다" 였다. 퇴진행동은 지난 2016년 10월 29일부터 2017년 4월 29일까지 모두 23차례에 걸쳐 총 1,700만 명이 함께하는 촛불집회를 진행했다. © 뉴스1

5년 전 1,700만 명이 참가한 퇴진촛불항쟁을 통해 우리 국민은 국정
농단과 헌정유린을 일삼았던 박근혜 정권을 심판하고 퇴진시켰습니다.
1960년의 4·19혁명 이래 57년 만에 평화적 촛불항쟁을 통해 권력 교체
에 성공한 사례를 만들 수 있었습니다. 박근혜퇴진 촛불항쟁은 한마디
로 위대한 국민 승리, 시민 승리, 민중 승리였습니다.

한편 2017년 12월, 박근혜정권퇴진비상국민행동이 독일 프리드리
히 에베르트재단의 인권상을, 촛불시민이 특별상을 수상하였습니다. 인
권상 상금의 용처를 의논하는 과정에서 퇴진촛불항쟁을 국제적으로 알
리는 《영문판 촛불항쟁보고서》를 발간하기로 하였습니다. 한국에서 역
사적인 광장투쟁인 퇴진촛불항쟁을 통해 무도한 권력자를 쫓아내고 민
주주의와 인권 신장을 위한 결정적인 승리를 만들었는데, 정작 촛불항
쟁의 점화·폭발과 상승·확산을 거쳐 항쟁의 지속과 마무리에 이르는
구체적 과정과 그 현실적·역사적 의미 등이 국제적으로는 제대로 알려
지지 않은 상태였습니다. 촛불항쟁 당시 외신을 통해 단편적으로 보도
되기는 하였지만, 퇴진촛불항쟁을 전반적으로 살펴볼 수 있는 종합적인

보고서나 책자가 없었던 탓도 있었습니다.

그래서 촛불항쟁 직후인 2018년에 출간되었던 촛불백서《박근혜정권퇴진 "촛불의 기록(1, 2)"》을 바탕으로, 한국 사회 상황이나 촛불항쟁의 전후 흐름을 잘 모르는 외국인도 이해하기 쉽게 전체적인 맥락을 잡고 전반적인 재편집과 대폭적인 추가 집필 과정을 거쳐, 작년(2020년) 8월 15일《영문판 촛불항쟁 보고서(*A RECORD OF CANDLELIGHT IN SOUTH KOREA, Every day with the 17 million strong candle-light movement was a happy one)*》를 발간하였습니다. 《영문판 촛불항쟁 보고서》는 한글로 작성되었던 원고를 영문으로 번역하여 제작하였는데, 종이책으로는 1,500부를 제작하여 세계 각국의 한국학 연구기관이나 전문가들 그리고 주요 도서관 등에 배포하였고, '영문판 전자책(e-BOOK)'과 '영문판 PDF파일'은 무료 공개하고 있습니다.

그런 차에 지난여름에 도서출판 동연에서 아예 한글본을 국내에서 출판하자는 제안을 해왔습니다. 출판을 준비하는 과정에서 퇴진촛불 항쟁일지를 새로 추가하는 것이 좋겠다는 의견에 따라, 촛불항쟁 일지를 새로 작성하다 보니 총 47쪽에 달하는 장문의 항쟁일지가 덧붙여졌습니다. 새로 수록된 퇴진촛불 항쟁일지는 당시 숨 막히는 긴장 속에서, 실로 드라마틱하게 전개되었던 퇴진촛불항쟁 과정에서 주요 당사자들 즉 '촛불시민과 박근혜 정권', '야당과 여당' 그리고 '각 언론과 검찰 및 특검과 헌재' 간의 긴박한 대응 상황을 입체적으로 조망하여 날짜별로 정리하였습니다.

항쟁일지는 우선 '퇴진촛불 이전의 관련 정세 흐름'과 '촛불항쟁이 점화·폭발하는 시기인 제1단계', 100만 촛불로부터 국회의 탄핵소추 의결시까지 '촛불항쟁이 상승·확산하는 시기인 제2단계', 탄핵소추 의결 이후 연말을 지나 헌법재판소의 파면 결정에 이르는 '촛불항쟁의 지속 시기인 제3단계' 그리고 대통령선거를 통해 권력 교체에 성공하는 '촛불항쟁 마무리 시기인 제4단계'로 나누어 작성되었는데, 퇴진촛불항쟁 각각의 시기의 구체적인 촛불항쟁의 진행 상황을 입체적으로 파악하는데 실질적인 도움이 될 것입니다. 기존의 《영문판 촛불항쟁 보고서》에 이 '퇴진촛불 항쟁일지'를 추가함으로써, 비로소 역사서로도 손색이 없는 '퇴진촛불 항쟁 보고서'가 완성 단계에 접어든 것입니다.

《촛불과 함께한 모든 날이 행복했습니다》(박근혜 퇴진 촛불항쟁의 역사)는 직접 촛불광장에 참여하셨던 촛불시민 분들께는 촛불광장의 기억을 되살릴 수 있는 좋은 자료집이 될 것이고, 새로운 세대들에게는 역사적인 퇴진촛불항쟁이 어떻게 시작하여 어떤 진행 과정을 거쳐 어떻게 일단락되었는지를 알려주는 좋은 역사서로 자리매김될 것입니다.

나아가 경제·사회적 불평등과 학과시험 점수로 줄 세우는 방식의 차별적 공정담론을 극복하기 위한 '제2단계 촛불항쟁'이 불타오르고 그리하여 2단계 촛불항쟁을 명실상부한 "촛불혁명"으로 승화·발전시켜 나갈 밑바탕이 될 것입니다.

이 책을 발간하는 과정에서 사진을 무상으로 사용할 수 있게 도와주신 한겨레신문, JTBC, 민중의소리 등 언론사 그리고 수많은 자료를 제공해 주신 촛불시민들과 시민사회 관계자들, 특히 함형재 님께 감사의 인사를 드립니다. 또한 출판과 관련한 지원을 해주신 민주화운동기념사업회와 적정한 출판 시기가 다소 경과된 이 책 출판에 선뜻 나서주신 도서출판 동연의 김영호 사장과 실무를 담당하신 분들께도 감사드립니다.

　무엇보다 눈보라 몰아치는 촛불광장에서 불굴의 투지로 끝내 제1단계 촛불항쟁의 승리를 쟁취하신 촛불시민들께 깊은 감사를 드립니다.
　지금도 경제적·사회적 불평등을 혁파하기 위해, 또한 촛불의 승리를 잠식하는 '재벌왕국', '족벌언론'과 '관료공화국' 그리고 '법꾸라지 전성시대'를 타파하기 위해 분투하고 계신 여러 시민분들께 마음속 깊은 존경과 감사 그리고 지지와 연대의 인사를 드립니다.

촛불과 함께 한 모든 날이 행복했습니다.
세상을 바꾸는 촛불은 계속됩니다.

2021년 12월
박석운 (전 퇴진행동 기록기념위원회 공동대표)
주제준 (전 퇴진행동 기록기념위원회 백서팀장)

촛불의 기록에 부처[*]

이 책은 2016년 10월 29일부터 2017년 4월 29일까지 한국에서 시민이 주도한 대규모 촛불항쟁의 기록입니다. 6개월간 서울을 비롯한 전국 주요 도시 광장에 모였던 1,700만의 평범한 국민이 민주주의를 지키기 위해 함께 써 내려간 항쟁과 승리의 기록입니다.

2016년의 한국은 군사쿠데타로 권력을 장악하고 18년 동안 철권 통치했던 박정희의 딸 박근혜가 대통령으로 지배하고 있었습니다. 자신의 아버지를 롤 모델로 여긴 이 독재자의 딸은 21세기의 대한민국을 1970년대 박정희 시대로 퇴행시키려 했습니다. 인권을 유린하고 반대 의견을 폭력적으로 억압하며 그동안 한국 국민들이 피 흘려 지켜온 민주주의적 가치를 짓밟았습니다. 거기에 더해 박근혜는 무능하기까지 했습니다. 2014년 수학여행 가는 학생들을 태운 유람선 세월호가 침몰하는 사건이 발생했을 때, 살릴 수 있었던 수백 명의 학생이 그와 그의 정부의

---

[*] 이 글은 2020년 8월에 출간한 촛불항쟁 영문판 *A RECORD OF CANDLELIGHT IN SOUTH KOREA* 서문임.

무능으로 목숨을 잃었습니다. 세월호 참사를 겪은 국민들은 국민의 안전을 방기한 국가에 대해 의문을 품기 시작했습니다. 그리고 마침내 2016년 박근혜가 선출되지 않은 권력인 비선실세에 의지해 국정을 농단하고 있다는 사실이 폭로되자, 국민들은 '이게 나라냐'며 떨쳐 일어났습니다.

평화집회의 상징인 촛불을 손에 손에 들고 서울의 중심부 광장에 모인 시민들은 '대한민국은 민주공화국이다' '대한민국의 주권은 국민에게 있고, 모든 권력은 국민으로부터 나온다'라고 외치며, 이 땅의 주인으로서 민주주의를 지켜낼 것임을 분명히 선언했습니다. 처음 3만 명으로 시작했던 시위는 나날이 불어나 전국적으로 연인원 1,700만 명이 참여하는 대규모 시위로 발전했고, 마침내 박근혜 대통령을 탄핵해 구속시키는 성과를 이뤄냈습니다.

2016~17년 촛불항쟁은 세계 민주주의 투쟁사에 아래와 같이 각별한 의미를 갖습니다.

첫째, 선거를 통해 위임받은 권력자가 주권자인 국민의 뜻을 배신해 헌법과 민주주의를 유린할 때, 주권자인 국민들이 위임된 권한을 회수하고, 헌법과 민주주의를 지키기 위해 직접 거리로 나섰다는 점입니다. 현재 세계 각지에서 드러나고 있는 대의제 민주주의의 한계를 시정하기 위해 주권자인 국민이 능동적으로 직접 행동에 나선 것입니다.

둘째, 거리에 나선 시민들이 끝까지 자신들이 지키고자 하는 헌법적 질서 내에서 행동했다는 점입니다. 대한민국 헌법은 국민에게 위임받은 권력을 자의적으로 행사해 국민의 신뢰를 상실한 대통령을 탄핵할 수 있도록 규정하고 있습니다. 광장의 시민들은 머뭇거리는 국회를 압박해 헌법에 의거한 탄핵 소추를 하도록 만들었고, 헌법재판소로 하여금 탄핵을 인용하도록 만들었습니다. 이는 "북한이라는 반국가단체와 대치하고 있는 대한민국의 특수한 상황"을 이유로 오랫동안 헌법에 보장된 국민의 권리를 제약하는 등 "헌법을 안 지켜온 나라를 헌법을 지키는 나라"로 나아가게 만든 중대한 의미를 지닙니다.

셋째, 세계적으로 유례를 찾기 어려울 정도로 평화적 시위였다는 점입니다. 시위가 6개월간이나 지속됐지만, 단 한 건의 폭력 사태도 일어나지 않았습니다. 이는 그동안 여러 차례 경험을 통해, 시위 과정에서 발생한 폭력적 충돌 상황이 자칫 권력의 물리적 진압의 명분을 제공할 수도 있다는 점을 잘 알고 있던 시민들이 '집단지성'을 발휘한 결과입니다.

넷째, 모든 시위는 시민들의 자발성에 의해 이뤄졌다는 점입니다. 시민항쟁을 이끈 '박근혜정권퇴진비상국민행동'은 가능한 한 많은 시민이 동의할 수 있는 최소한의 목표를 제시하는 '최소주의 원칙'으로 일관함으로써 한국 역사상 가장 많은 시민의 참여를 이끌어낼 수 있었습니다.

촛불항쟁이 이렇게 의미 있는 성과를 낼 수 있었던 것은 한국은 물론 세계 곳곳에서 벌어졌던 수많은 민중투쟁의 역사가 이미 있었기 때문입니다. 한국에서는 일제에 항거해 독립을 요구한 3·1운동(1919년)을 시작으로 이승만 독재정권을 무너뜨린 4·19혁명(1960년)과 전두환 군부 독재 정권을 무릎 꿇린 6·10항쟁(1987년)에 이르기까지 비폭력 투쟁의 오랜 역사와 전통이 있습니다. 이 사실은 동아시아 이웃 나라들에서 찾아보기 힘든 사례입니다.

그리고 세계적으로도 비폭력 투쟁은 간디의 인도에서 마틴 루서 킹의 미국, 벨벳혁명의 체코에 이르기까지 오랜 역사를 자랑합니다. 특히 인터넷과 사회관계망서비스의 발달로 시민들의 소통과 수평적 연대의 가능성이 확대된 21세기에 들어서는 비폭력 투쟁을 강권으로 억압하기가 점점 더 어려워지고 있습니다. 그 결과 세계 곳곳에서 벌어진 시민들의 평화적 운동이 일정한 성취를 이뤄내 왔음을 우리는 알고 있습니다.

하지만 우리의 이런 노력에도 지금 세계는 여전히 문제투성이입니다. 전 세계적으로 민주주의는 후퇴하고 포퓰리즘이 갈수록 세를 넓히고 있으며, 편협한 배타적·인종적 민족주의가 대두하고 있습니다. 촛불항쟁 이후 한국에서도 애초 우리가 기대했던 목표에 이르지 못한 채 주춤거리고 있습니다. 촛불의 힘으로 등장한 정부의 한계로 인해 다시 구세력들이 기지개를 켜고 있기도 합니다.

그럴수록 전 세계 민주시민들이 서로의 경험을 나눠 공유자원을 쌓아가는 일이 중요하리라 생각합니다. 각자의 성공과 실패의 경험을 나누고 그에 대한 반성적 성찰을 통해 새로운 방안을 찾아낼 때 이런 퇴행적 흐름을 바로잡아 국내외 질서를 민주적으로 바꾸고 국제적 연대에 바탕한 평화로운 세계를 만들 수 있을 것입니다. 우리가 촛불항쟁 기록의 영문판을 내는 이유입니다. 이 자그마한 책이 각자의 삶의 터전에서 민주주의를 지키고 평화를 조성하기 위해 힘쓰는 모든 분에게 조금이라도 도움이 되기를 기대합니다.

2020년 8월 15일
권태선 김재하 박래군 박석운 정강자

촛불항쟁의 기억을 안고 다시 사회대개혁으로

"이게 나라냐!"

세월호 참사로 망가진 대한민국의 실상을 확인한 우리는 빼앗긴 권리를 찾기 위해 싸워왔습니다. 그 오랜 싸움의 끝에 박근혜–최순실 세력의 정체가 드러났습니다. 분노한 시민들은 거침없이 광장으로 나왔습니다.

2016년 10월 29일, 비 내리던 청계광장을 예상을 훨씬 뛰어넘는 3만 명의 시민이 뜨거운 열기와 분노로 가득 채웠습니다. 시민들은 '민중총궐기투쟁본부'가 마련한 1차 촛불광장에서 민주노총 대표가 외친 "주권자인 국민은 선거 때 표만 찍는 기계가 아니라 독재 권력을 끌어내릴 권리가 있다"라는 말에 적극 호응했습니다. 이후 광장의 촛불은 3만에서

---

* 이 글은 2020년 2월에 '박근혜퇴진비상국민행동 기록기념위원회'가 출간한 《박근혜정권 퇴진 "촛불의 기록(1·2)》 발간사임.

30만으로, 다시 100만으로 그리고 200만으로 늘어나면서 박근혜 정권을 압박했습니다.

촛불항쟁은 온갖 거짓과 불의가 정상인 것처럼 강요되던 상황에서 사람대접 제대로 받아본 적 없는 시민들이 주권자임을 선포하고, "대한민국은 민주공화국"임을 온몸으로 실천한 것이었습니다. 하나의 촛불은 바람에 쉽게 꺼질 수 있습니다. 하지만 그 촛불이 100만, 200만이 되면 그 어떠한 독재권력도 대적할 수 없는 엄청난 힘이 됨을 우리는 이 촛불항쟁에서 확인할 수 있었습니다. 2016년 12월 9일, 국회의 탄핵소추안 가결을 거쳐서 2017년 3월 10일에 이뤄진 헌법재판소의 대통령 파면 결정은 광화문을 비롯한 전국 곳곳의 광장을 가득 메우고 한겨울 찬바람에도 촛불을 꺼뜨리지 않았던 시민들이 있었기에 가능했던 일이었습니다.

'박근혜정권퇴진비상국민행동'은 시민들의 민주주의와 정의에 대한 열망을 광장의 촛불로 모으고, 그 촛불이 꺼지지 않도록 온갖 노력을 다했습니다. 다양한 주체가 모여서 함께 만들어가는 광장, 누구도 배제되지 않고 혐오와 차별이 없는 수평적이면서도 민주적인 광장을 만들려고 노력했습니다. 박근혜 정권의 즉각적인 퇴진이 주요 요구였지만, 그 정권과 결탁해 우리를 옥죄어온 우리 사회의 다양한 적폐의 청산과 사회 대개혁도 함께 요구했습니다. 매 주말 집회에서 감동적인 촛불 파도타기가 연출되었고, 촛불 소등 퍼포먼스를 통해 세월호 참사와 박근혜 정권에서 억울하게 희생된 이들을 기억하고자 했습니다.

광장은 수많은 토론의 장이 열린 민주주의의 실험실이었고, 각자의 깃발을 들고나와 나팔을 불고 폭죽을 터뜨리던 축제의 장이기도 했습니다. 눈비가 내리고 겨울바람이 모질수록 광장을 지키려는 자발적인 시민들의 참여는 더욱 뜨거웠습니다. '어둠은 빛을 이길 수 없다'는 노래를 합창하면서 청와대로 압박해갔던 장엄한 그 행진을 우리는 결코 잊을 수 없습니다. 가장 평화적인 방법으로 이뤄진 가장 위력적인 시위를 통해 우리는 기필코 박근혜 정권을 권좌에서 끌어내림으로써 민주주의 역사에 새로운 장을 열었습니다. 1,700만 촛불시민과 함께했던 퇴진행동은 역사적인 소임을 마치고 2017년 5월 24일 해산했습니다. "촛불과 함께한 모든 날이 행복했다"라는 말처럼 벅찬 감동과 환희를 경험했던 날들이었습니다.

하지만 우리의 항쟁이 시민혁명으로 완수되었다고는 아직 말할 수 없습니다. 불의한 권력을 끌어내리고 새로운 정부를 탄생시켰지만, 오랜 세월 우리 사회의 발전을 가로막아온 법적, 제도적, 인적 적폐가 아직도 산적해 있기 때문입니다. 적폐 청산을 넘어 사회대개혁을 요구한 촛불권리선언이 실현될 때에야 비로소 우리는 촛불혁명이 완수되었음을 선언할 수 있을 것입니다.

그리고 우리는 우리의 일상에서 그 가능성을 봅니다. 우리 스스로 촛불을 내려놓았지만 곳곳에서 촛불의 기억이 일상의 변화를 만들어내고 있기 때문입니다. 현재 진행 중인 '미투(me too)운동'이 바로 그렇습니다. 미투운동은 우리 사회의 가장 오래된 차별의 근원을 바꾸자는 운동입니다. 촛불항쟁에서 확인된 '우리가 모이면 바꿀 수 있다'는 자신감으로 산적한 과제들을 해결하고 사회대개혁 요구를 실현하여 우리 모두가 꿈꾸는 민주공화국을 만들어가면 좋겠습니다. 그 길에 이 백서가 도움이 되기를 바랍니다.

이 백서는 2016년 10월 29일부터 2017년 4월 29일까지 진행된 총 스물세 차례의 촛불집회와 행진에 대한 기록입니다. 6개월간 1,700만 명이 함께 써 내려간 항쟁의 기록입니다. 퇴진행동이 해산된 뒤 우리는 '퇴진행동 기록·기념위원회'를 꾸리고 이 백서를 만들기 위해서 자료들을 수집하여 분류하고 정리했습니다. 이 백서에 담을 수 없는 훨씬 많은 자료는 서울시와 민주화운동기념사업회에 위탁하여 보전토록 했습니다. 촛불항쟁의 소중한 유산들이 유실되는 일이 없도록 애써 정리한 백서를 포함한 이들 유무형의 자료들이 훗날 촛불항쟁을 연구하는 이들에게 보탬이 되기를 바랍니다.

이 백서를 내면서 촛불항쟁에 함께한 모든 분께 진심으로 고마움의 인사를 전하고 싶습니다.

한겨울 전국의 광장에서 행사를 미리 준비하고, 집회와 행진이 끝나면 뒷정리까지 마무리했던 상황실의 활동가들과 음향, 무대, 조명, 진행을 맡아주셨던 많은 분, 무대에서 아낌없이 자신들의 재능을 보여주신 뮤지션, 영상 활동가, 수화통역사 그리고 모금과 안내와 안전을 맡아주셨던 자원봉사자들께 먼저 감사를 드립니다. 퇴진행동의 각급 단위를 책임지셨던 대표들과 운영위원들, 치열한 토론을 통해 광장의 의제를 넓히고 공동의 요구를 제시하고자 노력했던 상황실 산하의 각 팀을 맡아주신 활동가들과 촛불행진이 청와대 100m 앞까지 갈 수 있도록 애써주신 법률가들, 정경유착의 고리를 끊기 위한 활동을 활발하게 전개했던 재벌특위와 정치권의 견인을 위해 노력했던 적폐청산특별위원회와 시민들의 토론장을 만들고 의견을 수렴해 촛불권리선언을 만들어낸 시민참여특별위원회 위원님들께도 감사드립니다. 마지막으로 각종 상징물과 예술행동을 통해 광장을 더욱 풍부하게 꾸며준 문화예술인들께도 감사드립니다.

그러나 그 누구보다 감사드릴 분들은 매주 주말마다 광장을 찾아와 촛불을 들어주었던 촛불시민들입니다. 무너진 민주주의를 되살리기 위해 혹한의 추위에도 아랑곳없이 광장을 메워주었던 촛불시민들이 계셨기에 이 모든 일이 가능했습니다. 시민들은 촛불집회에 자발적으로 참여했을 뿐만 아니라 그에 필요한 모든 재정도 책임져주었습니다. 모두 고맙습니다.

함께해서 행복했습니다.

2018년 5월 24일

퇴진행동기록기념위원회

권태선 박래군 박석운 정강자 최종진

차 례

항쟁의 상승 · 확산 시기: 퇴진촛불항쟁의 제2단계

항쟁의 지속 시기: 퇴진촛불항쟁의 제3단계

퇴진촛불항쟁 마무리 시기: 퇴진촛불항쟁의 제4단계

퇴진행동 구성 및 운영

전국 촛불 보고

촛불항쟁의 전사(前史)

한국 근대 역사 개관
— 사회운동의 전개 과정을 중심으로

한반도에서 왕조 국가가 성립된 것은 서기전 2333년으로 알려져 있다. 4,000여 년이 넘는 역사 속에서 여러 왕조의 부침이 있었지만 이민족의 식민지로 전락한 것은 1910년 마지막 왕조인 '조선' 왕조가 일본에 강제 병합되어 일본제국의 식민지가 되었던 것이 역사상 처음 있는 일이었다. 일본제국주의 침략에 저항하는 조선 민중들은 순순히 나라를 내어준 것이 아니라 그 시기 시기마다 강력한 무장봉기와 무장투쟁을 전개하면서 저항하였다. 대표적인 것이 1894년 진행된 동학농민항쟁이었고, 또 1895년과 1905년 그리고 1907~1908년에 전개된 의병항쟁이었다. 동학농민항쟁은 농민들이 주체가 되어 초기 위력적인 기세로 봉기하였지만, 근대식 무기로 무장하여 압도적으로 우세한 화력을 지닌 일본제국주의 군대와 조선 왕조 지배층의 연합군에 의해 결국 실패하고 말았다. 그 뒤 진행된 세 차례의 의병항쟁은 조선 왕조의 관군이 아니라 일종의 민병대 방식으로 조직된 무장부대에 의해 진행되었는데, 마지막 의병항쟁 때에는 전국적으로 결집하여 서울 진공작전까지 추진하였지만, 결국 모두 일본제국주의 군대에 의해 패배하고 말았다.

일본제국의 식민지배는 가혹한 억압과 수탈 일변도로 치달았는데, 도탄에 빠진 구 조선 민중들은 일본제국주의에 굴하지 않고 본격적인 저항투쟁에 떨쳐 일어나게 된다.

1919년 3월 1일 정오부터 시작된 '3·1만세운동'은 한반도 각지에서 각계각층의 조선 사람들이 모두 나서 조선 독립을 요구하는 전 민족적인 운동이었고, 일제의 식민지배에 대한 대중적 저항의 시발점이었다. 3·1만세운동은 수많은 사람이 시장이나 광장에 모여서 조선 왕조 말에 도입된 '대한제국' 국기를 들고 양손을 쳐들며 '대한독립만세'를 함께 외치는 지극히 비폭력적이고 평화적 운동으로 진행되었지만, 일제 헌병과 경찰은 민간인 학살 등 실로 가혹한 폭력 진압을 자행하였다. 일제의 폭력 진압으로 당시 사망한 조선 사람 숫자가 7천 5백여 명, 부상자가 1만 6천여 명, 체포·구금된 사람이 4만 6천여 명에 이를 정도였다.

3·1만세운동 이후 각 방면으로 여러 가지 변화가 일어난다. 우선 3·1만세운동 직후 중국 상하이에서 망명정부인 "대한민국임시정부"가 구성되면서 본격적인 민족독립투쟁이 전개되기 시작한다. 왕정 복고가 아닌 새로운 민주공화국을 지향하면서 망명정부가 출범하게 된 것이다. 그리고 만세운동만으로는 민족 독립이 불가능하다는 사실을 자각한 조선 민중들은 중국의 만주와 소련의 연해주 등 해외 각지에서 본격적인 무장투쟁을 추진하기도 하였다. 또한 한반도 내에서는 비밀조직운동, 노동운동, 농민운동, 교육운동, 물산장려운동, 문화운동 등 여러 방면으로 사회운동이 본격적으로 추진되었다. 3·1만세운동이 사실상 이후에 전개되는 본격적인 민족독립투쟁과 근대적 사회운동의 원류가 되었다고 말할 수 있다. 또한 국제적으로도 특히 여러 피압박 민족들에게 의미 있는 변화를 자극한다. 우선 3·1만세운동에서 자극을 받고 중국의 5·4운동이 촉발되었다고도 하고, 또 인도의 비폭력 불복종 운동이 3·1만세운동의 비폭력 투쟁방식과 이어지는 측면이 있다고 평가되기도 한다.

한편, 1945년 8월 15일 일본제국주의가 태평양전쟁에서 패퇴하면서 한국 민족은 35년 만에 일제 식민지에서 해방되었지만 한반도는 미군과 소련군의 진주와 함께 남북으로 분단되었고, 이후 남북한에 '대한민국' 과 '조선민주주의인민공화국'이라는 각각의 정부가 출범하게 된다. 분단된 남북한은 1950년 6월 25일 한국전쟁이 발발하면서 열전 상황에 돌입하였지만, 한국전쟁은 초기 일종의 내전 상황에서 미군 등 UN군과 중국군이 참전하는 국제전 양상으로 발전하게 된 후 1953년 7월 27일 정전협정(휴전협정)이 체결되면서 전쟁은 일단 중단된다. 당시 한반도의 동서로 155마일에 걸쳐 그어진 휴전선은 국제적인 냉전체제의 상징이 되었고, 이후 전 세계적으로 냉전체제가 해소되고 난 상태인 현재까지도 한반도의 정전체제는 여전히 지속되고 있다.

만 3년 2개월간 지속된 한국전쟁, 한반도 내에서 전선이 최남단까지 내려왔다가 한반도 최북단까지 올라간 뒤, 다시 서울을 뺏고 뺏기는 과정을 거듭하면서, 실로 수많은 참혹한 살육이 저질러졌다.

그리고 전쟁 뒤의 여러 우여곡절을 거치며 남한(대한민국)에는 우파 또는 극우 경향의 한 가지 색깔의 이념과 사상만 남을 수 있었고, 이른바 중도적 사상이나 민족주의적 견해조차도 '빨갱이'로 몰리면서 철저하게 금압당하였다. 정치적으로는 당시 극우파인 이승만 독재정권이 민주주의와 헌법적 절차를 파괴하면서 사실상 종신집권을 꾀하고 있었다.

사실상 종신집권과 후계자 지명을 노리는 이승만 독재정권의 부정선거에 대해 1960년 4월 19일 전국 각지의 학생들과 민중들은 격렬하게 항거하였다. 한국전쟁이 휴전된 지 7년이 지난 시점이었다. 부정선거를 규탄하는 학생들과 민중들의 대규모 시위에 대해 경찰이 발포하면서 총 135명이 사망하는 유혈참극으로 전개되었고, 결국 민심이 등을 돌리자

독재자 이승만이 미국 하와이로 망명을 떠나면서 12년간 집권한 이승만 독재정권은 몰락하게 되었다. 이후 선거를 통해 새로운 민주정권이 등장하게 되었다.

'4·19혁명' 이후 성립된 민주정부하에서 여러 가지 의미 있는 민주화 조치가 진행되었는데, 교원노조와 공무원노조, 금융노조 등의 민주노조가 등장하는가 하면 국민계몽활동, 농촌부흥운동, 국산품 애용운동 등 신생활운동 등이 활발하게 추진되었다. 그리고 중도좌파 수준의 혁신계 진보정당들이 새로 결성되어 소규모라도 국회의석을 획득하였고, 또 남북 간의 평화적 교류를 촉구하는 대중적 운동도 일어났다. 그러나 이러한 정치민주화와 사회민주화 운동이 채 성과를 내기도 전에, 1961년 5월 16일 군사쿠데타가 일어나 민주정부는 1년도 안 된 시점에서 붕괴되고 말았다.

군사쿠데타로 등장한 박정희 군사독재정권은 한편으로는 저임금에 비탕을 둔 경제개발(산업화) 정책을 추진하면서 다른 한편으로는 비밀 정보기관을 동원하여 언론을 탄압하고 고문과 폭력을 자행하면서 갖가지 방법으로 독재정치를 강화하다가, 드디어는 친위쿠데타를 통해 유신헌법으로 개헌하면서 사실상 종신집권 체제로 이행하였다. 박정희 군사독재정권은 경제개발(산업화)을 성공적으로 완수하기 위해 한국적 민주주의를 실시하고 있다고 강변하였지만, 실상은 민주주의를 압살하는 반민주적 정권 그 자체였다. 심지어는 박정희 군사독재정권이 몰락하기 1년 전인 1978년 말에 시행된 선거에서 야당이 집권여당보다 1.1% 더 많이 득표하였지만, 정작 국회 의석은 집권여당이 2/3를 차지하는 방식으로 민심과 상반되게 반민주적으로 정치권력이 구조화된 전형적인 군사독재정권이었다.

박정희정권은 집권 초기부터 민주화를 요구하는 대학생들과 민중들로부터 만만찮은 저항을 받았다. 초기에 대학생들과 민중들의 요구는 주로 자유민주주의를 실현하라는 수준이었다. 그러나 점차 시간이 경과하면서 저임금을 기반으로 하는 수출주도형 경제개발(산업화) 정책에 따른 필연적 부작용으로 나타난 빈부격차 등 사회경제적 모순의 해소쪽으로 민주화운동의 요구가 확대되어 갔다. 박정희 군사독재정권에 대한 민주화 요구 학생운동의 저항은 실로 끈질기고도 강력하게 전개되었고, 거기에 1970년대 중반 이후로 민주노조운동이 확산되기 시작했다.

군사독재자 박정희가 1979년 10월 26일 자신의 심복인 중앙정보부장에게 암살됨으로써 19년간 지속되었던 1차 군사독재정권은 종말에 이르게 된다. 그 암살의 계기는 제2의 대도시이자 최대 항구도시인 부산과 인근 도시인 마산에서 발생한 민주화 요구 대중적 시위였다. 부마항쟁이라고 불리는 이 시위는 먼저 그 지역의 대학생들이 가두시위를 시작한 상황에서 일반 시민들이 시위에 가세하면서 대규모화되었는데, 박정희정권은 비상계엄령을 발동하여 강력하게 진압하였다. 부마항쟁 진압 직후 비밀정보기관의 수장으로서 민심의 이반을 직접 목격한 심복(중앙정보부장)이 대통령을 암살하게 되었는데, 대통령 암살의 틈을 타고 신군부세력이 또 다른 쿠데타를 결행하여 권력의 주도권을 잡게 된다. 이때 등장한 신군부세력의 대표는 전두환(당시 육군소장으로 군 정보기관의 수장이었음)이었다.

비상계엄령이 발동되어 있는 상황에서, 1980년 5월 대학생들이 계엄 해제와 민주화를 요구하면서 군사쿠데타를 통해 새로 권력자로 등장한 신군부세력에 반대하는 전국적인 항의시위가 진행되었다. 그중에서도 특히 5월 18일 한국에서 다섯 번째로 큰 대도시인 광주에서 규모 있는 대학생 시위가 벌어졌는데, 신군부세력은 무자비한 살상을 자행하였다. 이를 목격하고 격분한 광주 시민들이 대규모의 항의시위를 진행하자, 신군부세력하의 군인들이 시민들에게 발포하여 수많은 민간인이 사망하거나 부상을 입게 되었다. 그러자 시민들이 파출소나 예비군 부대의 무기고를 접수하여 획득한 무기를 들고 대규모 시위를 벌이게 된다. 그러다가 결국 신군부세력의 포위공격으로 많은 시민이 장렬하게 산화하면서 광주민중항쟁은 끝나게 된다. '광주민중항쟁' 과정에서 군인들에 의해 살해되거나 부상을 입은 민간인 숫자는 정부 공식발표만으로도 사망자나 행방불명자가 181명, 부상자 2,762명, 기타 희생자 1,472명에 달하는데, 은폐 누락된 사람들도 다수 존재한다고 한다. 특기할 만한 사항은 당시 시민들의 궐기로 일시 해방 공간이 열린 광주시내에는 단 하나의 약탈이나 파괴 행위도 없이 시민들에 의한 평화 공동체가 유지되었다는 점이다. 이러한 광주민중항쟁의 위대한 투쟁정신은 이후 격렬하고도 끈질기게 진행된 한국 민주화운동의 정신적 지주로 작용하게 되었다.

군사쿠데타와 광주학살을 통해 집권한 전두환 등 신군부세력에 의한 제2차 군사독재정권에 대항하여, 대학생들과 시민들은 강력하게 투쟁을 전개하면서 대통령 직선제 실시를 위한 개헌을 끈질기게 요구하였다. 드디어 1987년 6월 10일 독재를 타도하고 직선제 개헌을 쟁취하기 위한 대중적 시위가 전국적으로 대규모로 진행되었고, 이어서 6월 내내 전국적인 시위가 확산되면서 경찰력으로는 시위 진압을 할 수 없는 수준에까지 이르게 되었다. 그런 상황에서 신군부세력은 결국 대통령 직선제 개헌을 수용하게 되는데, 이를 '6월민주항쟁'이라고 통칭한다.

6월민주항쟁은 절반의 승리로 평가된다. 6월민주항쟁으로 대통령 직선제 개헌을 쟁취하는 성과를 거두었지만, 민주정부로의 정권교체에는 실패했기 때문이다. 막상 개헌 후 실시된 대통령 선거에서, 직선제 개헌투쟁 과정에서는 민주화를 위해 서로 협력해 왔던, 제도권 야당지도자 두 사람이 경쟁적으로 대선에 출마하게 되면서 민주화 지지자들의 표가 분산되었다. 결국 이로 인해 신군부 출신의 집권여당 후보에게 대선에서 패배하게 되었던 것이다.

정권 교체에는 실패하였지만 6월민주항쟁 이후 한국 사회에는 민주화를 향한 여러 가지 의미 있는 변화의 바람이 불어왔다. 우선 대통령을 국민 직선으로 선출하게 되면서 정치적으로 절차적 민주성이 확보된 셈이고 나름의 정치적 민주화 흐름이 형성되기 시작하였다. 또 6월민주항쟁에 이어서 그 직후인 1987년 7~8월에 노동자대투쟁이 전개되면서 노동자들이 대규모로 조직화되고 자주적 노동운동이 본격적으로 시작되었다. 1970년대 이후 진행된 중화학공업화의 흐름을 타고 산업현장에 대규모로 등장한 남성 노동자 계층이 이 7~8월 노동자대투쟁을 통해 노동조합으로 조직화되고 본격적으로 자주적인 노동조합 운동에 나서게 된다. 당시 노조 민주화나 신규 민주노조 인정을 요구하며 전국의 3,500여 개의 사업장에서 와일드캣 스트라이크(들고양이 파업) 방식으로 노동쟁의가 일어났는데, 그 결과 종전보다 노조 숫자는 약 3배 정도로 또 노동조합원 숫자는 약 2배 정도로 증가하였다. 이후 몇 년간의 정부-자본 측의 극심한 노조탄압을 뚫고, 1995년에 이르러 드디어 정부와 자본에 대해 자주적으로 교섭하고 투쟁하는 노조 내셔널센터인 민주노동조합총연맹(민주노총)이 출범한다.

그 외에도 자주적인 농민(소농)조직, 도시빈민조직들이 태동하여 본격적인 민중생존권 투쟁을 시작하였다. 그리고 민주화투쟁 과정에서 만들어진 민주언론운동 단체나 여성운동연합 단체 이외에 민주화를 위한 교수들 조직, 사회민주화를 위한 변호사 조직, 인도주의와 건강사회를 지향하는 의사, 약사, 치과의사, 한의사 등 보건의료인 조직과 진보적인 문화예술인 조직이나 교육운동 조직 및 환경운동 조직들도 속속 출범하거나 또는 발전적 조직개편을 거치면서 여러 부문의 전문가들도 속속 조직화되어 본격적인 사회민주화 활동에 나서게 된다. 거기에 이어서 신사회운동 경향의 여러 단체와 인권운동 단체들이 출범하면서 한국 사회에서도 경제민주화운동이나 권력(사법, 입법 등) 감시운동 및 인권운동도 본격적으로 추진된다. 이러한 모든 새로운 사회운동 흐름은 기왕의 전통적 민주화투쟁 흐름을 계승하면서도 한편으로는 6월민주항쟁 이후 변화된 사회경제적 상황에 조응하여 새로운 사회운동으로 시작한 것이었다.

6월민주항쟁 이후 10년이 지난 시점인 1997년 말경 외환위기가 닥쳤는데, 곧이어 실시된 대통령 선거에서 민주개혁적인 대통령이 선출되었고 5년간의 임기가 끝난 뒤 후임으로 또 다른 민주개혁적 대통령이 연이어 당선된다. 이 10년간의 기간 동안 정치적으로는 민주개혁적으로 정권운영을 하면서 나름의 민주개혁정책과 남북한 간 화해협력 정책을 추진하였지만, 경제적으로는 신자유주의 세계화 정책을 기반으로 하면서 초보적인 사회안전망을 구축하고 또 사회복지를 나름 확대하는 정책을 추진하였다. 그러나 이 과정에서 민중들의 불만이 증대되면서 정권에 대한 불신은 증폭되었고, 냉전적 분단정치 질서와 독점재벌 세력들에 기반한 보수적인 기득권 세력들이 그 틈을 타고 정권 탈환에 매진하게 된다. 민중들의 지지를 잃은 10년간의 민주개혁정권은 대통령 선거에서 참패하면서 보수적인 정권으로 정권교체를 당하게 된다.

2008년 초 보수정권으로의 정권교체를 통해 등장한 이명박 대통령은 토건회사 CEO 출신으로 친대기업(Business Friendly) 일변도의 경제정책을 드러내놓고 표방하면서 온갖 부정비리와 천민자본주의적 상황을 마구 조성하였다. 또한 권력집단의 사조직을 동원한 민간인 사찰이나 국가정보원 등 비밀정보기관들을 동원한 여론조작활동 등을 통해 민주주의를 훼손·파괴해나갔다. 이에 민중들의 불만은 고조되어 정권교체 열망은 높아졌지만, 이런저런 이유로 정권교체는 되지 않았고 다음 대통령으로 군사독재자 박정희의 딸인 박근혜 씨가 선출되면서 또 다른 보수정권이 이어진다.

박근혜 정권 출범 이후 다음 장에서 서술하는 바와 같이 국정농단과 헌정질서 유린 상황은 더욱 노골화되면서 이번 촛불항쟁의 배경적 상황을 만들게 된다.

촛불집회의 등장

　'촛불집회', 한국의 대중집회나 시위현장에서 촛불이 본격적으로 등장하기 시작한 것은 2002년 촛불이 거의 최초의 사례가 되었다.

　2002년 6월 13일, 서울의 북쪽 휴전선 근처에 소재한 양주군, 자신의 집 근처에 있는 지방도로(일반인이 통행하는 지방도로) 위를 걸어가던 14세 여자 중학생 2명 '효순'과 '미선'이, 휴전선 근처 동두천에 주둔 중이던 주한 미보병 2사단 44대대 소속 부교 운반용 장갑차에 깔려 사망한 사건이 발생하였다. 낮 시간에 지방도로 위를 이동하던 미군 장갑차에 의해 어린 소녀 두 사람이 압사당한 이 참혹한 죽음에 대해, 두 여중생의 부모들은 한국 검찰에 이 사망사고에 책임이 있는 미군장병을 '업무상 과실치사' 혐의로 형사 고소하였다. 그러나 미군은 재판관할권이 미 군사법원에 있다는 이유로 한국 법원의 재판관할권을 인정하지 않았다. 몇 달이 지난 후 미 군사법원에서 장갑차 운전병과 관제병에게 무죄평결이 내려졌다.

　당시 수많은 한국인은 이러한 미군의 처사를 부당하다고 판단했고, 이는 구조적으로 불평등한 한미주둔군협정(한미SOFA) 때문에 생기는 일이라고 분개하였다. 일상적으로 자주 경험해 왔던 주한미군의 횡포에 관한 또 다른 사례라고 생각하고, 미군에 대한 항의와 여중생을 추모하는 집회를 열기 시작하였다. 초기에는 사망사고가 발생한 지역의 동료 중고등학생들이 주로 참가하여 시작하였다. 이어서 항의와 추모집회는 일반 시민들이 참가하면서 전국으로 확산되기 시작하였다. 나중에 그해

11월 미 군사법정에서 무죄평결이 내려지자 한국민들의 분노는 폭발하였다. 드디어는 서울 한복판에 소재한 서울시청 광장에서 수만 명이 참가하는 대규모의 항의와 추모 촛불집회가 개최되고 인근의 주한 미대사관 앞까지 촛불행진을 진행하였다. 촛불집회가 확산되고 한국민들의 분노가 계속 높아지자, 미국의 고위 관리들이 잇달아 사죄하고, 당시 부시 미국 대통령까지 나서서 공식적으로 유감을 표명하기에 이른다.

항의하는 의미도 있고 추모하는 뜻을 갖고 참가자들이 각자 촛불을 켠 상태로 집회를 진행하는 촛불집회가, 한국 사회에서 특히 정치·사회 문제를 이슈로 한 집회시위 현장에서 주요한 집회 방법으로 본격적으로 도입된 셈이다. 촛불집회는 비폭력 형태로 평화적인 집회로 진행되는데, 이후 한국 사회에서 촛불집회는 항의하는 의미든지 추모하는 의미든지 간에 평화적인 집회의 일반적인 형태가 되었다.

두 번째로 '촛불집회'가 등장한 것은 2004년 3월이었다. 야당 국회의원들이 노무현 당시 대통령의 여당에 대한 지지발언에 대해 대통령의 정치중립의무 위반이라는 구실로 탄핵소추하는 국회의결을 통과시키자, 시민들이 나서서 대통령 탄핵을 반대하는 대규모 촛불집회를 진행한 것이다. 노무현 당시 대통령은 민주개혁적인 성향의 정권으로 부패정치 척결을 본격적으로 추진하기 시작하자, 국회 내 보수적이거나 극우적인 정당 소속 국회의원들이 연합하여 대통령을 임기 중에 몰아내기 위해 탄핵을 추진한 것이다. 그해 3월 13일, 국회에서 탄핵소추안이 의결된 직후 전국의 550여 개 시민사회단체가 연대하여 '탄핵무효·부패정치척결을 위한 범국민행동'을 결성하고 온·오프라인 탄핵무효 서명운동을 시작하는 한편, 대규모 촛불집회를 추진하였다. 며칠 뒤인 3월 20

일 서울 도심인 종로 거리 등 전국 각지의 50여 군데에서 '탄핵무효와 민주수호를 위한 100만인 대회'를 촛불집회 방식으로 개최하였다. 1주 뒤인 3월 27일에도 서울 도심 태평로에서 더 큰 규모로 촛불집회를 개최하여 탄핵에 반대하고 민주주의를 지키려는 일반 시민들의 의지를 표출하였다.

촛불집회를 거치면서 대다수 국민이 노무현 대통령 탄핵에 반대한다는 점이 객관적으로 확인된 셈인데, 곧이어 4월에 실시된 국회의원 총선거에서 집권 여당이 압도적으로 승리하는 결과가 나왔다. 그리고 5월에는 헌법재판소에서 국회의 대통령탄핵소추안을 기각하는 결정을 함으로써 노무현 대통령의 탄핵은 실패하기에 이른다. 당시 탄핵무효 촛불집회는 추모의 의미는 없었고, 대중집회에서 저항하고 항의하는 시민들의 의사를 평화적으로 표출하는 유용한 집회방식으로 자리 잡게 된 셈이다.

세 번째 대규모 '촛불집회'는 2008년 5월부터 그해 8월까지 진행된 광우병 위험 미국산 쇠고기 수입반대 촛불집회였다.

2008년 2월 취임한 보수정당인 새누리당 소속 이명박 신임 대통령은 집권하자마자 그해 4월 미국을 방문해 당시 미국 부시 대통령과 한미정상회담을 진행하였는데, 거기서 이명박 대통령은 미국이 강력히 요구하던 "제한 없는 미국산 쇠고기 수입"을 받아들였다. 광우병 위험이 높은 30개월령 이상 쇠고기와 소내장 등 광우병 위험 특정위험물질도 제한 없이 수입하기로 한 것이다.* 한국 사람들의 식습관은 다른 나라 사람

---

* 2003년 미국의 광우병 발생으로 중단되었던 미국산 쇠고기의 수입이 2006년 '30개월 미

들의 식습관과는 다르게, 소의 살코기를 먹을 뿐만 아니라 전통적으로 소의 뼈를 고아서 그 국물을 먹기도 하고 또 소내장 등도 굽거나 삶아서 먹는 식습관을 갖고 있다. 한국은 광우병이 발생한 적이 없는 광우병 청정국가인데, 만일 한국이 광우병 위험에 노출된 미국 등 다른 나라로부터 소의 뼈나 내장 등 특정 위험물질까지 제한 없이 수입을 확대 개방하게 되면, 이러한 한국인의 식습관 때문에 광우병 위험에 훨씬 쉽게 노출되는 상황이었다. 그런데도 이명박 대통령은 부시 미국 대통령의 요구에 그냥 굴복함으로써 국민들의 식품 안전을 심각하게 훼손하게 된 것이었다.

그해 5월 초 청소년들이 먼저 이에 항의하는 촛불집회를 시작했다. 거기에 일반 시민들이 대거 가세하여 촛불집회는 대규모로 확대되었다. 그해 5월부터 시작한 촛불집회가 그해 8월까지 매주 이어졌고, 그해 6월 10일 6월민주항쟁 계승 기념일에는 서울 도심에서의 촛불집회에 100만 명의 인파가 운집하면서 그 절정에 달하였다. 결국 이명박 정부는 국민의 강력한 요구에 밀려 미국과의 재협상을 진행했고, 그 결과 미국산 쇠고기의 수입은 30개월령 이하로 제한되었고 광우병 위험 특정 위험물질의 수입도 금지되었다. 한국 사회에서는 이 촛불집회를 '광우병 촛불집회'라고 통칭하게 된다.

이후로 사회적으로 중요한 현안이 생길 때마다 시민들은 촛불집회를 개최하고 사회적 여론을 형성하기 위한 시민행동을 적극적으로 추진해

만, 뼈를 제거한 고기'라는 조건으로 재개되었다. 그리고 2008년 4월 광우병 위험 특정위험 물질을 포함한 30개월령 이상의 쇠고기도 수입하는 조건으로 한국이 추가 개방하는 방법으로 한미 간의 협상이 마무리된다.

나갔다. 2013년 박근혜 정권이 등장하고 난 뒤, 2013년의 부정선거 규탄 촛불집회, 세월호 참사 진상 규명과 책임자 처벌을 요구하는 촛불집회, 백남기 농민 물대포 살해 규탄 촛불집회가 연이어 진행되었다. 촛불집회의 완결판은 2016년 10월 말~2017년 4월까지 진행된 박근혜 퇴진 촛불집회였다. 바로 이 책의 주제이기도 하다.

이명박 정권의 민주주의 파괴 상황

2008년 2월 25일부터 임기가 시작된 이명박 정권은 대기업 일변도 (Business Friendly)의 경제정책을 추진하였고, 재임기간 내내 온갖 부정비리가 난무하는 상황이 되었다. 대기업에 대한 감세를 실행하고, 또 부동산 투기를 조장하는 정책을 일관되게 추진하여 막대한 불로소득이 발생하면서 사회적으로 빈부격차는 더욱 심각한 수준으로 확대되었고, 일반 서민들의 삶은 매우 어려워졌다. 또한 광우병 촛불집회를 거치면서 확인된 민심이반에 대한 대응책으로 민심의 요구에 부응하는 제대로 된 정책을 펼치는 대신, 권력집단의 사조직을 동원한 위법한 민간인 사찰을 추진하여 사찰 결과에 따라 위법한 보복조치를 실행하는가 하면, 나아가 국가정보원 등 비밀정보기관들을 동원한 여론조작 활동 등을 통해 적극적으로 여론을 통제하기 시작하였다. 그리고 이른바 '4대강 살리기 사업'(실제로는 '4대강 죽이기 사업'이 되었음)을 무리하게 추진하여 엄청난 환경 파괴를 초래하였다. 또 해외자원을 안정적으로 확보해야 한다는 구실을 대고 해외자원 개발사업을 추진하는 과정에서 엄청난 비리를 저지르면서 국고와 공기업의 막대한 손실을 초래하였다. 그뿐만 아니라 국방을 위한 무기 개발이 필요하다고 하면서 막대한 자금을 방위산업에 쏟아 부었지만, 그 과정에서 상상하기도 어려운 수준의 각종 비리가 난무하면서 엄청난 국고 손실을 초래하였지만. 막상 개발되었다는 무기는 부실하기 짝이 없는 수준이었다. 한편, 이전 10년간의 민주개혁정권 시절에 진전된 한반도 평화를 위한 남북대화 분위기는 이명박 정권 시절에 급격하게 악화되는 등 제반 한반도 평화 관련 상황은 이 시기부터 심히 후퇴하기 시작하였다.

촛불집회는 잦아들었지만 이명박 대통령의 지지율은 폭락했고, 자신의 대선공약이었던 한반도 대운하 사업*을 포기할 수밖에 없었다. 그러나 이명박 대통령은 2009년 한반도 대운하 사업을 '4대강 살리기 사업'으로 이름을 변경해 강행했다. 많은 국민이 예산 낭비, 경제효과 의문, 녹조 등 환경 파괴, 부실공사, 막대한 유지보수 비용, 토목건설기업의 입찰 담합 등의 이유를 들어 반대했으나 이명박 정부는 국민의 목소리를 무시했다. 한강, 낙동강, 금강, 영산강 등 4대강 곳곳에 댐과 보를 설치하는 〈4대강 살리기 사업〉은 결국 대규모로 환경을 파괴하는 〈4대강 죽이기 사업〉이 되었다.

'광우병 촛불집회' 이후 이명박 대통령은 국민의 목소리를 소중하게 듣겠다고 약속했으나 현실은 이와 다르게 전개되었다. 2009년 대통령의 최측근이었던 원세훈**을 비밀정보기관인 국가정보원장(이하 국정원장)으

---

* 부산을 지나는 낙동강과 서울을 지나는 한강의 분수령 역할을 하는 소백산맥을 관통하는 수로를 새로 만들어서, 한강과 낙동강을 수로로 연결하는 방법으로, 인천에서 서울을 거쳐 부산까지 이어지는 내륙운송 수로를 건설하겠다는 계획이었다. 그것도 자신의 임기 중인 4년 만에 완공하겠다고 했다. 이명박 대통령이 2007년 대한민국 대통령 선거 시기에 내놓은 토목건설 공약이다. 한반도 대운하 공사는 건설회사의 CEO 출신인 이명박 대통령이 건설회사에게 특혜를 제공하는 사업이고, 특히 자연환경을 회복 불가능할 정도로 파괴한다는 점에서 수많은 비판에 휩싸였다. 또한 물류운송에 있어서도 그 효율성이 크지 않다는 비판도 받았다. 대통령 취임 초기에는 한반도 대운하 건설을 추진하려고 하였으나, 광우병 촛불이 진행되면서 국민적 비판이 높아지자, 이명박 대통령은 특별기자회견을 통해 '한반도 대운하 사업도 국민이 반대한다면 추진하지 않을 것'임을 밝혔다. 그러나 실제로는 한반도 대운하 사업의 일부 내용만 수정하고 이름을 4대강 사업으로 바꾼 채 사실상 그대로 추진했다.

** 원세훈은 2009년 2월부터 2013년 3월까지 국정원장을 지냈으며 이 기간 동안 국내 정치

로 임명하고 난 뒤로, 국정원은 본격적으로 국내 정치에 개입하는가 하면 위법한 방법으로 국민 감시와 통제에 나서게 된다.

또 이명박 당시 대통령은 마치 시민단체와 언론이 사실을 왜곡한 내용을 갖고 국민을 선동해서 '광우병 촛불집회'가 발생된 것이라는 잘못된 전제하에 공영방송사를 장악하면서 비판적 언론인에 대한 탄압을 지속했고, 공영방송인 KBS와 MBC 사장을 친정부적 인사로 교체하면서 정부에 비판적인 방송을 못 하도록 구조화하였다.

또 국정원은 야권 인사들을 노골적으로 사찰하는가 하면, 이명박 정부의 정책을 반대했던 시민단체를 탄압했고, 심지어 2009년 김대중 전 대통령이 서거하자 김대중 전 대통령의 노벨평화상 수상을 소급해서 취소해달라고 청원하는 계획도 세운 것으로 훗날 밝혀졌다. 특히 광우병 촛불 시위 다음해인 2009년부터 국정원은 인터넷 여론을 조작하기 위해 5개 팀 3,500명을 운영*했다는 사실이 훗날 밝혀졌다. 국가정보원

개입과 대선 개입 등을 불법적으로 자행했다. 특히 그는 2012년 대선 당시 진행된 국가정보원의 조직적인 '사이버 여론조작'을 통해 노골적으로 선거에 개입해 박근혜 당시 집권여당 대통령 후보를 지지·지원했다. 원세훈은 2018년 4월 대법원에서 국가정보원법 위반과 공직선거법 위반 혐의로 징역 4년형을 선고받았다.

* 박근혜 퇴진 촛불항쟁 이후 신임 문재인 대통령 정부는 '국가정보원 개혁발전위원회'를 구성하여 지난 시절에 국정원이 자행한 민주주의 파괴 행위를 조사했다. 그 조사 결과에 따르면 국정원이 2009년 5월부터 2012년 12월까지 민간인으로 30개 팀을 운영하며 여론조작 활동을 하게 하고, 그 인건비로 한 달에 2억 5000만~3억 원을 지급한 사실을 확인했다. 국정원 내부에서는 이를 '사이버외곽팀'으로 불렀고, 국정원 심리전단에서 이를 관리했다. 특히 대선이 있었던 2012년 한 해 동안 국정원이 민간인을 동원해 인터넷상 여론조작을 위해 지급한 돈만 30억 원에 이르는 것으로 파악됐다. 개혁위는 "사이버외곽팀 대부분은 별도 직업을 가진 예비역 군인, 회사원·주부·학생·자영업자 등 보수·친여 성향 지지자로 개인 시간에 활동했다"고 밝혔다. 국정원이 조직적으로 민간인을 동원해 '댓글 부대'를 운영한 것이며, 2012년 대선에서 불법적으로 여론조작 공작을 수행하면서 대선에 개입한 것이다.

이 2012년 대통령 선거 직전 '민간인 여론조작팀' 3,500명을 조직적으로 운영하며 한 해 예산만 30억 원을 쓰고, 국정원의 비밀자금(공금)인 특수활동비를 활용해 이명박 정권에 도움이 될 만한 광범위한 여론조작을 진행했으며, 특히 2012년 대선에서 새누리당 박근혜 후보를 당선시키려 관련 여론을 조작하는 공작 활동을 진행한 사실이 밝혀지기도 했다.

이명박 정부 시절에 노동자와 농민, 빈민, 서민의 삶은 더욱 어려워졌다. 이명박 정부는 대기업 등이 주로 부담하는 법인세 등을 인하함으로써 이명박 정부 5년간 무려 100조 원의 대기업 세금을 감면했다. 부족한 세금은 서민들의 세금으로 메워야 했다. 그리고 부동산 경기 활성화란 미명하에 부동산 투기를 조장하였는데, 대도시 구도심의 뉴타운 사업이나 재건축 규제를 완화하면서 대형 건설사*와 부동산 소유자의 불로소득을 극대화시키면서 주택가격 폭등을 추동했다. 반면 서민들은 주택난에 직면하면서 부동산을 매개로 한 빈부격차의 확대를 더욱 절감하게 된다. 부동산 투기를 조장하는 정책인 뉴타운 사업의 무리한 추진은 용산참사**를 낳기까지 했다.

이명박 정부 들어서 물가도 많이 올랐다. 노무현 정부 시절 평균 물가 상승률은 연 2.9%였는데, 이명박 정부 때는 연 3.6%에 달하였다. 부동산 부자나 수출 대기업, 건설업계 등에 유리한 인위적 저금리와 막대한 경기부양책으로 돈을 풀고, 인위적 고환율(평가절하)로 수입 물가를 치

---

* 이명박 전 대통령은 한국의 거대 재벌기업인 현대건설의 CEO 출신이다.

** 2009년 1월 20일 서울 용산역 건너편 재개발지역 내에 소재한 '남일당' 건물 옥상에 망루를 짓고 올라가 강제 철거를 반대하며 농성 중이던 철거민들을 강제 진압하는 과정에서, 대형화재가 발생해 철거민 5명과 경찰특공대원 1명이 사망한 참사다.

솟게 한 탓이 컸다. 그 결과 수출 대기업 등은 사상 최대의 매출을 올렸지만 서민들의 생활은 치솟는 물가에 날이 갈수록 고통이 커졌다.

이명박 정부 시절 한반도 평화 관련 상황도 뒷걸음질을 계속했다. 대표적인 사항이 천안함 침몰 사건이다. 2010년 3월 26일에 군사분계선 부근인 백령도 근처 해상에서 대한민국 해군의 초계함인 천안함이 침몰했다. 이 사건으로 대한민국 해군 장병 40명이 사망했으며 6명이 실종되었다. 이명박 정부는 천안함 침몰 원인을 규명할 민간·군인 합동조사단을 구성하였다. 합동조사단은 지방선거 직전인 2010년 5월 20일 천안함 침몰 조사결과를 발표하며, 한미합동 군사훈련이 진행 중인 바로 그 훈련 해역에 북한이 잠입 흔적도 남기지 않고 몰래 잠수함을 침투시켰고, 그 잠수함에서 어뢰를 발사해 한미합동 군사훈련에 참가하고 있던 천안함을 몰래 침몰시키고는 흔적도 없이 사라졌다고 발표했다. 하지만 천안함 침몰사고의 원인에 대해서는 여러 가지 과학적 문제와 의문이 제기되었고, 그 의혹이 말끔히 해소되지 않은 채 여전히 현재진행형이다. 또 다른 의혹은 천안함 사건 진상조사 발표 시점이다. 사건 발생 두 달이 채 안 된 상태에서 조사결과를 발표했는데 그날은 공교롭게도 4년에 한 번씩 진행되는 지방선거운동 개시일이었다. 지방선거에서 집권여당에 유리한 선거분위기를 만들기 위한 의도가 개입한 것 아니냐는 의구심이 분분하였다. 지방선거가 한창인 그해 5월 24일, 이명박 대통령은 전쟁기념관에서 자극적인 방법으로 북한에 대한 경제봉쇄는 물론 군사적 조치까지 포함한 이른바 '5·24조치'를 발표했다. 북한이 지속적으로 자신들의 소행이 아니라고 밝혀온 터여서, 천안함 사건과 5·24조치로 인해 남북관계는 급속도로 악화되어 갔다.

촛불항쟁에 이르게 되는 정치·사회적 경과
— 파탄으로 몰려가는 박근혜 정권

박근혜 정권의 국정 파탄과 촛불항쟁의 전야투쟁(前夜鬪爭)의 전개

5년간의 이명박 대통령 임기 동안의 실정으로 국민 대중들의 불만은 극도로 높아졌지만, 정권 교체가 되지 않고 후임 대통령으로 집권여당 소속인 박근혜 후보가 대통령으로 당선된다. 국가정보원, 국군사이버사령부, 기무사 등 국가기관을 동원하여 여론을 조작하는 정치공작, 관권 부정선거를 자행하여 대통령을 만들었던 것이다.

박근혜가 대통령에 취임한 그해(2013년) 6월, 검찰 수사를 통해 관권 부정선거 사실의 일단이 드러나자 국민 대중들은 분노하여 대규모 촛불집회를 연이어 개최하면서 여론조작과 부정선거의 철저한 진상 규명과 책임자 처벌을 요구하였다. 그러나 박근혜 정권은 국민의 요구와는 정반대로 부정선거 진상 은폐를 위해 매진하였다. 부정선거 진상규명 투쟁이 진행되던 그 와중인 2014년 4월 16일, 대형 여객선을 타고 수학여행을 가던 고등학생들이 다수 탑승한 '세월호'가 의문의 침몰을 당하여, 학생들과 시민 등 총 304명이 사망하는 참사가 발생하였다. 침몰되고 있던 당시, 어찌된 셈인지 여객선 내의 스피커에서는 탈출하지 말고 '가만히 있으라'는 안내방송만 반복되고 있었다. 침몰하고 있던 바다 현장에 긴급 출동한 해양경찰의 경비정 등 정부 당국의 선박들은 제대로 구조하지 못하였고, 대신 승객을 버려두고 긴급 탈출한 여객선 승무원들을 구조하였다. 극히 일부 승객만 구조되었는데, 그들은 대부분 침몰 소식을 듣고 집결해온 소규모 어선들에 의해 구조되었다. 도저히 납득하기 어려운 여러 가지 의혹이 꼬리에 꼬리를 물고 이어지면서 다각도로 문제점이 제기되었지만, 정부당국은 진상 규명과 책임자 처벌, 재발 방지책 마련에 적극적인 자세를 보이지 않았다. 대규모의 촛불집회가 연이어 진행되었고, 또 한국 역사상 최대 규모인 총 600만 명이 넘는 수많은 국민이 진상 규명을 요구하는 국민서명에 참가하였지만 정부여당은 진상 규명을 방해하는 데 급급하였을 뿐이었다.

당시 박근혜 대통령은 중국의 전승 70주년 기념식에 참가하여 마치 중국과 보다 적극적인 외교관계를 맺을 것처럼 바람을 잡으면서도, 뒤이어서 중국의 경고에도 불구하고 미국의 요구에 굴복하여 사드 배치를 강행하여 중국의 강력한 반발을 초래하는 등 외교적 널뛰기를 거듭하였다. 또 일본군 종군위안부 문제와 관련하여 국민적 소통이나 공감대 형성 과정을 일체 거치지 않은 채, 2015년 연말을 틈타서 굴욕적인 내용의 한·일 정부 간 협정을 급작스럽게 타결함으로써 국민적 분노에 불을 붙였다. 이어서 2016년 11월에는 일본의 군사 대국화와 한반도 문제에의 개입 가능성을 더욱 촉진하는 한일군사정보보호협정 체결을 강행함으로써 한반도 평화 여건 형성에 역행하는 망동을 거듭하였다.

그리고 2016년 2월 박근혜 정권은 남북한 간 경제교류의 상징인 개성공단을 폐쇄하였고, 이후 남북한 간에는 전쟁을 불사하는 수준의 상황이 지속되었다.

한편 박근혜 정권은 자신의 아버지이자 군사독재의 철권을 휘두르다가 심복인 비밀정보기관 수장에 의해 암살되었던 박정희 전 대통령과 그를 추종하는 친일독재세력의 역사적 과오를 덮고 이들을 미화·칭송하기 위해 역사교과서 국정화를 추진하다가 국민들의 거센 저항에 부딪치기도 하였다.

또한 박근혜 정권은 이명박 정권의 뒤를 이어 '부자 감세, 공적 규제 대폭 완화 그리고 법질서 확립' 정책을 계속 시행하였다. 그 결과 민생(서민생활과 서민생존권)이 파탄 나는 지경에 이르렀다. 박근혜 정권 치하에서 더욱 악화된 민생 파탄 상황에다 연이은 각종 민주주의 파괴 행위에 분노한 민심의 이반은 극에 달하게 되었고, 이런 상황에서 조직화된 민중대오가 총궐기 투쟁으로 그 선봉에 나서게 된 셈이다.

그리고 재벌에 유리한 정책과 재벌이 청부한 반노동 정책 그리고 농업·농촌·농민을 짓밟는 반농민 정책과 용역깡패를 동원하여 노점상과 철거민들을 쫓아내는 강압 정책을 계속하다가, 드디어는 2015년 11월 14일 노동자와 농민, 도시빈민 등 조직화된 민중대오들이 앞장서서 박근혜 정권의 실정과 폭정에 항거하는 민중총궐기투쟁이 격렬한 양상으로 진행되면서 촛불항쟁의 전야투쟁(前夜鬪爭)은 본격적으로 시작되었다. 이 과정에서 고령의 백남기 농민이 경찰이 쏜 물대포에 맞아 쓰러졌고, 경찰의 사인 조작 시도에 국민적 저항이 일어나면서 촛불항쟁의 상황적 조건이 무르익어갔다.

부정선거를 통해 당선된 박근혜 대통령

18대 대통령 선거를 8일 앞둔 2012년 12월 11일, 당시 야당인 민주당은 비밀정보기관인 국가정보원(이하 '국정원'이라 함) 직원이 인터넷 사이트에 야당 후보를 비방하는 댓글을 달고 있다고 주장하며 서울 강남구 역삼동의 한 오피스텔 사무실을 급습했다. 오피스텔은 국정원 심리전단 직원 김 모 씨의 숙소였고, 민주당은 경찰에 수사를 의뢰했다. 이른바 '국정원 직원 댓글 사건'이 세상에 알려지기 시작한 것이다.

그로부터 며칠 뒤인 12월 16일 오후 11시, 경찰은 사전 예고도 없이 '국정원 직원 댓글 사건'의 중간 수사 결과를 발표했다. "국정원 직원의 PC와 노트북 등에서 대선 관련 댓글 흔적을 발견하지 못했다"라는 것이었다. 불과 대선 3일 전이고, 그날 저녁 대선 TV토론에서 박근혜 후보가 답변도 제대로 못 해서 토론을 망친 직후였다. 통상 기자회견이나 정부 발표는 일과시간에 진행하는 것이 일반적이지만, 긴급 사안도 아닌데 심야시간인 오후 11시에 갑작스럽게 그것도 특정 후보에 일방적으로 유리한 내용의 수사 결과를 발표하는 것은 매우 이례적인 상황이었다. 이러한 문제점에도 불구하고 대선 결과, 집권여당인 새누리당의 박근혜 후보가 당선되었다.

대선은 끝났지만 의문은 사그라지지 않았다. 경찰 수사 결과 국정원 여직원인 김모 씨가 아이디 16개를 사용해 인터넷 사이트의 대선 관련 글에 99차례 찬반 표시를 한 흔적이 발견됐다. 대선 이듬해인 2013년 3월 원세훈 전 국정원장이 '국정원 댓글 사건'의 윗선 아니냐는 의혹이 확산되었다. 원세훈 전 원장이 이명박 정부의 주요 정책을 홍보하고 '종북좌파'(사실은 야당, 시민사회단체 등 당시 정부에 비판적인 사람들을 지칭함)의 사이버 선전·선동에 적극 대처할 것을 지시하는 내용이 담긴 '원장님 지시·강조 말씀'이라는 자료가 공개되면서다. 국정원 직원들을 대선 등 정치 현안 개입에 조직적으로 동원한 것 아니냐는 근거 있는 문제제기도 생겨났다. 사건 무마 압력이 작용하고 있다는 의혹도 불거졌다. 사건 초기 수사를 지휘했던 권은희 당시 수서경찰서 수사과장이 수사 과정에서 외부압력이 있었다고 폭로했다. 검찰 수사가 이어졌고, 채동욱 당시 검찰총장은 서울중앙지검에 '특별수사팀'을 구성했고 윤석열 당시 서울 중앙지검 특수1부장을 팀장으로 임명했다. 검찰은 국정원 심리전단의 인터넷 활동 규모 파악에 나섰고 핵심 증거로 국정원 직원들의 트위터 계정 716개와 대선에 개입한 것으로 보이는 27만 개의 트윗을 발견했다. 국정원뿐만 아니라 국군 사이버사령부도 연루되어 있었다는 점이 드러났다. 국정원 등이 대통령 선거에 불법적으로 관여하였다는 검찰의 수사결과 발표를 접한 시민들은 철저한 진상 규명과 책임자 처벌을 요구하면서 촛불집회를 시작하였다.

검찰은 원세훈 전 원장을 공직선거법 및 국가정보원법 위반 혐의로 기소했다. 그러던 중 검찰 수사가 권력 핵심부로부터 가해지는 탄압에 직면했다. 원 전 원장에 대한 공직선거법 위반 혐의 적용과 구속수사 여부를 놓고 검찰과 황교안 당시 법무부 장관 사이에 마찰이 빚어지고 있다는 소문이 돌고 있을 때, 촛불집회는 수만 명 규모로 확대되었고 서울만이 아니라 전국으로 확산되었다.

2013년 8월 김기춘 전 법무장관이 신임 청와대 비서실장으로 임명되었는데, 그는 검사 출신으로 군사독재정권 시절 청와대와 국정원에서 오랫동안 근무했던 경력이 있는 정치공작 전문가였다. 김기춘 비서실장 임명 직후인 그해 8월 28일 소위 진보적 시민사회단체와 진보정당이 연루된 내란음모 조작사건*을 발표하면서, 국정원 대선 개입을 규탄하는

---

* 박근혜 국정원 내란음모 사건을 조작하면서 통합진보당 이석기 국회의원을 주범으로 구속시키는 것으로 국정원의 대선개입 사건을 덮으려 하였다. 바로 직전인 6월에도 정부여당은 당시까지 비공개 상태였던 2007년 남북정상회담 당시의 대화록 일부를 유출하면서 야당에

촛불집회의 확산 기세는 주춤거리게 되었고, 당시까지 광장에서 촛불집회에 참가하며 철저한 진상 규명을 요구하는 투쟁을 함께 진행하고 있던 제1야당(중도개혁성향)인 민주당은 광장투쟁을 중단하고 국회로 돌아갔다.

곧이어 박근혜 정권은 관련 수사를 내실 있게 진행하던 검찰 특별수사팀을 뒷받침해주던 당시 채동욱 검찰총장을 개인적 약점, 즉 이중 결혼으로 인한 혼외 아들을 숨겨두고 있다는 사실을 들춰내며 압박하여 검찰총장직에서 사직하게 만들었고, 당시 검찰 특별수사팀장이던 윤석열 팀장*도 좌천되면서 국정원 대선개입 사건 수사는 더 이상 진척되지

대한 부당한 정치공세를 펼치기도 하였다. 내란음모 조작사건 발표 뒤에도 채동욱 검찰총장을 찍어내면서 특별수사팀을 사실상 와해시키는 공작을 추진하였고, 이어서 그해 10월에는 조합원수가 6만 명이 넘는 전국교직원노동조합(이하 '전교조'라 함)을 행정부가 팩스로 통고서 1장 보내는 것으로 사실상 불법화하는 폭거를 자행하면서 부정선거 의혹에 대한 국민적 관심을 '물타기' 하기도 하였다. 그러고는 2013년 11월에는 헌법재판소에 통합진보당 해산을 청구했다. 해산청구인은 당시 법무부장관인 황교안이다. 다음해인 2014년 12월 19일 헌법재판소는 통합진보당 해산을 결정했다. 이 결정으로 통합진보당 소속 국회의원 5명이 국회의원직을 박탈당했다. 당시 사법부의 수장이 양승태 대법원장이었는데 박근혜 탄핵 이후 문재인 정부가 들어선 뒤, 양승태 당시 대법원장이 재판부의 독립을 침해하고 박근혜 정부의 요구에 순응해서 사법부 판단을 조율한 정황이 확인되기도 했다. 양승태 사법부가 사실상 박근혜의 하수인이었다는 점이 드러난 것이다. 사법농단 혐의로 양승태 전 대법원장은 2019년 1월 구속된다.
* 윤석열은 2013년 검찰 내에 구성된 국가정보원 대선 여론조작 사건 특별수사팀 수사팀장이었다. 당시 황교안 법무부장관과 서울중앙지검 검사장 등의 외압 행사에도 불구하고 국정원 압수수색을 단행하고 직원을 체포하는 등 적극적인 수사를 진행했다. 특별수사팀은 원세훈 전 국정원장에게 공직선거법 위반과 국가정보원법 위반 혐의를 적용했다. 박근혜 정부에게 눈엣가시였다. 그는 2013년 국회에 출석해서 수사 당시 '법무부 장관의 부당한 외압이 있었다'고 증언하기도 했다. 윤석열은 수사팀에서 배제되었고 좌천되었다. 그러나 2016년 말 박근혜 퇴진 촛불시위가 시작된 뒤 구성된 '박근혜 정부의 최순실 등 민간인에 의한 국정농단 의혹 사건 규명을 위한 박영수 특별검사팀'(이하 '국정농단 특검'이라 함) 수사팀장으로

못하고 지지부진한 상태가 되었다.

국정원과 국군 사이버사령부 등 국가기관이 대거 동원되어 선거부정이 자행되었고, 그런 부정선거의 덕을 크게 본 박근혜 대통령은 모든 권력을 동원해 진실을 감추려 했다. 그 과정에서 내란음모 사건이 조작되면서 진보정당이 해산되고 민주주의 헌정질서는 파괴되었다. 국민들은 감춰진 진실이 무엇인지 알고 싶어 했고, 진실을 감추려는 박근혜 정권을 믿지 않기 시작했다. 그리고 진상 규명과 책임자 처벌을 요구하는 촛불집회가 세월호 참사가 일어난 시점까지 지속적으로 진행되었다.

세월호 참사, 온 국민이 분노하다

세월호 참사. 2014년 4월 16일 한반도 남서쪽 해안인 전남 진도군 조도면 부근 해상에서 여객선 세월호가 침몰해 탑승인원 476명 중 304명이 사망한 참사가 일어났다. 침몰 사고 생존자 172명 중 절반 이상은 해양경찰이 아닌 민간 어선 등에 의해 구조되었다.

당시 TV 중계를 통해 침몰 장면을 목격한 국민들은 모두 울었고, 참담했다. 구조를 위해 손 한번 제대로 쓰지도 못한 채, TV 화면 속에서 침몰해 갔던 세월호, 또 그 속에서 수장되어 갔던 어린 생명들, 국민들은 충격 속에서 분노하였다. 정부는 구조를 위해 무엇을 했는가? 왜 탈출하라는 안내는 하지 않고 여객선 안에서 가만히 있으라고 거듭해서 안내방송을 했는지? 왜 TV 보도에서는 '전원 구조'라는 가짜 뉴스가 방송되

역할을 담당하며 박근혜-최순실 게이트의 진실을 파헤친다. 퇴진촛불과 박근혜 탄핵 이후 출범한 문재인 정부하에서 서울중앙지검장으로 승진되었다. 2년 뒤인 2019년 7월에는 검찰총장으로 보임된다.

었는지? 그리고 왜 세월호는 악천후 속에도 출항했는지? 해경은 왜 탈출하라고 하지 않았는지? 대규모 재난대책의 결정권자이며 국민 안전을 책임지는 대통령은 무엇을 했는지? 의문은 증폭되어갔다.

배가 침몰하는 매우 급박한 상황이라 해도 만일 적절하게 대처했더라면 희생 규모는 크게 줄었을 것이다. 사고 당시에도 많은 생명을 구할 수 있는 시간은 나름 충분히 있었다. 그러나 대통령은 움직이지 않았고, 사건 발생 7시간 30분이 지난 뒤에 중앙재해대책본부에 나타나 "구명조끼를 학생들은 입었다고 하던데 그렇게 발견하기가 힘듭니까?"라며 사실과 전혀 다른 엉뚱한 이야기를 했다. 대통령은 세월호 유가족을 만나 진실 규명을 위한 특검과 특별법을 약속했고, 언제든지 만나자고 했지만, 이 말이 거짓임이 드러나는 데에는 그리 오래 걸리지 않았다.

국민 서명 600만 명, 유가족들이 최장 46일간 단식을 하면서 진상 규명 특별법을 요구했지만 당시 국회 다수당이자 집권여당인 새누리당은 특별법에 반대하며, 특별법 통과를 온몸으로 막아 나섰다. 유가족들이 국회 등에서 농성하고 또 국민들의 요구가 빗발치자, 결국 그해 11월, '4·16세월호 참사 진상규명 및 안전사회 건설 등을 위한 특별법'(이하 "세월호 특별법")이 제정되었다. 그러나 박근혜 정권은 특별법에 의한 특별조사위원회(이하 "특조위") 구성과 진상 규명 활동 전체를 방해했다. 그 정점엔 박근혜 대통령과 김기춘 비서실장이 있었다. 그리고 행동대장은 해양수산부(이하 "해수부") 고위 공무원들이었다.

2015년 4월 세월호 참사 1주기 즈음엔 박근혜 정권은 대통령이 정하는 시행령(대통령령)을 통해 세월호 특별법을 무력화하려 했다. 예컨대 특별법이 정한 특조위의 권한을 시행령을 통해 축소하는 것이었다. 진실을 왜곡하고 은폐하려는 시도가 행정부와 사법부 등 곳곳에서 진행되었다. 2016년 9월 30일 세월호 특조위는 박근혜 정권과 해수부, 여당의 방해로 침몰 원인, 구조 방기 등 의혹 사항들을 제대로 조사하지도 못한 채 강제 종료되었다.

세월호 인양도 계속 미뤄졌다. 예산을 탓하고 날씨가 좋지 않다고 이유를 댔지만 사실은 박근혜 대통령을 비롯한 정부 여당이 세월호 인양과 그로 인한 진실 규명의 단서가 표출되는 것을 원치 않았기 때문이라는 사실을 모르는 국민은 없었다.

박근혜 정권은 모든 권력을 불법적으로 활용해 진실을 감추었다고 생각했지만 손바닥으로 하늘을 가릴 수 없듯이 의혹은 더욱 커졌고 국민들은 야수와도 같은 박근혜 정권에 대해 치를 떨면서 분노하였다. 그리고 연이어서 추모 촛불집회를 강력하고도 지속적으로 진행하면서 진상 규명과 책임자 처벌 그리고 재발방지책 마련을 요구하였다.

민생파탄, 민주파괴, 평화위협 박근혜 정권

부정선거를 통해 당선되어 2013년 2월 25일 출범한 박근혜 정권은 헌정 사상 유례없는 실정과 폭정으로 얼룩졌다. 한국 사회에 다시는 있어서는 안 될 정치, 외교, 사회, 경제, 문화, 외교 분야 등 전 방위에 걸친 국정농단과 국정 실패로 민생은 파탄 나고 민주주의는 파괴되었으며, 평화는 위협받았다.

박근혜 대통령은 입만 열면 '민생'(서민생활과 서민생존권)을 외쳤다. 박 대통령은 야당을 언제나 '민생'은 외면하고 있다고 비난했지만, 정작 박근혜 정권의 경제정책은 오직 부자를 위하는 정책, 재벌특혜정책만을 일삼았다. 그 결과 민생은 파탄 지경에 이르렀다. 대졸 청년실업률은 10.4%로 올라갔다. 공식 실업자만 100만 명이 넘는 등 실업자가 대폭 증가하였다.

한국 사회에서 서민들의 주거형태인 임차주거형태의 절대다수는 전세 방식*으로 계약한다. 따라서 전세금 안정은 서민의 주거환경에 절대적인 영향을 미치게 된다. 노무현 정권 시절의 상승률과 비교할 때 박근혜 정권 초기 3년간의 전셋값 상승률이 무려 11배 이상 높아졌다. 박근혜 집권 3년간 전셋값 변동률이 무려 18.16%를 기록한 것이다. 노무현 정권 재임기간의 전셋값 상승률(1.66%)과는 비교조차 되지 않는 상승률이다. 박근혜 정부 전임 정부인 이명박 정부(15.54%) 때보다 높은 수치인 것이다.

박근혜 정권은 재벌편익위주 정책으로 재벌과 부자에게는 감세를 지속했으며 부족한 세수를 메우기 위해 담배세 인상 등 간접세를 폭등시켜 서민들의 부담을 늘렸다. 예를 들면, 부동산을 많이 가진 사람들에게 해당되는 종합부동산세는 일종의 '부자들의 세금'이다. 노무현 정권 때 도입된 종합부동산세(이하 "종부세")는 2005년부터 부동산 자산 6억 원

---

* 전세제도는 한국의 독특한 제도로 세입자가 집주인에게 전세금을 지급하고 전세기간 동안 부동산을 용도에 따라 사용하는 것을 말한다. 쉽게 말해서 세입자가 집주인에게 상당한 액수의 임차보증금을 맡기고 대신 그 집에 월단위 임차료 또는 연단위 임차료를 내지 않고 그 집에 들어가 사는 것이다. 전세 기간은 보통 2년인데 전세 기간이 만료되면 세입자는 집주인에게 전세금을 돌려받으면서 퇴거하게 된다. 집주인은 전세금을 받아 그 돈을 은행에 저축하거나 다른 사람에게 대여할 경우 받게 될 그 이자가 임차료에 해당하는 것이다. 집주인은 세입자에게 받은 전세금을 적절히 운용하여 수익을 낸 뒤, 전세 기간이 끝나면 수요자에게 전세금을 돌려주고 그 수익금은 집주인이 취하는 방식이다.

이상 소유자에게 종부세를 걷었지만 이명박, 박근혜 정부를 거치며 과세 기준이 9억 원 이상으로 높아지면서 종부세를 내야 할 대상이 대폭 축소되었다. 그 결과 2007년 종부세 징수액은 2조 4천억 원에 달했고 2009년엔 3조 원대에 이를 전망이었지만, 2008년 이명박 정권으로 교체되면서 2009년에 오히려 1조 2천억 원으로 반토막났다. 또 법인세, 소득세, 종합부동산세(종부세) 등 주로 재벌이나 부자들이 부담하는 세금을 깎아주는 이른바 '부자 감세'로 세수가 부족해지자, 정부가 이를 보충하기 위해 담뱃세를 2배 올리는 바람에 담뱃값도 한 갑에 2,000원 하던 담배가 하루아침에 4,000원으로 껑충 뛰었다.

세수가 부족하니 부채도 늘었다. 국가채무는 595조 원으로 늘었는데, 문제는 그 증가 속도가 지나치게 빨라져 연 1,500조 원 정도인 GDP의 40% 수준을 위협했다. 국회 예산정책처에 따르면 지난 1998년 IMF 구제금융을 받은 직후였던 2001년까지만 해도 국가채무는 113조 원 정도에 불과했지만 2005년에는 238조 원으로 두 배 늘었고, 2012년엔 480조 원으로 4배 이상 수준으로 증가했다. 국가채무에 각종 연기금, 공기업 부채까지 포함한 국가부채는 기하급수적으로 증가하여 박근혜 정권 시절인 2014년 말 총 1,200조 원을 돌파했다.

박근혜 정권의 실정은 민생 파탄에만 그치지 않았다. 외교적 실정도 이어진다. 대표적인 것이 사드 배치와 한일위안부 합의다.

한일 정부는 2015년 12월 28일 일본군 위안부 협상을 타결했다. 합의 내용은 (1) 일본군이 관여한 제2차 세계대전(태평양 전쟁) 시기 일본군위안부 문제에 대해 사죄하고, (2) 일본 정부가 10억 엔(약 100억 원) 기금을 내서 위안부 피해자 지원 재단을 만들고, (3) 일본 대사관 앞에 있는 소녀상의 이전 문제까지 논의하며, (4) 이번 합의는 최종적이며 불가역적 해결임을 확인한 것이다.

그러나 정작 피해 할머니들은 일본군종군위안부("성노예") 문제는 사실상 일본 정부와 일본군이 추진하여 전쟁 중 여성 인권을 유린한 인권 문제이며, 철저한 역사적 진실 규명이 앞서야 하고, 이를 바탕으로 일본 정부가 진심 어린 사과를 해야 한다는 입장이었다. 이런 피해 할머니들의 입장은 한일 정부 간의 합의 내용에 전혀 반영되지 않았다. 할머니들과 함께 역사적 자존감을 짓밟힌 한국 국민들은 거세게 분노하였다. 그런 내용을 알고도 박근혜 정권은 일본군위안부협상 타결을 강행했는데, 단돈 100억 원을 받는 대신 국민적 자존감과 역사적 진실을 파묻겠다는 극히 굴욕적인 합의라는 비판이 확대되면서, 청년학생들은 소녀상 강제 철거를 저지하기 위해 엄동설한임에도 불구하고 일본 대사관 앞에서 노상농성을 계속하는 등 거대한 국민적 분노가 폭발되기 시작하였다.

다른 한편, 북한의 대륙간 탄도미사일을 막는다는 명목으로 박근혜 정권은 미국이 요구하는 사드* 배치를 2015년 강행했다. 이로 인해 중국의 거센 반발에 직면했으며 중국의 경제 보복 등 외교 후폭풍으로 한

---

* 종말고고도지역방어(終末高高度地域防禦, Terminal High Altitude Area Defense; THAAD) 시스템. 미 육군의 무기 체계로 종말 단계에서 탄도미사일을 직격 파괴로 요격하도록 설계되었다. 종말 단계에서 요격하는 시스템이라는 점에서 북한과의 거리가 불과 400~500km 떨어진 한반도 남쪽을 방어하기엔 적절하지 않다는 비판에 직면했다. 또 적중률이 매우 떨어진다는 의혹도 있었으며 특히 사드가 중국이나 북한에서 발사하여 한국이 아닌 미국으로 날아가는 대륙간 탄도미사일을 격추하기 위한 시스템이 아니냐는 의혹이 확산되었다. 또 사드 기지 내에 설치되는 고성능 레이더로 사실상 중국 내 군사기지 등의 움직임을 근접 사찰하기 위한 목적으로 설치되는 것이 아니냐는 중국의 이유 있는 항의가 강력하게 제기되었다.

국경제에 11조 원이 넘는 경제적 피해가 발생하였다.

또한, 박근혜 정권이 갑작스럽게 2016년 개성공단을 폐쇄하면서 남북관계는 최악으로 치달았고, 개성공단에 투자한 여러 중소기업은 심각한 피해를 입었다.

박근혜 정권은 역사교과서 국정화를 강행했다. 교육부는 2015년 10월 기존 한국사 검정교과서가 좌편향돼 있다고 주장하며 예전(군사독재 시절)처럼 국정화하여 역사교과서를 국가에서 정한 교과서로만 한정하겠다고 발표했다. 박근혜 정권에서 추진했던 역사교과서 국정화는, 한국사 교과서의 내용을 고쳐서 박근혜 대통령의 아버지이자 군사독재정권이었던 박정희 정권과 아직도 한국 사회에서 영향력을 행사는 친일 기득권 세력의 역사적 과오를 덮고 대신 이들을 역사교과서를 통해 미화하려는 것이었다. 국정화 방침이 알려지자 시민사회는 역사 정의를 거스르는 시대착오적 망동이라며 반발했고, 전국 역사학자와 대학교수들은 국정교과서 집필 거부 선언으로 맞서기도 했다.

국민들의 조직적 저항이 시작되다:
2015년 민중총궐기투쟁과 경찰 물대포에 쓰러져 사망한 백남기 농민

2015년 11월 14일 서울 도심에서 시작된 민중총궐기대회는 이듬해 가을에 불타올랐던 촛불혁명의 전야적(前夜的) 투쟁이었다. 노동자, 농민, 도시빈민 등 총 14만 명의 조직된 민중 대오가 서울에 집결하여 박근혜 정권의 실정과 폭정을 규탄하는 격렬한 가두시위를 전개하였다. 당시 핵심 구호가 "못살겠다. 갈아엎자!"였다.

이명박-박근혜 정권 기간 동안에 4대강 공사, 100조 부자 감세, 자원

외교 혈세 낭비, 대선개입 부정선거, 세월호 참사, 사드 배치와 위안부 야합, 한·일 군사정보보호협정 강행, 개성공단 폐쇄와 대북 전쟁불사 정책, 친일독재 미화 역사교과서 국정화, 친재벌 정책, 노동개악, 묻지마 쌀 개방, 심지어 통합진보당 강제해산까지 온갖 적폐가 누적되었다.

2015년 가을, '더 많은 비정규직, 더 쉬운 해고, 더 낮은 임금'을 주요 내용으로 하는 노동개악이 급작스럽게 시도되었다. 박근혜의 측근 최순실을 위해 '미르'와 'k-스포츠' 재단을 구성하는 과정에서 재벌들로부터 수백억 원의 뇌물을 받고 재벌의 민원을 해결하는 차원으로 진행되었다는 점이 나중에 밝혀졌다. 노동자들은 더 이상 참지 않고 이에 저항하는 강력한 투쟁에 나섰다.

농민들의 상황은 어떠했을까? 2015년 밥쌀용 쌀이 수입 개방되었다. 기왕에 수입해온 가공용 쌀 이외에 더 이상 수입하지 않아도 되는 밥쌀용 쌀을 저율관세로 또다시 수입하게 되었다. 쌀값 폭락은 거듭되었고, 쌀의 본격적인 출하기가 가까워 오면서 가격은 30년 전인 1980년대 수준으로 폭락했다. 박근혜 대통령은 대선후보 시절 쌀 가격을 80kg 기준 17만 원에서 21만 원까지 인상하겠다고 공약했으나 실제로는 거꾸로 14만 원까지 떨어진 것이다. 생계유지의 어려움에 봉착한 농민들의 분노는 하늘을 찔렀다. 지난 30년 동안 엄청난 물가상승과 농재료비 상승으로 쌀 생산비는 대폭 상승되었는데도 쌀값은 30년 전 수준으로 떨어진 것에 대해 본능적 항거를 시작한 것이다. 충남 부여 농민들로부터 시작된 투쟁은 '개 사료값보다 싼 쌀값'에 대한 농민들의 분노에 불을 붙였다. 이렇게 삶의 벼랑 끝에 선 농민들은 살기 위해서 2015년 민중총궐기 대회에 대거 참가하였다.

그러나 청와대로 향하던 노동자, 농민의 행진은 경찰 차벽에 가로막혔고, 이에 항의하던 70세에 가까운 고령의 백남기 농민은 경찰이 쏜 직사 물대포를 맞고 의식을 잃은 채 시위 현장에서 쓰러졌다. 또 민주노총 한상균 위원장은 2015년 민중총궐기 투쟁과 세월호 참사 1주기 추모대회를 주도했다는 등의 이유로 구속되어 대법원에서 징역 3년형을 확정받았고, 수많은 민중들이 체포·구속되는 등 강력한 탄압을 받았다. 민중총궐기대회에서 조직된 민중들이 격렬한 가두시위를 벌이자, 박근혜 정권은 '다중이 집합하여 폭행, 협박, 손괴의 행위'를 하였을 때 처벌하는 '소요죄'를 적용하여 중형으로 처벌하려 시도하였다. 그러나 이번에는 상대적으로 온건한 입장을 지닌 시민사회단체들까지 함께 엄호해 나서면서, 12월에 전개된 제3차 민중총궐기대회 때에는 '소란스럽고 요란한'(소요) 투쟁문화제라는 부제를 붙여서, 피리와 나팔 등 시끄러운 소리를 내는 각종 도구를 들고 집회행진에 참가하는 방식으로 풍자적 가두시위로 투쟁을 진행하면서 돌파해나갔다. 이후로도 계속 대중집회를 통해 박근혜 정권에 저항하는 민중투쟁을 이어나갔다.

뒤이어 10개월간 계속 의식을 잃은 채 병원 중환자실에서 사경을 헤매던 백남기 농민이 2016년 9월 25일 사망하자, 박근혜 정권은 사인을 밝히겠다는 구실을 대며 사망한 백남기 농민의 시신을 대상으로 부검을 강행하려 했다. 군사독재 시절 자주 그래 왔던 것처럼 부검을 통해 거짓 사인을 조작해내고는, 마치 백남기 농민이 물대포에 때문이 아니라 병으로 사망한 것처럼 국민을 속이려는 목적이었다. 이에 수많은 시민이 백남기 농민이 누워 있는 서울대병원 장례식장에 운집하여, 부검을 집행하기 위해 진입하는 경찰을 온몸으로 저지하였다. 시민들은 1달간의 부검영장 집행기간의 만료일인 10월 25일까지 장례식장을 지켜냈다.

　사건의 극적인 반전은 백남기 농민 부검영장 만료를 하루 앞둔 10월 24일에 일어났다. 그날 오전, 박근혜 대통령은 국회를 찾아가 시정연설을 하면서 느닷없이 개헌카드를 꺼내 들었다. 하루 종일 정치권과 언론은 개헌 문제로 떠들게 되면서 정치적 위기에 몰렸던 박근혜가 반전에 성공하는 것 같았다. 하지만 그날 저녁 8시, JTBC TV 뉴스에서 충격적인 내용이 담긴 최순실의 태블릿 PC를 보도하면서 국민적 분노가 폭발되기 시작하였다. 민중총궐기투쟁본부가 불과 며칠 뒤인 10월 29일에 첫 박근혜 퇴진 촛불집회를 준비할 수 있었던 것은 이렇게 1년 넘게 싸워오면서 투쟁 태세를 갖추었기 때문에 가능한 일이었다.

퇴진촛불항쟁 개관과
몇 가지 특징

퇴진촛불항쟁 개관

　박근혜 퇴진을 요구하는 촛불시위는 2016년 10월 29일 본격적으로 시작되었다. 이후 '퇴진촛불' 시위는 급격하게 규모가 확대되면서 매주 토요일 저녁마다 촛불시위를 진행하여, 다음 해인 2017년 4월 29일까지 총 23차례에 걸쳐 서울과 전국 150여 군데 시·군에서 연인원 1,700만 명이 광장에서 촛불시위에 참가하였다. 그중에서도 2016년 12월 3일의 제6차 범국민촛불에서는 전국 각 지역에서 모두 232만 명(서울의 광화문광장에서는 170만 명)의 시민이 참여하였는데, 이는 한반도 역사상 동시에 가장 많은 사람이 거리저항에 나선 날로 기록되었다. 태풍과 같이 몰아친 촛불시민들의 거센 퇴진 요구에 밀려서 국회는 2016년 12월 9일 박근혜 대통령의 국정농단과 헌정유린 책임을 물어서 탄핵소추를 의결함으로써 박근혜의 대통령으로서의 권한 행사는 정지되었고, 다음 해 3월 10일에는 헌법재판소가 박근혜 대통령을 탄핵하기로 결정하면서 대통령직에서 파면하였다. 이어서 2017년 5월 9일 대통령 선거를 통해 새로운 대통령이 당선되면서 '촛불정부'가 출범한다. 이는 한국에서 1960년 시민혁명인 4·19민주혁명으로 독재정권을 퇴진시킨 이후 57년 만에 처음으로 시민항쟁을 통해 권력 교체에 성공한 사례가 되었다.

퇴진촛불항쟁의 몇 가지 특징

박근혜 퇴진 촛불항쟁 과정에서 나타난 여러 가지 특징을 다음과 같이 요약할 수 있다.

우선 박근혜 퇴진 촛불항쟁은 수많은 국민이 전국 각지에서 참가하는 대규모 군중집회와 시위가 진행되었지만, 시종일관 비폭력·평화 시위 방식으로 진행되었다. 또한 헌법 절차에 따라서 국회에서의 대통령 탄핵소추 의결 절차와 헌법재판소에서의 탄핵 결정 절차를 거치는 방식으로 추진되어, 결국 정권교체에 성공할 수 있었다. 이런 점들이 역사상 나타난 일반적인 정치혁명에서 보이는 제반 양상과 다소 다른 측면이 있는 셈이다. 한 해 전(2015년) 민중총궐기 집회시 평화행진을 가로막는 경찰 차벽을 제거하는 과정에서 경찰의 물대포 직사에 의해 69세 고령의 농민이 살해당하고 또 민주노총 위원장이 구속되는 등 수많은 사람이 구속되었던 상황과는 달라진 양상이었다. 이런 변화는 그 이전 해의 경험과 학습효과 덕분에 시민과 경찰 양측이 모두 초기부터 자제한 결과이기도 하지만, 한편으로는 법원이 경찰의 위법한 행진금지 조치에 대해 제동을 걸면서 신중하게 조금씩 단계적으로 대통령 관저인 청와대로의 행진 경로를 열어주는 가처분 결정을 내려주었던 것에서 작지 않게 영향을 받았다. 평화집회와 행진이 보장되니까 더욱 많은 시민이 가족들과 손잡고 또는 소그룹 모임별로 촛불집회에 참여할 수 있게 되었고, 압도적 다수의 시민 참여가 더욱더 사회적·정치적 영향력을 증대시키는 선순환이 가능하게 된 것이었다.

둘째, 노동자, 농민, 도시빈민, 여성, 청년학생 등 조직된 기층 대중들이 중심이 된 민중총궐기투쟁본부가 주도하여 먼저 촛불집회를 시작하였고 여기에 사회운동단체에 소속되어 있지 않은 일반 시민들이 대거 가세하여 국민적 항쟁으로 확장되었다. 최초로 100만 명이 넘는 대규모 시민이 참여한 제3차 촛불집회는 같은 날 민중총궐기집회가 먼저 진행되고 연이어서 범국민촛불집회로 진행되면서 집회 성격이 민중총궐기 투쟁에서 범국민적 항쟁으로 확대·발전되었다.

셋째, 집회·시위 문화 측면에서 괄목할 만한 변화·발전이 생겼다. 처음에는 절실한 분노에서 출발하였지만 촛불집회가 진행될수록 촌철살인의 풍자, 위로와 치유 그리고 흥겨운 축제라는 측면이 강화되는 방향으로 광장문화가 진화·발전해나갔다. 초기에는 다소 긴박한 분위기 속에서 촛불집회가 진행되기도 하였지만, 정세의 변화·발전에 조응하여 시민들의 자발적인 참여가 확대되고, 또한 촛불파도타기, 소등과 점등 행사 등 다양한 양태의 촛불집회 방식이 감동과 화제를 불러일으키면서 촛불집회 운동은 전례 없이 폭발적으로 상승되었고, 촛불집회 시위 분위기도 획기적으로 고양되었다. 그리고 종전에는 주로 사회단체에서 깃발을 들고 집회에 참여했는데, 이번 촛불 과정에서는 많은 시민이 각자의 취향에 따라 스스로 깃발과 피켓을 만들어 참여하였다. '홀로 온 사람들', '우리는 서로의 용기당', '중학생혁명단' 등 실로 기발한 내용의 깃발과 피켓이 나와 큰 화제가 되면서, 다음 집회에서는 더욱더 다양하고 재미있는 풍자성 깃발과 피켓이 등장하는 등 자연발생적인 집회시위 문화의 선순환 현상이 일어났다. 특히 함께 부르기 쉽고 메시지가 분명한 노래가 다양하게 등장하여 집회 분위기를 획기적으로 고양시켰다.

"대한민국은 민주공화국이다. 모든 권력은 국민으로부터 나온다", "어둠은 빛을 이길 수 없다. 거짓은 참을 이길 수 없다. 진실은 침몰하지 않는다. 우리는 포기하지 않는다"는 등의 노래는 공감대 높은 가사와 쉽게 함께 부를 수 있는 멜로디로 구성되어 있었는데, 이런 노래들은 촛불집회 참가자들에게 일체감과 깊은 감동을 불러일으키는 데 결정적인 역할을 하였다.

넷째, 박근혜 정권이 붕괴되고 촛불항쟁이 승리로 귀결된 것은 한편으로는 박근혜 정권이 엽기적 수준이라고 평가될 만한 국정수행 양태를 노정하면서 자멸한 측면이 있다. 그 이전 정권으로부터 국가정책이 신자유주의 세계화 정책 일변도로 치달은 결과 누적된 대중적 불만이 폭발하게 된 것인데, 이런 위기상황에서도 박근혜 정권은 매우 취약한 리더십을 노정하였고, 또 불통의 박근혜 리더십이 국민과 소통하고 쇄신하지 못한 채 자폐적 경향을 더욱 강화하였기 때문에, 결국 국민 대중의 분노가 더욱 크게 폭발하게 된 것이다. 특히 2014년 4월 16일 세월호 여객선 침몰사고 당시, TV 생중계로 온 국민이 쳐다보는 상황에서 정부가 단 한 사람의 생명도 구해내지 못하고 304명의 생명을 모두 수장시키는 전대미문의 대참사가 발생하였을 때, 박근혜 정권의 무능한 대처와 직무유기에 대한 국민적 분노가 응축되었다. 이어 박정권의 세월호 참사 진상 은폐·조작에 항의하고 진상을 규명하자 는 범국민적 운동이 지속적으로 전개되면서 수많은 국민이 "이게 나라냐?", "정부는 무얼 했느냐?"며 함께 울부짖게 된 것이 퇴진촛불항쟁의 결정적 배경이 된 것이다. 이 과정에서 박정권의 지지기반이라고 할 수 있는 보수층의 민심이 쪼개지면서 상당수가 이반하였고, 결국 그토록 강고하였던 보수 지배구조가 폭삭 무너지게 된 것이다. 이러는 사이 촛불 참가자들의 구성이 매우 다양화되었다. 촛불 참여층을 분석한 여론조사에 따르면, 조사대상의 32.8%가 촛불집회에 참가한 경험이 있다고 답했는데, 그중 39% 정도의 사람들이 진보적 성향이라고 밝힌 반면, 19.4%의 사람들이 중도층, 17.3%의 사람들이 보수층이라고 밝혔다. 진보적 성향의 국민들만이 아니라 중도적 성향과 보수적 성향을 가졌다고 스스로 생각하는 많은 국민들이 박근혜 정권의 엽기적 수준의 국정운영 방식에 충격을 받고, 박근혜 정권 지지층에서 이탈하여 정권 퇴진을 요구하는 촛불집회에 대거 참가하였던 것이다.

다섯째, 촛불운동 과정에서 미디어 지형에도 많은 변화가 일어났다. 주류 신문이나 주류 방송들은 왜곡·편파 보도를 일삼은 반면, 주로 비주류 언론이나 인터넷과 스마트폰을 매개로 하는 팟캐스트 방송 등 대안언론 그리고 스마트폰을 매개로 하는 SNS를 통해 촛불집회 상황과 박근혜 국정농단의 진실이 신속하고도 광범위하게 전파될 수 있었다. 한국의 경우 스마트폰 보급률이 전 국민의 91%에 달하고 있는 점도 이런 현상을 극대화하는 데 크게 기여하였다. 특히 박근혜 정권이 편파적 인사배치와 각종 정치공작을 통해 대다수 주류 언론을 성공적으로 장악한 상황이 도리어 정권 몰락의 주요 배경이 되었다는 역설적인 측면이 흥미롭다. 박근혜 정권은 취임하자마자 각종 무리한 수단을 동원하여 공영방송을 장악한 이후 왜곡·편파 보도를 반복하면서 국민을 기만해왔다. 그런데 정권 초기에는 어느 정도 성공하는 듯하였으나 일정한 시간이 경과하면서 국민들이 권력에 장악된 주류 언론을 불신하는 대신, 비주류 언론이나 독립적인 대안미디어를 통해 주요한 정보를 획득하는 양상이 나타났다. 결국 주류 언론과 민심과의 괴리 현상이 극대화된 상황이 된 것인데, 그 결과로서 권력 주체들이 저류에 흐르는 민심 파악에 실패하게 되고 대신 주류 언론이나 정보기관들이 제공하는 민심과 괴리된 '달콤한 정보'만 과신하게 되면서 역동적으로 변화·발전해나가는 민심의 흐름에 조응하는 적절한 대책을 세우는 대신 안이하고 관성적인 대응만으로 일관하다가 정권이 몰락하게 된 것이다. 즉 권력이 언론 장악을 통해 국민을 속이다가 마침내는 권력 스스로도 속게 되는 역설적 상황 전개가 진행된 것이다.

여섯째, 퇴진촛불항쟁 과정에서 정치적 노선이나 또 사회운동 노선과 관련되어서는 이른바 '최소강령' 원칙이 견지되었다. 촛불집회의 기조나 구호 또는 요구사항 등을 결정해갈 때 합의를 도출하기 위해 최선을 다해서 노력하되, 끝끝내 소수의 단위라도 반대하는 경우에는 다수결 원칙을 적용하지 않고 그러한 기조나 구호 또는 요구사항 등은 실행에 옮기지 않는 방식으로 진행되었다. 비록 적폐 권력이 계속 무너져 내리고는 있지만 여전히 현실적 힘이 강고한 상황에서, 자칫 노선의 차이 때문에 투쟁대오가 비록 일각이라도 깨어지거나 이탈하는 경우에는, 혹시라도 퇴진촛불항쟁이 약화될 수도 있다는 현실적 염려 때문에 그렇게 진행하였던 것이다. 그 결과 퇴진촛불항쟁이 정치의식이 고도화된 시민들의 집중적인 정치적 의사표현을 통해 성공할 수 있었던 반면에, 한편으로는 촛불광장에서 제도권 정당이나 정치인들이 광장의 무대에 서지 못하고 단지 한 사람의 시민으로 참여할 수밖에 없었다. 이는 제도정치권에 대한 대중적 불신이 작동하기도 했고 또는 촛불항쟁이 보수적인 주류 언론으로부터 일부 정파적 행위로 매도당할 위험에 대한 방어

논리 마련 필요성 등이 작용한 측면도 있다. 이런 운동방침을 적용한 결과, 촛불광장에서 정치적 견해가 다를 수도 있는 수많은 불특정 다수 대중을 최대한 많은 규모로 한자리에 모으는 성공을 거둘 수 있게 되었다. 그러나 한편으로는 촛불항쟁의 열기를 계승하여 '헬조선'을 사람이 살 만한 세상으로 변화시키고 촛불광장에서 모아진 과제를 정치적으로 현실화하는 과제에는 결정적인 한계 또는 제약 요소로 작용하게 되었다. 그 결과 촛불항쟁 이후 선거를 통해 권력을 새로 쥐게 된 정치인·정당과 항쟁의 주역들인 촛불대중들이 사실상 따로 움직이는 양상이 현실화되었다.

촛불항쟁의 진행 경과에 따른 단계 구분

촛불항쟁의 진행 경과는 크게 4단계로 나누어 볼 수 있다. 제1차 퇴진촛불집회가 시작된 2016년 10월 29일부터 100만 명의 촛불집회로 확장된 제3차 퇴진촛불집회가 열린 시기인 2016년 11월 12일까지를 제1단계인 '퇴진촛불 점화·폭발 시기'로 분류할 수 있고, 제3차 퇴진촛불집회 시기부터 국회에서의 대통령 탄핵소추가 의결되고 박근혜 대통령의 권한행사가 정지되는 시기인 2016년 12월 9일까지가 제2단계인 '퇴진촛불항쟁 상승·확산 시기'로 볼 수 있으며, 이후 헌법재판소에서 탄핵이 결정되고 박근혜가 대통령직에서 파면되는 시기인 2017년 3월 10일까지가 제3단계인 '퇴진촛불항쟁 지속 시기'로 분류할 수 있다. 이후 대통령 선거가 진행되어 민주·개혁적 대통령이 선출되고 여기서 이른바 '촛불정부'를 표방하는 문재인 대통령 정부가 출범하게 되는 2017년 5월 9일까지를 제4단계인 '퇴진촛불항쟁의 마무리 시기'로 정리할 수 있다.

항쟁의 점화 · 폭발

퇴진촛불항쟁의 제1단계

조금씩 밝혀진 국정농단
— 그 핵심에는 최순실과 박근혜

일부 언론의 보도로 드러나기 시작한 국정농단의 편린(片鱗)

박근혜 대통령의 비공개·비공식 측근인 최순실을 둘러싼 부패·비리 의혹들이 본격적으로 2016년 7월경부터 번져 나오기 시작하였다.

최순실이 주도한 부패·비리의 핵심 통로인 미르재단·K스포츠재단 관련 의혹이 최초로 세간에 알려진 것은, 아이러니하게도 박근혜 정권을 세우는 데 일등공신 역할을 했던 조선일보 계열 종편방송사인 'TV조선'의 보도를 통해서였다. TV조선은 안종범 전 청와대 경제수석비서관(이하 "경제수석"이라고 함)이 재벌들로 하여금 미르재단에 돈을 지원토록 영향력을 행사했다는 사실을 보도했다. 그러자 이 보도에 대한 정권 차원의 반격으로 박근혜 대통령이 직접 나서서 TV조선을 비판하였다. 이어 검찰이 한국에서 영향력이 가장 큰 주류 신문사인 조선일보의 주요 일원인 송희영 논설주간에 대해 대우조선회사의 비리에 연루된 혐의를 수사하기 시작하였고 이어서 비리 혐의로 구속해버린다. TV조선은 취재를 중단하고 후속 보도도 중단한다.

한편, 그 무렵 이석수 초대 청와대 특별감찰관이 안종범 청와대 정책기획수석비서관(이하 "정책기획수석"이라 함, 전 경제수석)을 내사하였는데, 최순실이 이사장으로 있는 미르재단·K스포츠재단에 재벌들로 하여금 800억에 가까운 기부금을 지원토록 종용한 혐의가 내사 대상이었다. 또 이석수 특별감찰관은 우병우 청와대 민정수석비서관(이하 "민정수석"이라 함)의 가족회사 비리도 캐내려 하다가 도리어 청와대에서 찍어내기를 당하였다.*

하지만 그 비리 사안은 땅속에 묻히지 않았다. 그해 9월이 되면서 국민주 방식으로 설립되어 권력과 자본으로부터 독립적인 언론인 한겨레신문이 미르재단과 K스포츠재단 관련 비리를 보도하면서 최순실을 실명으로 공개해 보도하였다. 이후 국민들 입에 '최순실'이라는 이름이 비로소 오르내리기 시작했으며, 국정농단의 의혹이 더욱 확산된다. 또 K스포츠재단 이사장이 최순실 측근이라는 사실이 보도되었고, 9월 국회 국정감사에서 청와대와 문체부가 두 재단 설립에 적극 개입한 정황이 드러났다. 두 재단을 통해 결국 최순실이 사익을 추구하고 있다는 확실한 증거가 드러났기 때문이다.

K스포츠재단과 미르재단의 설립 과정도 도마에 올랐다. 통상적으로 재단법인 설립 허가를 받기 위해서는 몇 달 이상이 소요되고 설립 요건 등 설립 관련 서류들을 매우 까다롭게 따져왔던 것이 일반적이었는데, 너무나 이상하게도 당시 문화체육관광부 공무원들이 정부청사가 소재한 세종시에서 서울로 출장까지 와서 하루 만에 K스포츠재단 설립허가증을 발급했다. 또 삼성, 현대차, SK, LG, 포스코 등 19개 재벌·대기업들은 K스포츠재단에 288억 원을 쏟아 넣으면서 아무 조건 없이 거액

---

* 특별감찰관제도는 대통령의 친인척 등 대통령과 특수한 관계에 있는 사람의 비위 행위에 대한 감찰을 담당하는 제도로 박근혜 정부에서 처음 도입되었다. 그러나 검찰이 특별감찰관 측이 감찰사실을 외부로 누설했다는 구실을 대면서, 정당한 감찰직무를 수행하고 있던 특별감찰관 측을 압수수색하였다. 그러자 이석수 특별감찰관은 더 이상 감찰 업무를 진행하기 어렵다고 판단하고 사임했다. 최순실의 비리 관련 사항을 감찰하려 했다는 정치적 이유로 사실상 해임된 것이다.

을 제공하였다. 박근혜의 지시를 받은 안종범 당시 청와대 경제수석이 압력을 넣고 이승철 전국경제인연합회* 부회장이 총대를 멨다는 이야기가 나왔다. 그리고 최순실은 이왕 만드는 김에 '미르'라는 재단을 하나 더 만든다. K스포츠재단과 정관 등이 똑같은 쌍둥이 조직이고 출범 일정도 비슷하다. '한 몸에 머리만 둘'이다. 미르재단에는 재벌 돈 486억 원이 모였는데, 두 재단을 모두 합치면 총 774억 원의 재벌 돈이 박근혜-최순실에게 뇌물로 제공된 것이다. 이것은 국정농단 실상이 만천하에 폭로되기 1년 전인 2015년 10월 말에 있었던 일이다.

삼성재벌은 역시 뇌물 제공 방법이 특별했다. 최순실이 정권의 실세임을 알아본 그들은 두 재단에 가장 많은 현금을 지원한 것 이외에도, 최순실의 딸 정유라를 위해 가격이 17~18억 원에 달하는 그랑프리 우승마 '비타나V'를 제공했고, 또 삼성재벌 소속인 삼성전자 사장이 협회 회장으로 있던 대한승마협회는 마사회 감독 출신인 승마 코치까지 지원하면서 최순실의 환심을 사려고 혈안이 되었다.

최순실은 K스포츠재단의 사업 목적과 똑같은 '더블루K'라는 회사를 세워 재단법인의 돈을 그대로 빼돌릴 수 있는 '파이프'를 깔았다. 돈의

---

* 전국경제인연합회(전경련)는 재벌 대기업들의 이익 도모를 위해 만들어졌다. 박근혜의 아버지인 박정희가 쿠데타로 정권을 잡은 직후인 1961년에 삼성의 창업주인 이병철이 주도하여 만들었던 대기업 중심의 경제 단체였다. 전경련은 설립 당시부터 재벌 총수들이 대통령을 상대하기 위한 목적으로 일본의 경단련을 모방하여 만든 것이다. 전경련은 박근혜 정부 비선 실세인 최순실이 설립을 주도한 미르재단·K스포츠재단에 출연금 명목의 뇌물을 주도해서 모금한 것으로 집중적인 비난을 받았다. 또한 어버이연합 등 '아스팔트 극우단체'들의 활동 자금을 지원하기도 했다. 이런 사실이 알려지면서, 전경련 해체 목소리가 높아졌다. 그러나 박근혜가 탄핵되고 대통령직에서 파면된 2017년 3월, 전경련은 이름만 한국기업연합회로 변경하는 데 그쳤다.

최종 귀착지는 최순실, 정유라 모녀가 100% 지분을 갖고 있는 독일의 페이퍼컴퍼니 비덱스포츠다. 대기업에서 뜯어낸 돈이 K스포츠재단과 더블루K를 거쳐 비덱을 통해 박근혜와 경제공동체인 최순실 모녀의 호주머니로 들어가게 되는 구조였던 것이다. 나중에 퇴진촛불항쟁 과정에서 이러한 실체를 알게 된 국민들은 "이게 나라냐"라고 외쳤다.

국정농단 사건과 연결된 노동 개악

그리고 재벌들은 뇌물을 주면서 박근혜에게 호소했다. "더 많은 비정규직, 더 낮은 임금, 더 쉬운 해고"를 할 수 있도록 노동법을 재벌에게 유리하게 고쳐 달라고 요청한 것이다. 박근혜로는 어려운 일이 아니었다. 더군다나 경제가 어렵다는 평계를 대면서, 노동법 개악에 저항하고 나서는 민주노총 등 노동계에 대한 탄압을 전면적으로 진행할 수 있었다. 2015년 여름 박근혜가 대국민담화를 발표하며 '경제재도약'을 위한 국민 동참을 호소하면서, 노동법 개악을 급속도로 추진했다. 2015년 민중총궐기대회에 10만 명 이상의 노동자가 집결해서 노동법 개악 추진에 강력한 저항투쟁을 전개하는 것으로 상황이 전개되었다. 거기서 물대포를 맞은 백남기 농민이 사망하고 그에 따라 백남기농민사망진상규명투쟁 그리고 2016년 민중총궐기 투쟁의 추진, 퇴진촛불항쟁으로 투쟁 상황이 이어진다.

공개된 최순실 딸 정유라의 이화여대 입학비리 그리고 항의투쟁

한편, 2016년 10월 중순경 최순실의 딸 정유라의 이화여대 부정입학 비리 의혹이 폭로된다. 많은 학생이 입학하기를 선망하는 일류 여자대

학인 이화여대에 박근혜 대통령의 측근인 최순실의 딸이 부정입학한 사실과 그녀가 이화여대에 입학하고 나서도 수업시간에 출석지도 않고 과제물을 제출하지도 않았는데도 좋은 학점을 받았다는 사실이 알려졌다. 최순실의 딸을 부정입학시키는 과정에서 그 대학 당국이 입학요강을 바꾸고 그 대학 입학처장이 최순실의 딸을 콕 지목하다시피 하면서 부정입학을 지시한 적나라한 상황이 드러났다. 당시 수많은 이화여대 학생이 분노하여 시위 등 항의행동을 하였고, 여기에 상당수의 이화여대 교수까지 항의행동에 동참하게 되면서 이화여대 총장이 책임지고 사임하는 상황에까지 이른다. 국민들을 더욱 화나게 했던 것은 최순실의 딸인 정유라가 세상을 조롱하고 또래들을 멸시하며 "돈도 실력이야. 니네 부모를 원망해"라고 자신의 페이스북에 쓴 글이었다. 당시 입시지옥에 살고 있는 한국 내의 수많은 고등학생과 또 취업난에 허덕이던 대다수 청년의 염장을 지른 것이었다. 또 자신의 아들딸에게 그런 특혜를 만들어주지 못한 '실력 없는' 부모 세대들은 자괴심에 빠지기도 하였다.

이렇게 여러 가지 사안으로 누적된 국민 대중들의 분노와 불만은 바로 이어진 '최순실의 태블릿PC' 내용의 보도를 계기로 거대한 퇴진촛불 항쟁으로 점화되게 된다.

JTBC 방송, '최순실의 태블릿PC' 특종 보도

─ 연이어 등장하는 확실한 증거들

백일하에 드러난 국정농단의 확실한 증거: 첫 번째 스모킹 건

드디어 2016년 10월 24일 JTBC 방송이 '최순실의 태블릿PC'를 확보해 저녁 뉴스시간에 특종보도를 한다. 놀랍게도 최순실의 태블릿PC 안에는 대통령의 연설문 등 각종 청와대 비밀문서가 담겨 있었고, 이런 문서는 정호성 당시 청와대 부속비서관* 등을 통해 최순실에게 사전 보고되었던 상황이었다. JTBC 보도에 따르면 대통령의 비공개·비공식 비밀 측근(대통령 비선 핵심)인 최순실은 대통령의 연설문을 44건이나 사전 열람했고, 그중에서 다수를 수정하여 정호성 청와대 부속비서관 등을 통해 청와대로 보냈다고 했다. 그뿐 아니라 최순실이 박근혜 대통령의 외교 정책에도 깊숙이 개입한 것이 태블릿PC 내용을 통해 알려졌다.

TV조선 보도, 이석수 특별감찰관 파동, 한겨레신문 보도, 최순실 딸 이대 부정입학 사건 등 그동안 근거 있는 의혹이 제기되었지만 그 실상은 확인되지 않았던 사실, 즉 박근혜 정권의 비선실세 최순실에 의한 국정농단의 실체가 그 누구도 부인할 수 없는 수준으로 분명하게 드러난 것이다. 최순실의 태블릿PC가 박근혜-최순실 국정농단 실태를 확인해 주는 일종의 '스모킹 건'이 된 것이다.

---

* 박근혜 대통령 최측근인 이른바 문고리 3인방 중 1인.

최순실의 태블릿PC를 최초로 보도한 'JTBC 뉴스룸' (2016. 10. 24.)

그간의 의혹이 사실로 확인되는 순간

충격적인 내용이 담긴 최순실 태블릿PC의 내용이 JTBC 뉴스를 통해 공개되자, 상황은 급진전되었다.

사실 최순실 의혹이 불거져 나오기 시작한 2016년 7월부터 그해 10월까지 3달 남짓 동안 박근혜 정권은 국정농단 실세 최순실의 존재를 감추기 위해, 온갖 무리한 수단을 동원하여 최순실 의혹을 잠재우려고 발버둥쳤다. 먼저 최초로 특종보도를 하였던 TV조선을 주저앉히기 위해 모(母) 언론기업이자 주류 언론사인 조선일보 논설주간의 비리를 들춰내면서 압박하여 일단 후속보도를 막았다. 이어서 국민주 신문으로 권력과 자본으로부터 독립적인인 한겨레에서 후속보도를 해나가자, 이 의혹의 확산을 막기 위해 황교안 당시 국무총리가 '유언비어 엄단'을 강조했고, 또 국회 국정감사를 진행하는 과정에서 야당들이 최순실을 증인으로 신청하려는 움직임을 보이자, 집권여당의 이정현 당대표가 이를 저지하기 위해 국회 회의실 앞에서 보여주기식 단식농성까지 감행하면서 국정감사 보이콧을 시도하기도 하였다.

그리고 이화여대 학생들과 교수들이 최순실 딸 부정입학 문제로 항의시위를 벌이고 사회적으로 분노가 확산되는 등 그 파문이 일파만파로 번져나가자, 박근혜 대통령은 2016년 10월 24일 낮 국회에서 시정연설을 하면서 평소 자신이 반대해왔던 개헌의 필요성을 제기하였고, 개헌 논의를 통해 정권에 불리한 정국 분위기를 반전시키려고 시도하였다.

그러나 이러한 시도는, 박근혜가 개헌 논의를 제안한 바로 그날 저녁 TV 뉴스 시간에 최순실 태블릿PC의 내용이 보도되면서 물거품이 되어버렸고 박근혜 정권은 헤어날 수 없는 수렁에 빠진 셈이 되었다.

다급한 박근혜의 공개사과: 제1차 대국민 담화문 발표

얼마나 다급했으면 바로 그 다음 날 박근혜 대통령은 제1차 대국민 담화문을 발표하여 국민들에게 사과하였는데, 단지 1분 30초 동안 담화문만 읽고 기자들의 질문도 받지 않은 채 끝나는 사과 담화문 발표였다. 그것도 생방송 중계방식이 아니라 녹화방송으로 TV를 통해 발표되었다. 박근혜는 사과 담화문에서, "최순실 씨는 제가 어려울 때 도와준 인연으로 지난 대선 때 주로 연설이나 홍보 등의 분야에서 저의 선거운동이 국민들에게 어떻게 전달됐는지에 대해 개인적인 의견이나 소감을 전달해주는 역할을 했습니다. 일부 연설문이나 홍보물도 같은 맥락에서 표현 등에서 도움 받은 적 있습니다. 취임 후에도 일정 기간 동안은 일부 자료들에 대해 의견을 들은 적은 있으나 청와대 보좌체계가 완비된 이후에는 그만뒀습니다"라면서 "이유 여하를 막론하고 국민 여러분께 심려를 끼치고 놀라고 마음 아프게 해드린 점에 대해 송구스럽게 생각합니다"라고 사과하였다.

박근혜의 사과 내용을 뒤집는 JTBC 방송의 추가파일 공개

그런데 바로 그날 저녁 JTBC TV 뉴스에서 최순실이 대선 과정이나 정권 초창기에 대통령 연설문이나 홍보물에 의견을 말하는 수준을 훨씬 뛰어넘어서, 취임 후 3년 반이 경과된 시점인 그 당시까지 대통령 의상 문제나 문체부 인사문제, 또 재단 설립문제뿐 아니라 그 외 중요한 국정 자료를 열람하는 등 국정에 깊숙이 개입한 사실이 생생하게 드러나는 태블릿PC의 추가파일 내용이 공개되었다.

박근혜 대통령이 그날 낮에 대국민담화를 통해 사과했던 내용이 모두 국민들을 향해 뻔뻔하게 거짓말한 것이고 또 국민들을 기만하는 내용이었다는 사실이 만천하에 공개된 것이다. 집권여당이나 박근혜를 적극 지지했던 보수층은 이러한 충격적인 뉴스를 접하고는 대혼란에 빠졌다. 그 이전까지는 정권이 아무리 잘못해도 30%대 아래로 내려가지 않았던 이른바 '콘크리트 지지층'에 대균열이 발생하였다.

당시 어떤 여론조사 결과에 따르면 최순실 태블릿PC 관련 보도가 나온 다음날인 2016년 10월 25일의 박근혜 지지율은 22.7%로 떨어졌고, 박근혜의 담화문 사과와 JTBC의 추가파일 보도가 있었던 다음 날인 10월 26일에는 지지율이 17.5%를 기록해 취임 이후 처음으로 10%대까지 추락했다. 특히 야당세가 강한 광주·전라 지역의 지지율은 8.2%까지 떨어졌고 젊은 층인 20대 지지율은 2.4%로 추락했다. 또 다른 여론조사에 따르면 '대통령이 스스로 하야해야 한다'라는 응답은 37.9%, '국회가 대통령 탄핵을 추진해야 한다'라는 응답이 31.1%로 나왔다. 두 가지 응답을 합하면 69.0%에 이를 정도로 지지율이 폭락하기 시작한 것이다.

최순실의 태블릿PC를 확보해 특종 보도한 JTBC 방송사는 그 태블릿PC에 들어 있는 모든 파일의 내용을 분석하여 내용을 파악하고 그 핵심 내용을 뉴스로 내보낸 이후, 지체하지 않고 바로 국정농단 '범죄'의 증거물이 들어 있는 문제의 그 태블릿PC를 검찰로 제출한다.

검찰은 초기 수사에 극히 미온적이었다. 태블릿PC의 내용이 보도되면서 전 국민의 공분이 걷잡을 수 없이 번지자 이영렬 서울중앙지검장*을 본부장으로 하는 '최순실특별수사본부'를 꾸리고 대규모 수사팀을 만들었다. 하지만 당시 검찰과 김현웅 법무부 장관은 의혹이 확산되고 있을 때 "대통령은 수사대상이 아니다"라고 단정했다. 또한 "최순실에게는 뇌물죄 적용이 어렵다"라는 입장을 밝혔다.

압수된 (문고리권력) 정호성 비서관의 스마트폰: 두 번째 스모킹 건

그러나 특별한 수사 의지 없이 그저 형식적으로 진행되던 검찰의 수사 일선에서는 실로 엄청난 일이 벌어졌다. 어떤 의미에서는 극히 기본적인 초기 수사 행위라 할 수 있던 일이었는데, 검찰이 박근혜 대통령과 최순실 간을 연결해 실제 소통을 담당했던 정호성 부속비서관의 자택을 압수 수색하는 과정에서 그의 스마트폰을 압수하는 '의외의 성과'를 올

---

* 이영렬 서울지검장은 경찰 물대포를 맞아 사망한 백남기 농민의 사인이 불명확하다며 부검 영장 청구를 지휘한 장본인이다. 언론을 통해 공개된 당시 동영상을 확인하면 누가 봐도 경찰 폭력으로 사망했던 사안이었지만, 정권의 시녀였던 검찰은 이런 사실을 애써 외면했다.

린 것이다. 정호성 비서관이 그의 부인에게 폐기 처분하라고 맡긴 스마트폰 2개가 미처 완전 폐기되지 않은 상태로 자택에서 발견되어 압수되었던 것이다. 스마트폰을 포렌식 등 디지털 자료 복원 과정을 통해 내용을 확인해보니, 놀랍게도 그 속에는 박근혜 대통령과 최순실 그리고 정호성 비서관이 3각으로 연결되고 서로 의사를 소통하는 육성이 녹음된 음성파일이 236개나 들어 있었다. 박근혜와 최순실이 사실상 공범이 되어 함께 국정을 농단하는 생생한 장면이 육성으로 녹음된 파일이 나오게 된 것인데, 정호성 비서관이 박근혜 대통령의 지시사항은 물론 최순실의 의견을 빠트리지 않고 꼼꼼하게 챙기기 위해 녹음한 것으로 평가되었다. 이 육성 녹음파일이 박근혜-최순실 국정농단의 두 번째 '스모킹 건'이 된 셈이다.

민중총궐기투쟁본부: 즉각적인 촛불집회 준비 돌입

최순실의 태블릿PC 관련 보도를 접한 수많은 국민은 경악했고 충격과 분노에 휩싸였다. 그러나 한편으로는 '올 것이 왔다'는 직감도 들었다.

먼저 움직인 것은 민중총궐기투쟁본부 쪽이었다. 당시 백남기 농민 사망에 따른 진상 규명과 강제부검 반대 투쟁을 하기 위해 빈소가 차려진 서울대병원 장례식장에 집결하여 투쟁을 전개하고 있었기 때문에 어렵지 않게 의견을 모을 수 있었다. 최순실 태블릿PC 관련 최초 보도가 있었던 다음 날인 2016년 10월 25일부터 내부 구수회의를 통해 당장 집회 준비에 들어가게 된다. 먼저 법적 절차로 48시간 이전에 경찰에 집회신고를 해야 한다는 한국의 실정법 규정 때문에 가장 빠른 시간에 합법적 집회가 가능한 목요일(10월 27일) 저녁부터 서울의 핵심 도심인 광화문사거리에 면한 동화면세점 앞에서 소규모 촛불집회를 시작하였다. 동시에 제1차 집중집회는 그 주의 토요일인 10월 29일로 잡고 집회장소 물색에 나선 결과, 광화문사거리에 인접한 청계광장을 확보할 수 있었다. 10월 26일(수요일)에는 민중총궐기투쟁본부에서 긴급 집행위원회를 열고 10월 29일 청계광장에서 박근혜 퇴진을 요구하는 규모 있는 집중촛불을 민중총궐기투쟁본부 주최로 시작하기로 결정하고, 바로 집회와 행진 신고를 마쳤다. 다른 한편으로는 집회 준비 주체를 확대하기 위해서 상대적으로 온건한 운동노선을 견지하는 '시민사회단체연대회의' 쪽 핵심 활동가들에게 연락하여 다음 날인 10월 26일(수요일) 저녁 서울대병원 장례식장에서 대책을 의논하는 모임을 소규모로 가졌다. 거기서 여러 단위가 참여하는 대책 논의를 위한 확대 간담회를 금요일(10월 28일) 오전 민주노총 회의실에서 갖기로 하였다.

10월 27일 목요일 저녁 7시 광화문사거리에 면한 동화면세점 앞에서 박근혜 퇴진을 요구하는 소규모 촛불집회가 최초로 열렸다. 긴급하게 소식을 들은 시민들이나 또 광화문 근처를 지나가던 시민들이 참가하여 박근혜 퇴진 촛불집회가 드디어 시작된 것이다. 당분간 매일 소규모로라도 촛불집회를 열기로 하여 다음 날인 금요일에도 같은 장소에서 촛불집회가 진행되었다. 이러한 평일의 퇴진촛불집회는 박근혜-최순실 국정농단의 실상을 홍보하고 또 주말에 추진되는 집중 퇴진촛불집회를 위한 분위기 조성 차원에서 추진되었다.

국민의 눈높이와 달랐던 야당의 정국 수습책

초기 야당, 즉 중도개혁 성향인 제1야당 더불어민주당이나 중도보수 성향인 제2야당 국민의당 등이 제시했던 문제해결 방법은 국민의 눈높이와는 달랐다. 여론의 눈치나 볼 뿐이고 정국 변화의 흐름을 살피면서 매우 조심스럽게 겨우 박근혜 대통령의 대통령으로서의 권한을 그대로 둔 채 '거국중립내각'을 구성하는 수준의 정국 수습책을 요구했으며, 박근혜 '퇴진'이나 '하야' 등을 요구하는 것에는 매우 소극적이었다. 아니 박근혜 퇴진이나 박근혜 하야를 요구하지 않았다. 향후 대선까지 시간이 1년 정도 남은 상황에서 변수를 최대한 통제해서, 1년 뒤의 대선에서 야권 후보에게 유리한 구도를 만들겠다는 정략적인 태도가 아니냐는 비판이 확대되고 있었다.

제 시민사회단체 간담회를 진행하다(10월 28일)

정세는 긴박했다. 국민적 분노를 잘 모아내기 위해 민중총궐기투쟁본부와 시민사회단체연대회의, 416연대 등 제 사회단체들이 대책을 논의하고 공동대응을 모색하기 위해 2016년 10월 28일(금요일)에 민주노총 회의실에서 간담회를 진행하였다. 민주노총, 전농(전국농민회총연맹), 한국진보연대 등이 중심이 되는 민중총궐기투쟁본부가 구체적인 촛불집회 준비에 돌입하면서, 참여연대 등 시민사회단체, 416연대와 인권단체 등과 함께 투쟁 대오를 확장하기 위한 구체적인 논의에 돌입하였다. 최순실 국정농단 사태 관련 급변하는 정세 흐름과 상황을 공유하고 이후 공동대응 방안과 관련해 각 단위의 의견을 교환하는 자리였다.

간담회 결과는, ① 최순실 게이트가 아니라 박근혜-최순실 게이트로 규정하는 것이 적절하고, ② 각 단체나 각 연대 단위마다 약간의 입장 차이는 존재하나 대체로 현 시국의 중대성이나 박근혜-최순실에 의한 국정농단 상황의 심각성을 고려하여 대통령 직무 정지, 하야, 퇴진, 사퇴 등을 포함하여 박근혜 대통령이 대통령직 권한 행사를 못 하도록 요구하는 투쟁 방향에 대해 공감대가 형성되었다. 그리고 ③ 정치권 일각에서 언급되는 거국중립내각 구성에 대해서는, 거국중립내각의 경우 대통령이 권좌에서 여전히 주요한 결정을 하는 만큼 국정농단, 총체적 비리에 대한 진실 규명을 철저히 진행할 수 없다는 점에서 반대의 입장을 명확히 했다. 결과적으로 박근혜-최순실 게이트에 대한 물타기(희석) 또는 꼬리 자르기 식으로 마무리될 우려가 크다는 점에서 모두가 거국중립내각 등의 야당 정치권에서의 논의는 부적절하다는 데 공감했다.

그리고 당면한 공동행동과 관련해서는, ① 10월 29일의 촛불은 민중

[모이자! 분노하자 #내려와라 박근혜] 시민 촛불 웹포스터

총궐기투쟁본부가 중심이 되어 준비하기로 하고, ② 11월 2일 오전 10시 프레스센터 회의실에서 각계 대표와 지역 대표가 참여하는 비상시국회의를 진행한 뒤, 그 결과를 11시 30분 같은 장소에서 기자회견을 통해 발표하기로 했다. ③ 이후 촛불집회를 주도적으로 준비할 범국민적으로 확대된 대책위 구성과 관련해서는 10월 29일의 촛불집회 등을 보면서 추후 논의하기로 했다.

각 단위들마다 준비 정도나 내부 논의 수준 그리고 정세 인식에 대한 긴박성 등에 있어서 조금씩의 온도 차이가 있었기 때문에, 우선 준비된 단위에서 준비된 촛불집회를 추진해나가면서, 다른 단위들은 내부적 논의를 거치는 대로 범국민적으로 확대되는 대책위 구성 등에 대해 추후 논의하기로 한 것이다.

퇴진촛불 거세게 점화·폭발
— 10월 29일 청계광장에서 제1차 촛불

대규모 인파가 운집한 청계광장: 폭발하기 시작한 분노한 민심

2016년 10월 29일 토요일 오후 6시, 청계광장에서 역사적인 제1차 촛불집회가 시작되었다. 당시의 촛불집회에서의 요구는 '박근혜 퇴진'이라는 용어가 확립되지 않은 채, '박근혜는 하야하라', '내려와라 박근혜' 등의 용어가 더욱 일반적이었다. 이는 박근혜가 국민들의 강력한 압박이나 요구에 의해 스스로 대통령 자리에서 물러나기를 촉구하는 의미에서 '하야' 또는 '내려와라' 정도의 용어를 사용하였다. 그것은 1960년 4·19혁명 과정에서 부정선거를 규탄하는 국민들의 강력한 항쟁이 전개되면서 경찰의 발포로 사망자가 다수 발생하는 등 유혈사태가 발생하자, 당시 대통령이었던 이승만이 스스로 하야하고 미국 하와이로 망명했던 역사적 경험을 대중적으로 기억하면서 자연발생적으로 촛불집회에서 '하야' 등의 요구를 하였던 것으로 평가된다.

국민들이 박근혜를 쫓아내는 방법은 대략 3가지로 분류될 수 있다. 첫 번째는 헌법적 절차를 거쳐 탄핵시키는 방법, 두 번째는 전민항쟁 등 일종의 혁명적 방법으로 쫓아내는 방법, 세 번째는 4·19혁명 때와 같이 국민의 요구에 못 이겨 대통령이 스스로 물러나는 방법(하야) 등으로 분류될 수 있을 것이다.

사실 당시까지는 탄핵 절차는 별로 현실성이 있어 보이지 않는 상황이었다. 즉, 국회에서의 의석 분포상 야당 의석수를 모두 합쳐도 60%가

채 되지 않는 상황이었기 때문에 헌법상 국회 의석수의 2/3가 참여해야 가결되는 국회에서의 탄핵소추 의결정족수를 채울 가능성이 그리 높지 않았기 때문이었다. 또한 당시는 전민항쟁 등 혁명적 방법은 별로 실감이 나지 않는 상황이었기 때문에, 초기 촛불집회에 참여하는 국민들은 역사적 전례도 있었던 '대통령 하야' 요구로 자연스럽게 구호가 모아지는 분위기였다. 이렇게 초기에는 여러 용어가 혼재되어 있다가 2019년 11월 9일 범국민적 연대기구로 '박근혜정권퇴진비상국민행동'이 출범하면서 '박근혜퇴진'이라는 용어가 일반화되었다.

그날은 토요일인지라 일찍부터 청계광장이 촛불시민들로 메워지기 시작했고, 파업 중인 철도 노동자들과 공공운수 노동자들도 다수 참여했다. 6시 촛불집회가 시작될 때쯤에는 청계광장을 가득 메울 만큼의 인파가 운집했다. 약 2만 명 이상이 운집한 것이다. 촛불집회가 끝난 이후 시가행진을 하면서 대오는 더욱 늘어났고, 참가인원이 3만 명을 넘게 되었다. 이른바 '분노한 민심의 대폭발' 상황이 시작된 것이다. '박근혜 하야' 피켓을 든 수많은 시민은 박근혜 하야를 연호하면서 열띤 촛불집회 분위기를 이어갔다.

10월 24일 저녁 JTBC 방송에서 최순실 태블릿PC 사건의 최초 폭로 이후 불과 5일 만에 3만여 명이 참여하는 집회를 준비할 수 있었던 것은 백남기투쟁본부의 역할이 컸다. 2016년 9월 25일 백남기 농민이 사망하고 서울대병원 장례식장에 빈소를 마련했지만 박근혜 정권은 검찰과 경찰을 앞세워 백남기 농민의 국가폭력 살인의 진상을 왜곡·은폐하고자 강제 부검을 강행하려 했고, 이를 저지하기 위해 서울대병원 장례식장은 한 달 내내 농민 등 민중진보단체 회원들과 많은 시민이 참가하는

경찰 입장에서도 그 한 해 앞에 벌어진 민중총궐기집회에서 경찰물 대포를 맞고 69세 고령의 백남기 농민이 쓰러져 사망한 것에 대해 과잉 진압한 경찰책임론이 비등하던 시점이어서 강경진압이나 강제연행 등의 과잉대응을 하기는 쉽지 않았다. 또한 당시 시위 군중들이 행진 예정 코스를 벗어나 광화문광장 쪽으로 밀고 들어오는 상황은 전혀 예상치 못하던 상황 전개였는데, 경비를 맡은 일선 경찰 책임자로서는 자칫 광화문사거리가 뚫린 사태에 대해 혹시라도 지휘 책임을 지게 될 수도 있는 상황이어서, 서둘러 시위현장의 돌발 상황을 정돈시켜서 파문을 최소화해야 할 경찰조직 내부적인 필요성도 있었을 것으로 추정되었다.

청년학생들의 사전 집회행진과 전국 각 지역에서도 열린 촛불집회

한편 청년·학생들은 그날 촛불집회 시작하기 전인 오후 4시 30분 대학로에서 모여 〈'박근혜는 하야하라' 분노의 행진〉 집회를 진행하고 대학로에서부터 촛불집회 장소인 청계광장까지 행진하여 촛불집회에 참가했다.

또한, 제1차 촛불집회가 진행된 같은 날(10월 29일), 서울 청계광장뿐 아니라 광주, 전주, 제주, 울산 등 전국 각지에서 촛불집회와 시위가 진행되었다.

민중총궐기투쟁본부는 제1차 촛불집회 다음 날인 10월 30일 발표한 입장 글을 통해 촛불을 들어주었던 시민들에게 감사의 글을 올렸다. 이 글을 통해 "민심은 천심이다, 박근혜는 퇴진하라!", "박근혜 대통령에게 남은 선택지는 하나뿐입니다. 스스로 물러나십시오. 그것이 국민의 명령입니다"라고 강조했다.

촛불대오, 56년 만에 '금단의 광장'인 광화문광장으로 진입한 의미

2016년 10월 29일 진행된 제1차 촛불집회는 매우 감동적이었다. 그리고 집회에 참가한 시민들의 분노 수준이나 투쟁 열기가 종전의 촛불집회나 시위 때를 훨씬 뛰어넘는 수준이었고, 집회와 행진 내내 놀라운 기세가 형성되었다. 제1차 촛불집회 때 형성된 그 기세는 국회에서 대통령탄핵소추안이 의결되는 2016년 12월 9일까지 파죽지세로 상승되어 가면서 또 퇴진촛불집회의 규모도 기하급수적으로 계속 확대되어 갔다. 불과 며칠 전에 예고되고 짧은 기간 동안 참가를 홍보한 집회인데도 단숨에 2~3만 명이 넘는 많은 시민이 청계광장을 가득 메운 점도 그러했고 또 촛불집회 참가자의 열기 또한 그 이전의 어떤 집회보다 뜨거웠다. 그 무엇보다 의미 있는 일은, 촛불시민들이 예정된 행진 경로를 이탈하여 경찰저지선을 돌파하면서 광화문광장까지 밀고 들어갔던 것이었다. 사실 그 이전까지 광화문광장은 정치집회가 금지된, 집회대오에게 사실상 '금단의 공간'이었다. 광화문광장은 대통령 관저의 바로 앞에 위치한 조선왕조 왕궁 바로 전면에 위치해 있고, 또 광장 좌우편으로 정부종합청사와 주한미국대사관 등의 핵심 시설들이 위치해 있는 그런 곳이어서, 통상 대규모 경찰력이 집중되어 경찰저지선을 구축하면서 시위대오의 접근을 강력하게 차단해왔던 곳이었다. 그래서 1960년의 4·19혁명 시기 이후에는 단 한 번도 시위군중에 의해 경찰저지선이 뚫려본 적이 없었던 장소였다. 그러한 광화문광장 안으로, 사전 기획이나 사전 준비도 전혀 없었던 상태였는데도, 시위 군중들이 그날 '금단의 공간' 광화문광장으로 밀고 들어갔던 것이다. 그것도 맨손으로 폭력행사 없이 평화적인 시위 방법으로, 자연발생적인 투쟁의 흐름을 타고 돌발적으로 행진 방향을 바꾸어 기습 행진하는 방식으로 경찰저지선을 돌파한 뒤 마치 폭포수처럼 시민들이 광장으로 밀고 들어갔던 것이다. 실로 놀라운 경험이 되었던 제1차 퇴진촛불이 결정적인 계기가 되어, 이후 몇 달 동안 매주 토요일 저녁마다 광화문광장에서 퇴진촛불집회가 계속 진행될 수 있었다.

누구보다 감동받았던 사람들은 촛불을 준비하던 민중총궐기투쟁본부 활동가들이었다. 많은 활동가가 현장에서 시민들의 분노와 열기를 지켜보며 촛불이 더더욱 확대될 것이라고 확신했다.

제1차 촛불 이후, 제도권 언론에서도 퇴진촛불집회를 주목하고 집중적으로 보도하기 시작했다. 특히 시위대와 경찰 간에 충돌 없이 평화적으로 촛불집회가 끝났다는 점과 시민들이 대규모로 참가한 내용들이 상세하게 보도되었다. SNS상에서의 반응도 매우 폭발적이었다. 순식간에 퇴진촛불 소식이 전 국민적 화제로 떠오르게 되었다.

한편, 제도권 언론에서는 박근혜-최순실의 비리가 마치 봇물 터지듯이 연이어 폭로되고 있었다. 최순실이 정부 사업의 곳곳에 손을 뻗쳐 밀실에서 정부예산을 좌지우지했고 최순실이 밀실에서 조정한 정부예산이 확인된 것만 쳐도 20여 개 사업에 5,200억 원 정도라고 보도되기도 했다. 또한 박근혜-최순실 국정농단에 삼성 등 재벌들이 깊숙이 개입되어 있다는 사실도 밝혀지기 시작했다.

진상의 축소 은폐에 나선 정부 여당

— 대통령의 수습책 거부한 야당, 표출되는 집권당 내부의 이견

미르 K스포츠, 운영비 680억 원 모두 최순실 마음대로 쓸 수 있는 돈

처음에 최순실은 미르와 K스포츠재단 건립 과정에서 안종범 당시 청와대 경제수석을 내세워 재벌들에게 774억 원을 모금했다는 의혹을 받았다. 그런데 추가 의혹이 불거지면서 774억 원 중 680억 원 정도가 운영 자금으로, 최 씨 마음대로 쓸 수 있는 돈이었다는 점도 밝혀지기 시작했다. 연이어 최순실의 딸 정유라의 이대 특혜 입학과 학점 특혜 논란 등으로 확대되었고, 이런 와중에 JTBC가 최 씨의 대통령 연설문 사전 열람과 수정 사실 등을 보도하였다. 더 나아가 정부 기밀문서가 최 씨에게 누출되었다는 의혹이 일파만파 퍼져나갔다. 그러나 최 씨는 해외 도피 중이었다.

최순실 가족으로 확대되는 의혹

뉴스 보도에는 최순실뿐 아니라 최순실의 언니인 최순득*도 등장했다. 평창의 수천억 원대의 땅을 가지고 있으며, 박근혜 대통령과 매우 친했다는 점이 알려졌다. 특히 최순득의 딸 장시호(장유진이었는데 개명)는 국제스포츠영재재단을 통해 문체부 등의 몰아주기 특혜를 받았다는

---

* 최순득은 박근혜 대통령이 야당 대표시절 '면도칼 피습'을 당했을 때 간호를 했을 정도로 긴밀한 관계인 것으로 알려졌고, 장시호도 최순실이 독일에 있을 때 국내 상황과 대처 요령을 전달하며 돕고 있다는 증언이 나오고 있었다.

미르·K스포츠 재단에 출연한 주요 기업 *출연금 액수는 경제개혁연대 재벌닷컴 자료

그룹(지난 7월 대통령 독대한 총수)	출연금(억원)	2015년 모금 당시 기업 현안(추정)
삼성(이재용 부회장)	204	이재용 부회장 경영권 승계와 지배구조 개편
현대차(정몽구 회장)	128	자동차 개별소비세 인하와 파견법 개정 기대
SK(김창근 수펙스추진협의회 의장)	111	최태원 회장 특별사면 기대, 면세점 특허권 경쟁
LG(구본무 회장)	78	스마트카 사업 등 신성장동력 확보
포스코	49	본사 및 계열사 검찰 수사 받던 중
롯데	45	형제간 경영권 다툼, 면세점 특허권 경쟁
GS	42	허창수 회장이 전경련 회장으로 재임
한화(김승연 회장)	25	집행유예 중인 김승연 회장 특별사면 기대
CJ(손경식 회장)	13	이재현 회장 구명(2심 실형 선고 이후 대법원 심리 중)
한진(조양호 회장) * 독대 사실 부인	10	해운업 업황 악화로 유동성 위기 상태
부영	3	추가 지원 요구 당시 세무조사 받던 중

미르, K스포츠재단에 출연한 대기업과 대기업들의 주요 현안들. ⓒ경제개혁연대

삼성-최순실 지원 구도

삼성과 최순실 지원 구도

의혹이 제기되면서 장시호라는 이름이 처음으로 거명되기 시작했다.

최순실을 감추기 위한 청와대와 새누리당의 안간힘

사태 초기에 미르와 K스포츠재단 의혹이 제기되면서 이른바 '최순실
사태'가 터져 나오자, 이정현 당시 새누리당 대표는 국회의 국정감사를

앞두고 느닷없이 국회의사당 안에서 단식에 돌입하며 국감을 보이콧하기도 했다. 국정감사 과정에서 야당 의원들이 최순실 의혹을 들고나오면서 최순실을 국감 증인으로 채택하려 한 것을 저지하기 위한 꼼수였다. 그리고 '송민순 회고록' 카드를 들고나오면서 'NLL 논란' 등에 다시 불을 붙이며 종북 몰이를 기획하는가 하면, 이어서 박근혜 대통령은 국회에서의 시정연설을 통해 자신이 그 이전까지는 거부해왔던 개헌카드를 들고나와 '최순실 사태'를 희석하려 했다. 그러나 추가로 최순실 관련 의혹이 끊임없이 터져 나와 최순실 사태가 눈덩이처럼 불어나고 확대되면서 청와대와 새누리당의 방어막은 허물어지기 시작했다.

최순실의 전격 귀국과 구속 - 꼬리 자르기 시도

그러자 청와대 측은 다음 수습 카드로 최순실을 전격적으로 등장시킨다. JTBC 방송을 통해 최순실의 태블릿PC 내용이 폭로되고, 여러 가지 추가 폭로로 박근혜-최순실 의혹이 일파만파 확대되자, 2016년 10월 30일 그때까지 유럽에 피신해 있던 최순실을 급히 귀국시킨다(한국 내 공항에 도착한 시점은 제1차 퇴진촛불집회가 진행되었던 날의 다음 날 아침 7시 반이었지만 최 씨가 유럽을 출발한 시점은 제1차 촛불집회가 대규모로 시작되기 전 시점이었다). 상황이 너무 급박해지자 최순실을 전면에 등장시켜 최순실 선에서 의혹을 저지하면서 불길이 박근혜로까지 번지는 것만이라도 끊어보려고 시도한 것이다.

그런데 검찰은 매우 이상한 행보를 보이게 된다. 박근혜-최순실 커넥션의 범죄 사실을 보여주는 핵심 증거라 할 수 있는 태블릿PC를 JTBC 방송으로부터 이미 넘겨받았던 검찰이 만일 정상적으로 수사를 하려고 했다면, 당연히 해외도피했다가 급거 귀국하는 핵심 범죄 혐의자 최순실을 공항에서부터 체포·연행하여 수사하는 통상의 절차에 따라야 했다. 그러나 당시 검찰은 진실을 밝히고 범죄자를 처벌해 정의를 바로 세우기보다는 철저히 박근혜 정권의 편에서 최순실 의혹 축소공작에 나섰던 것이다. 검찰은 최순실이 한국에 입국하고 난 뒤 31시간이 지나도록 체포는커녕 건강상의 이유라며 소환조차 하지 않았다. 최순실에게 증거를 인멸하고 훼손할 상당한 시간을 준 것이다. 그런데 최순실은 평소에도 자신의 명의가 아닌 대포폰을 사용했다는 의혹이 있었고, 실제로 그의 것으로 추정되는 태블릿PC에 대포폰 판매업자의 전화번호가 있었다는 점에서, 이번에도 최순실이 대포폰 등으로 공범자들과 통화하며 입 맞추기를 시도하면서 증거 인멸과 진실 왜곡을 시도할 것이 아니냐는 합리적인 의심이 제기되었다. 당시 온 국민이 다 아는 이런 사실을 과연 검찰만 몰랐을까. 당시 수사를 지휘한 이영렬[*] 서울지검장은 특별수사팀의 본부장이기도 했다. 그리고 그는 이 사건 이전에도 백남기 농민 사망 당시 사인 조작을 위한 사체부검영장 청구를 강행하여 경찰의 물대포에 의한 농민사망 사건의 진상 왜곡 기도에 협조했던 검찰 책임자였다.

최순실은 귀국 이후 31시간 동안 이런저런 방법으로 관련자들과 입 맞추기를 하면서 나름의 진상 왜곡·은폐와 증거 인멸 과정을 거친 뒤에 결국 구속된다.

---

[*] 문재인 대통령 당선 이후, 이영렬 서울중앙지검장 등 검찰간부 7명과 안태근 법무부 검찰국장 등 법무부 간부 3명이 박근혜 탄핵 결정 직후 시점에 만찬 자리를 갖고 돈 봉투를 주고받았다는 사실이 드러나면서, 이들은 새 정부에서 검찰 고위직에서 쫓겨난다.

박근혜, 소위 '원로'를 만나 수습책을 논하다 ─ 새누리당, 거국중립내각 구성 촉구, 최순실 긴급 체포와 엄벌 요청하면서 난국 탈출 시도

박근혜 대통령은 나름대로 적극적인 정국 수습책 마련에 나선다. 10월 28일에는 집권여당인 새누리당의 이정현 대표와 정진석 원내대표를 만난데 이어, 제1차 퇴진촛불이 예정된 10월 29일에도 여권 원로들인 김수한 전 국회의장, 박희태 전 국회의장, 박관용 전 국회의장, 김용갑 전 장관 등 총 8명의 새누리당 상임고문을 만나 민심수습책에 대한 의견을 수렴했다. 이들은 대통령 최측근인 청와대 문고리 3인방(이재만, 정호성, 안봉근 비서관)과 우병우 민정수석비서관 등을 해임하고 박 대통령이 임명한 총리로 거국중립내각을 구성하는 한편 박 대통령이 지명하는 상설특검을 설치해 시간을 번 뒤, 상황이 정돈되고 나면 다시 박 대통령 친정체제를 복원하는 방향으로 의견을 모았던 것으로 보인다. 그리고 그들은 짜 맞춘 듯이 움직이기 시작했다. 우선 박 대통령은 10월 30일(일요일) 청와대 인적 개편을 단행했다. 이원종 대통령비서실장을 비롯해 논란이 된 우병우 민정수석, 안종범 정책조정수석, 김재원 정무수석, 김성우 홍보수석의 사표를 수리했고, 이른바 대통령 최측근인 '문고리 3인방' 역시 교체했다.

한편, 집권여당인 새누리당 지도부는 10월 30일 박근혜 대통령에게 여야가 동의하고 국민이 신뢰할 수 있는 거국중립내각을 구성하라고 촉구했다. 그러면서 최순실을 긴급체포, 엄정한 수사를 통해 엄벌하라고 요청했다. 새누리당은 "야당도 국정 혼란을 부추기기보다는 국정 수습을 위한 책임 있는 자세가 필요하다"라고 언급했고, "특히 한 달밖에 남지 않은 내년도 예산심의에 여야가 함께 힘과 지혜를 모아주기 바란다"

라고 덧붙였다.

또한 다급해진 박근혜 대통령은 10월 30일 오후 청와대에서 조순 전 서울시장과 고건 전 국무총리, 이홍구 전 국무총리 등 정계 원로 12명을 만나 '비선실세' 최순실의 국정농단 사태 수습책과 관련한 의견을 들었다.

새누리당 비주류 50여 명, 이정현 즉각 물러나라

제1차 촛불집회가 진행된 2일 후인 10월 31일(월) 집권여당인 새누리당 김무성 전 대표와 정병국, 나경원 의원 등 비주류(비박근혜계) 새누리당 의원 50여 명은 긴급 회동을 갖고 친박근혜계의 핵심인사인 새누리당 이정현 대표 등 당 지도부의 즉각적인 사퇴를 요구했다. 최순실 국정농단 사태를 올바르게 수습하려면 당을 전면 쇄신해야 한다는 것이다. 그러나 이정현 대표는 "난국을 수습하는 데 최선을 다하겠다", "사태를 수습해야 하니 지도부에서 물러날 수 없다"라며 거부했다.

초기 헷갈리던 야당, 거국중립내각 거부

당시 광장의 촛불시민들이나 국민 대중들의 요구가 '박근혜 하야' 또는 '내려오라 박근혜' 등으로 모아지면서, 박근혜가 대통령직에서 물러나야 한다는 뜻이 강력했지만, 국회 등 제도정치권에서는 촛불집회 초기 단계까지는 박근혜의 하야나 퇴진을 요구하는 대신, 박근혜가 대통령직을 유지하면서도 잠시 뒷선으로 물러나서 국정을 직접 관장하는 것을 자제하고, 국회에서 여당과 야당이 함께 의견을 모아 추천하는 국무총리와 각 부처 장관들이 거국중립내각을 구성하고 여기서 국정 현안을 관장하는 방식인 이른바 '거국중립내각'을 수립하는 방식을 유력한 해결책으로 제시하고 있었다.

10월 24일 최순실의 태블릿PC가 폭로되자, 다음 날 박근혜의 제1차 대국민담화가 발표되고 같은 날 저녁 방송에서 추가로 국정농단 사례가 폭로되면서 정국은 격랑에 빠져들게 된다. 그러자 다음날인 10월 26일 제1야당의 유력한 대선 주자로 꼽히던 문재인 더불어민주당 전 대표(촛불항쟁 이후 실시된 대선에서 대통령으로 당선됨)는 박근혜 대통령에게 검찰 수사를 자청하라고 촉구하면서 "당적을 버리고 국회와 협의하여 거국중립내각을 구성하라. 국민들이 신뢰할 수 있는 강직한 분을 국무총리로 임명해 국무총리에게 국정의 컨트롤타워 역할을 맡기라"고 공개 요구하였다. 집권여당인 새누리당도 며칠 뒤인 10월 30일 거국중립내각안을 촉구하기로 하면서 얼핏 여야 간에 의견이 합치되는 듯한 분위기도 있었으나, 서로 간에는 강조 지점이 상이하였다.

야당 측에서는 여당이 거국중립내각을 주도하면 국민을 속이는 것이고 또한 실질적인 법적 권한이 없는 허수아비 거국내각이 출범한다면 장식용 내각에 불과하다면서 박근혜 정권의 진정한 반성과 책임 있는 행동을 촉구하였다. 그러나 박근혜 대통령이 여야 정치권과 아무런 상의 없이 김병준을 총리로 내정해버리면서 여야 간에 거국중립내각 수립을 통한 정국 수습방안은 물 건너가게 되었다. 야 3당이 모두 박근혜와 새누리당 측의 거국중립내각 제안을 거부하였다. 중도개혁 성향의 제1야당인 더불어민주당 추미애 대표는 대통령의 이 제안은 국면전환용일 뿐, 박근혜 대통령에 대한 철저한 수사가 먼저라고 강조했고, 중도보수 성향의 제2야당인 국민의당 박지원 비상대책위원장도 대통령의 탈당이 우선되어야 한다며, 김병준을 총리로 세우는 거국중립내각을 반대했다.

심지어는 집권여당의 비주류들도 "대통령이 국민을 대변하는 국회와 상의 없이 일방적으로 총리를 지명한 것은 국민 다수의 뜻에 반하는 길"이라고 비판하였다.

박 대통령, 2차 대국민담화 "내가 이러려고 대통령을 했나 자괴감이 들 정도" — "필요하다면 검찰조사, 특검도 수용"

11월 4일 박근혜 대통령은 2차 대국민담화를 발표했다. "국민 여러분께 돌이키기 힘든 마음의 상처"를 드려 가슴이 아프다며 "필요하다면 저 역시 검찰의 조사에 성실하게 임할 각오이며, 특별검사에 의한 수사까지도 수용"하겠다고 밝혔다.

그러면서 "내가 이러려고 대통령을 했나라는 자괴감이 들 정도로 괴롭기만 하다"라고 했다. 국민들이 원하는 진실에 관한 한마디 말도 없이 "현재 검찰의 수사가 진행 중인 상황에서 구체적인 내용을 일일이 말씀 드리기 어려운 점"이 있다며 피해갔다. 더불어 "지금 우리 안보가 매우 큰 위기에 직면해 있고, 우리 경제도 어려운 상황"이라며 "더 큰 국정 혼란과 공백 상태를 막기 위해 진상 규명과 책임 추궁은 검찰에 맡겨"달라며 촛불 중단을 요구하는 듯한 발언을 했다.

국민들은 박근혜의 진정성을 의심했고, 박근혜의 사과를 곧이곧대로 받아들일 수 없었다. 2차 대국민담화를 통해 국면 전환을 의도한 박근혜 대통령의 시도는 그 다음 날에 진행된 제2차 촛불집회에 참가한 국민들의 강력한 분노 표출과 즉각적인 박근혜 하야 요구로 간단하게 무력화되었다.

더욱 대규모로 확대되는 퇴진촛불, 제2차 범국민행동

비상시국회의 개최, 11월 5일 2차 촛불집회를 준비하다

10월 29일 제1차 촛불집회를 마치고 다음 날인 2016년 10월 30일 여러 시민사회단체가 참여한 가운데 2차 시국모임을 개최했다. 10월 28일 한국진보연대, 민주노총, 한국청년연대, 민중총궐기투쟁본부, 4.16연대, 시민사회단체연대회의, 참여연대 등이 참석하여 민중단체·시민사회단체 간담회(1차 시국모임)를 진행한 이후 10월 29일의 제1차 집회를 보면서, 즉각적인 공동대응이 필요하다는 인식을 같이했기 때문에 긴급히 모인 것이다.

이 시국모임을 통해 이후 촛불집회의 기조를 ▲박근혜 대통령 퇴진 ▲박근혜-최순실 게이트 철저한 진상규명 ▲책임자 처벌 요구로 설정했다. 그리고 정치권 일각에서 제기되는 거국중립내각 구성에 대한 반대 입장을 명확히 하기로 했다. 또한 11월 2일 민중단체와 시민사회단체가 최대한 광범위하게 참여하는 비상시국회의를 개최하여, 그 자리에서 현 상황을 비상시국으로 규정하고, 국민들께 드리는 공동행동제안문을 발표하기로 했다.

이어서 3차 시국모임이 11월 1일에 있었는데, 여기서 11월 2일 비상시국회의에서 비상시국회의에 발표할 특별결의문 내용으로 5개 정도의 현안을 압축했다. 또한 11월 2일 비상시국회의 개최 제안을 민중총궐기투쟁본부, 백남기투쟁본부, 시민사회단체연대회의, 4·16연대, 민주주의국민행동 등 5개 연대단체 이름으로 제안하기로 했다. 이것은 당시까지 시민사회단체연대회의 측에서 아직 내부 논의가 끝나지 않았다며, 1차 비상시국회의에서는 범국민적 투쟁본부를 구성하지 말고 대신 그 다음 주에 2차 비상시국회의를 개최하여 범국민적 투쟁본부를 구성하자고 제안하였기 때문이었다. 그 주 토요일에 진행할 제2차 촛불집회는 제1차 촛불 때와 동일하게 민중총궐기투쟁본부가 주최하기로 하였다.

11월 2일 오전 11시 프레스센터 19층에서 비상시국회의를 개최했다. 전국 1,500여 개 시민사회단체가 연명하여 박근혜-최순실 게이트를 국정농단과 헌정 파괴, 엄중한 주권침해 사태로 규정하고, 박근혜 정권의 퇴진이라는 국민적 요구를 받아, 박근혜 정권 퇴진 요구를 명확히 했다. 그리고 11월 5일 [모이자! 분노하자! #내려와라 박근혜! 2차 범국민행동]에 집중해줄 것을 국민들에게 요청했다.

모이자! 분노하자! #내려와라 박근혜! 2차 범국민행동

〔모이자! 분노하자! #내려와라 박근혜! 2차 범국민행동〕은 11월 5일 토요일 오후 4시부터 진행되었다. 그날 낮에 경찰의 물대포에 의해 사망했던 백남기 농민 영결식이 광화문광장에서 진행되었다. 백남기 농민 영결식을 광화문광장에서 개최한 뒤, 그 자리에서 곧이어 제2차 범국민행동 집회를 진행하였는데, 제1부는 4시부터 집회에 이어서 행진을 진행하고, 7시부터는 문화제 방식으로 '내려와라 박근혜 범국민행동' 촛불집회를 열고, 이후 오후 11시까지 자유발언을 진행했다.

백남기 농민 장례식 그리고 2차 퇴진촛불

2016년 11월 5일, 백남기 농민이 사망한 지 41일 만에 장례를 치렀다. 이날 오전 8시 서울대병원 장례식장 1층 안치실에서는 백남기 농민의 발인식이 진행됐다. 이어 오전 9시 서울 중구 천주교 명동성당에서 유가족과 시민을 포함해 500여 명의 사제, 수도자, 평신도가 참석한 가운데 장례미사가 진행되었다. 미사가 끝난 뒤 장례 행렬은 노제가 열리는 종로구청 입구 사거리를 향했다. 백남기 농민이 경찰의 물대포를 맞고 쓰러진 장소였다. 그리고 오후 2시부터 광화문광장에서 1~2만 명이 모인 가운데 영결식이 거행되었다.

아침에 시작된 발인, 노제, 영결식으로 이어진 백남기 농민의 장례식이 마무리된 뒤, 광화문광장에서 민중총궐기투쟁본부 주관으로 열린 제2차 범국민행동으로 슬픔은 분노로 바뀌기 시작했다. 오후 5시쯤이 되자 주최 측 추산 10만 명에 이르는 인파가 광화문 중앙광장과 광화문사거리를 가득 메웠다.

오후 6시, 행진이 시작되었다. 이 무렵 광화문광장에 모인 시민들은 숫자가 늘어나 주최 측 추산 12만 명에 달했다. 가두행진을 통해 도심 거리를 들러서 다시 광화문광장으로 돌아올 즈음의 행진 참여 시민 숫자는 20만 명이 넘을 정도로 대폭 확대되었다. 그날 가두행진의 위력은 놀라울 정도로 폭발적이었다.

백남기 농민의 장례식 (2016.11.05.)

국민을 죽이고도
사람을 죽이고도
한마디 사과조차 하지 않는 정권
더 이상 용서할 수 없었다.
더 이상 물러날 수 없었다.
더 이상 숨죽이며 살 수는 없었다.

매번 예상을 뛰어넘어 대규모화된 촛불집회 참가자 숫자

촛불집회 참가자 숫자와 관련된 일화도 있다. 제2차 촛불집회를 앞두고 민중총궐기투쟁본부에서 기자간담회를 개최했을 때 이야기인데, 당시 기자들이 제2차 촛불집회 참가자 규모가 어느 정도로 예상하냐고 질문하였다. 당시 민중총궐기 투쟁본부의 답변은 제1차 집회에 2~3만 명이 참가하였으므로, 제2차 촛불집회에는 그 2배 정도인 4~5만 명 정도가 참여하지 않을까 예상하고 무대나 앰프 규모를 그 규모에 맞춰서 준비하고 있다고 말하였다. 실제 제2차 촛불집회 당일 보니, 예상 참가 규모를 4~5배 뛰어넘는 총 20만 명이 참가하였다.

번번이 집회준비팀의 예상을 뛰어넘는 이러한 기하급수적인 촛불집회 참가인원 확대는 100만 촛불이 참여하는 제3차 촛불집회 때까지 계속된다. 제3차 촛불집회를 준비하는 과정에서 기자간담회를 열었을 때도 비슷한 상황이 벌어졌다. 이번에도 기자들이 예상 참가자 숫자를 질문하였는데, 대략 40~50만 명 정도가 참여할 것으로 예상하였다. 제3차 퇴진촛불은 제1부에서 서울광장에서 노동자, 농민, 도시빈민 등 기층 대중조직들의 조직대오가 주로 참가하는 민중총궐기 집회가 진행된 후 가두 행진을 한 뒤, 2부로 광화문광장에서 일반 시민들도 참가하는 범국민 촛불을 진행하기로 예정되었다. 1부에 참가하는 조직대오는 약 20만 명 정도가 참여하는 것으로 각 단위별로 확인되었기 때문에, 여기에 일반 시민들 20~30만 명이 가세할 것을 예상하면 총 40~50만 명 정도로 기대한다고 대답하였는데, 막상 제3차 촛불집회에서는 서울의 광화문광장 집회만 하더라도 그 예상을 훨씬 뛰어넘는 100만 명이 참가하는 이변이 펼쳐졌다.

반전에 반전을 거듭한 촛불평화행진의 추진 과정

제2차 촛불집회가 평화적으로 진행되는 과정도 반전에 반전을 거듭하는 의외의 과정을 거치면서 평화집회와 평화행진이 정착된다. 제2차 촛불집회를 준비하는 회의석상에서 행진 방법과 관련하여 의외의 제안이 제출된다. 한 참석자가 그 전날 어떤 대학원 학생이 SNS를 통해 "꼭 청와대 쪽으로 행진을 해야 할 필요가 어디 있느냐? 국민 속으로 행진해 가는 것이 어떠냐"고 제안한 내용을 소개하면서, 행진 방향을 도심 쪽으로 할 것을 제안하였다. 당시 준비회의에 참석한 사람들이 20세기 초에 한 시대를 풍미했던 '브나로드' 운동을 상기시키면서 민중 속으로 또 국민 속으로 행진하는 것이 좋겠다고 동의해서, 청와대 쪽이 아닌 도심 쪽으로 행진 방향을 잡고 행진 신고를 했다.

애초에 광화문광장에서의 집회 후 가두행진 방향은 박근혜 관저인 청와대 쪽으로 행진을 시도하는 것이 통상의 흐름이었다. 그리되면 경찰로서는 철벽 저지선을 치고 행진을 차단하게 되고, 분노한 시위대들은 그 저지선을 돌파하기 위해 강력한 충돌도 불사하는 양상이 나타날 것이 뻔히 예상되었다. 1년 전의 민중총궐기 투쟁 과정에서도 그런 수순으로 진행되어, 결국 70세 가까운 백남기 농민이 경찰 물대포를 맞아 사망하였고 또 한상균 민주노총 위원장 등 노조간부들이 대거 구속되는 탄압을 받았는데, 이번에도 당연히 비슷한 양상이 전개될 수 있는 상황이었다. 이렇게 경찰과 충돌이 일어나면 자칫 폭력집회로 매도될 위험이 있고, 그리되면 폭력집회 여부로 쟁점이 옮겨지면서 박근혜 일당의 국정농단 문제는 희석되어버릴 위험도 고려하여, 그렇게 이례적인 행진 코스를 잡게 되었다.

경찰은 청와대 쪽으로 행진을 추진하지 않는다는 것에 내심 안도하면서도, 신고된 행진 경로가 주요 도로에 해당되어 교통 불편이 예상된다는 구실로 이날 행진을 금지 통고해버린다. 그러면서 약간의 꼼수를 사용하였다. 즉, 집회를 준비하는 사람들에게 형식적으로는 문서로 행진 금지 통고를 했지만, 구두로 말하기를 "실제로는 행진을 막지 않을 테니 가두 행진을 진행하시라"고 얘기한 것이다. 경찰이 일견 모순된 방침을 통보한 것인데, 이것은 촛불시민들의 가두행진을 법적으로는 금지해놓고 실제로는 가두행진을 막지 않는 이중 플레이를 함으로써, 경찰 당국으로는 한편으로는 시위현장에서 대규모 시위 대오와 경찰 간에 충돌이 일어나는 문제를 예방할 수 있고, 다른 한편으로는 시위행진을 불법화해놓음으로써 '불법 집회시위 주최자 또는 참가자'라는 꼬리표를 붙여놓을 수 있고, 그리되면 차후 여차하면 형사상으로나 민사상으로 그들에게 법적 책임을 물을 수 있도록 발목을 잡아놓는다는 일거양득의 효과를 노렸던 것으로 평가되었다.

그래서 민중총궐기투쟁본부에서는 법원에 경찰의 행진금지통고가 위법부당하다며 '행진금지통고 집행정지 가처분 신청'을 하게 된다. 그 때 법원에서 극적인 반전이 일어난다. 당시까지 법원은 이런 종류의 가처분 신청에 대해 으레 기각해왔는데, 그날은 법원이 "교통 소통의 공익이 집회·시위의 자유를 보장하는 데 비해 크다고 보기 어렵다"라면서 도중에 청와대 쪽으로 빠질 수도 있는 일부 구간의 행진은 기각하는 대신 도심 쪽으로의 가두행진을 허용하는 가처분 결정을 내린다.

그날 시민들은 왕복 20개 차선이 넘는 도심의 대로를 꽉 메우면서 가두방송차를 뒤따르며 가두행진을 하였다. 그간 몇 년 동안 보기 어려웠던 대규모 군중이 함께 행진하면서 기세를 올리고 또 그 과정에서 갖가지 구호와 노래를 목청껏 부르는 신나는 축제 분위기를 만끽하였다. 경찰의 금지와 행진 차단이 없었기 때문에 당연히 집회와 행진은 평화적으로 끝났다.

연이어 2번의 촛불집회와 행진이 평화적으로 마무리된 것에 대해 보수적인 주류 언론들조차도 잘되었다고 평가할 정도로 일반 국민들의 호응도 뜨거웠다. 그 사이 여러 차례 진행되었던 촛불집회와 가두행진이 바야흐로 새로운 경지로 접어들고 있었다.

가두행진을 마치고 광화문광장으로 돌아온 촛불시민들은 저녁 7시부터 촛불문화제를 진행하고, 이날 공식 일정은 밤 9시경 끝났지만 많은 시민들이 밤늦게까지 광장에 남아 자유발언을 이어갔다.

적극적으로 나서기 시작한 청년학생, 이어지는 각계 시국선언 그리고 철도파업대오와 문화예술인들의 선도적 참여

〔모이자! 분노하자! #내려와라 박근혜! 2차 범국민행동〕에는 서울에서만 약 20만 명이 참여했다. 또한 부산, 광주, 대구, 대전 등 전국 14개 광역도시에서 전국 동시다발 집회가 개최되어 전국적으로 총 30만 명이 집회에 참여했다.

특히 세월호 참사로 가족을 잃은 유가족으로 구성된 4.16가족협의회 회원들은 매주말 진행되었던 촛불집회에 열성적으로 참여하여 촛불집회의 상징적 중심대오 중 하나가 되었다.

한편, 눈에 띄는 것은 청소년과 대학생 등 청년들의 움직임이었다. 최순실의 딸 정유라의 부정입학과 교수들의 학사비리를 폭로한 이화여

지역	의견 표명 방식	일시	단체명
부산	시국선언	10.25	부산 지역 청년학생
서울	시국선언	10.26	서강대 학생(최순실 게이트 해결을 바라는 서강인 일동)
서울	시국선언	10.26	이화여대 총학생회
서울	시국선언	10.26	서울대 총학생회
서울	시국선언	10.26	건국대 총학생회
서울	시국선언	10.26	경희대 총학생회
서울	시국선언	10.26	한양대 총학생회
서울	시국선언	10.26	홍익대 총학생회
부산	시국선언	10.26	부산대 총학생회
경기	시국선언	10.26	한신대 신학대학원 학생회
경북	시국선언	10.26	경북대 교수
광주	성명	10.27	광주 지역 청년 대학생들
광주	시국선언	10.27	조선대 총학생회
광주	시국선언	10.27	광주전남지역 대학교수
서울	시국선언	10.27	성균관대 교수
충남	시국선언	10.27	KAIST 학부생들
제주	시국선언	10.27	제주대 총학생회
경북	시국선언	10.27	경북대 교수들
서울	성명	10.27	21세기청소년공동체희망
경북	시국선언	10.28	경북대 총학생회
서울	시국선언	10.28	서울대 로스쿨 학생회
서울	시국선언	10.28	고려대 로스쿨 학생회
서울	시국선언	11.1	역사학계 47개 학회 및 단체 일동
제주	시국선언	11.2	제주대 로스쿨
서울	시국선언	11.7	서울대 교수 728인 시국선언
경남	시국선언	11.7	부산대 교수

시국선언 참가 청년학생 단체와 교수들

대 학생들을 시작으로 각 대학과 중고생들의 시국선언 및 집회가 줄을 이었다. 특히 10대 청소년들은 전국에서 SNS로 연락을 주고받으며 11월 5일부터 독자집회를 개최할 정도로 많은 수가 참여했다.

또 매주 토요일에 진행되는 집중 촛불집회 외에도, 10월 31일부터 파이낸스빌딩 앞에서 매일 촛불집회가 진행됐다. 민중총궐기투쟁본부가 주최하는 촛불집회에는 매일 1,000여 명이 참여했다. 특히 철도노동자들의 참여가 줄을 이었다. 당시 철도노조는 철도민영화 저지를 위해 파업 중이었으며 백남기 농민 투쟁과 촛불집회의 초창기 주요 동력이 되었다. 그리고 광화문에서는 11월 4일부터 문화·예술계 인사들이 주축이 되어 '박근혜 퇴진'을 요구하며 광화문광장에서 텐트를 치고 노숙농성을 벌였다. 광화문 문화·예술 텐트촌은 이후 60여 개로 늘어나며 광화문광장을 텐트촌으로 만들었다.

지역 촛불 본격화

지역 촛불도 본격화되었다. 특히 박근혜 대통령의 출신 지역구이자 집권여당인 새누리당의 아성이라고 할 수 있는 대구(제4의 대도시)에서도 4,000여 명이 운집해 촛불을 밝혔다. 박근혜 퇴진 제1차 대구시국대회가 11월 5일 대구 2·28공원에서 열린 것이다. 교복 입은 고등학생들은 시국선언을 하고 주부들도 유모차를 끌고 나왔다. 집회에 참여하기 위해 경북 지역에서 달려온 농민들을 비롯해 대학생들과 교수들 그리고 4·19혁명으로 이승만 정권을 무너뜨린 여든의 할아버지도 노구를 이끌고 박 대통령에 대한 분노를 쏟아냈다. 평생을 새누리당을 지지했고 지난 18대 대선에서도 박 대통령에 투표한 60대 어르신들도 처음으로 집회에 참여해 촛불을 들었다. 이른바 보수의 심장, 집권여당의 텃밭인 대구 민심이 박근혜-최순실의 국정농단에 대한 분노로 폭발한 것이다. 분노한 대구 시민들은 촛불을 들고 한목소리로 "박근혜 대통령 하야"를 외쳤다.

광주(제5의 대도시)에서는 민주주의광주행동, 백남기농민광주투쟁본부, 사드저지광주행동 등이 참여하는 '박근혜퇴진광주본부' 주최로 열린 광주시국촛불대회가 끝난 뒤 시민 5,000여 명이 구호를 외치며 금남로를 거쳐 NC백화점까지 1.5Km가량 행진했다. 시국대회 장소에서 멀지 않은 국립아시아문화전당 앞의 백남기 농민 광주시민분향소에도 시민들의 발길이 이어졌고, '백남기 농민 추모의 벽'에 시민들이 적은 추모 리본 수백 개가 달려 있었다. 그날 서울에서 영결식을 마치고 장지인 광주 망월묘역으로 가는 길에 광주 도심에 들러 노제를 지내는 장례 행렬에도 촛불시민들이 함께하였다.

제2 대도시인 부산 지역에서는 11월 5일 부산역 광장에서 열린 부산시민대회를 시작으로 부산 지역의 91개 단체가 동참하는 '박근혜정권퇴진 부산운동본부'가 출범했다. 집회에는 부산 지역 시민, 대학생, 고등학생 등 5,000여 명이 집결했다. 한편 참가자들은 집회를 마치고 부산역광장에서 서면 쥬디스태화백화점 앞으로 가두행진을 했다.

이처럼 10월 29일 2~3만 명이 모여 시작한 촛불집회는 한 주를 지나며 서울에서만 20만 명 규모로 커졌으며 광역 단위 주요 도시로 확대되며, 11월 12일에는 서울에서만 100만 명 이상이 운집하는 대규모 군중집회로 확대되었다.

정국 수습방안을 둘러싼
박 대통령과 정치권의 동향들

박근혜, "국회에서 총리 추천하면 수용하겠다"

주말 촛불광장에서 국민들의 분노가 폭발적으로 표출되고 광장촛불이 예상을 훨씬 뛰어넘는 수준으로 확대되어나가자, 박근혜 정권은 추가적으로 새로운 사태 수습책을 내놓는다. 2016년 11월 8일(화요일) 박근혜 대통령이 정세균 국회의장(제1야당인 더불어민주당 소속)을 만나 "국회에서 총리를 추천하면 수용하겠다"라는 입장을 밝혔다. 그리고 박근혜 대통령은 총리가 내각을 총괄하는 실질적 권한을 갖도록 보장하겠다는 뜻도 밝혔다. 앞서 불과 6일 전인 11월 2일에 제시했던 바 있는, 박근혜 대통령이 지명하는 총리 후보로 이른바 '거국중립내각'을 구성하는 방안보다 훨씬 양보하는 내용의 정국 수습방안이었다(민주당 소속의 노무현 대통령 시절 청와대 정책실장을 역임한 바 있는 김병준 씨를 6일 전에 총리 후보로 지명하였지만, 사실상 철회한 셈이 되었다).

민주당, 3가지 전제 조건 아니면 대통령 퇴진 주장

국회의장은 3개 야당 대표와 만나 박근혜 대통령의 이 제안에 대해 논의했다. 제1야당인 더불어민주당은 국회에서 추천하는 총리를 중심으로 '거국중립내각'을 구성한 뒤 대통령은 2선으로 후퇴한다는 것을 분명히 하라고 요구했다. 대통령은 퇴진하지 않고 대통령직을 유지하되, 사실상 직무상 권한을 행사하지 않는 대신, 국정 수행에 관한 실제 권한은 국회에서 추천하는 총리가 행사한다는 방식의 정국 수습방안을 주장한 것이다. 그리고 이것을 거부하면 박근혜 대통령 퇴진 투쟁에 나설 수밖에 없다는 점도 명확히 했다.

그러나 박근혜 대통령은 이 제안에 응답하지 않았다. 이로써 '국회 추천 총리 임명'이라는 박근혜의 제안이, 대통령의 확실한 2선 후퇴 없이 대통령으로서의 권한을 그대로 유지하면서, 국회에서 여당과 야당이 합의하여 추천하는 총리를 앞세워서 '거국중립내각'이라고 이름 붙인 다음, 일단 대통령 퇴진을 요구하는 여론의 소나기는 피해보자는 꼼수였다는 것이 확인된 셈이다. 아마도 일단 급한 불을 끈 다음에는, 이른바 '거국중립내각'의 총리를 사실상 무력화하고 박근혜가 대통령으로서의 권한을 종전대로 행사하려는 의도인 것으로 평가되었다. 당연히 이와 같은 박근혜의 제안은 정국을 제대로 수습할 수 있는 방안이 될 수 없는 방안이었다.

새누리당 자중지란 ― 분당 가능성까지

집권여당인 새누리당은 자중지란에 빠져들고 있었다. 박근혜-최순실 국정농단의 충격적 사실이 적나라하게 알려지면서, 보수층 국민들조차도 박근혜 대통령을 대통령 자리에 도저히 그대로 둘 수 없다는 여론에 동조하는 분위기에 휩싸였다. 보수층 국민들조차도 "이건 해도 너무한 것 아니냐?", "이게 나라냐?" 등의 강한 충격을 받게 된 것이다. 이러한 보수층 여론의 향배가 사태 해결의 또 다른 돌파구를 만들어가는 측면도 있었다.

집권여당의 비주류인 비박계는 '분당 빼고는 모든 것을 해야 한다'는 입장이었다. 비박계는 실력행사에 나섰고 비주류인 비박계 강석호 최고위원이 사퇴했으며, 이어서 11월 8일 열린 원내대책회의에서 정진석 원내대표도 다시 한번 이정현 당대표 사퇴를 촉구했다. 박근혜의 아바타 노릇을 하던 새누리당 이정현 대표는 그야말로 진퇴양난, 고립무원의 상황에 놓이게 되었다.

'황제 소환' 받는 우병우 전 민정수석: 눈가림식 검찰수사

한편, 검찰이 최순실을 수사 중이지만, 지속적으로 청와대와 입을 맞추고 있다는 분석이 잇따르고 있는 가운데 박근혜 정권의 공안실세로 행세하던 우병우 전 민정수석을 소환했다. 그러나 검찰이 수사하는 시늉만 할 뿐 실제로는 제대로 수사하지 않는, 형식적 소환조사에 불과한 '황제 소환'이라는 비판이 확대되었다. 특히 한 일간지가 우병우의 검찰 소환조사 사진을 먼 거리에서 촬영했는데, 이 사진을 보면 우병우는 팔짱을 끼고 기대어 서 있고, 조사를 해야 할 검찰 관계자는 공손하게 손을 모으고 있는 장면이었다. 그러자 우병우에 대한 검찰 조사가 진상 규명 의지는 없고, 대신 사실상 꼬리 자르기 조사 또는 물타기 조사일 가능성이 높다는 비판적 여론이 언론보도를 가득 메웠다.

'박근혜정권퇴진 비상국민행동' 출범(11월 9일)

전국대표자회의 개최: 퇴진행동 출범

11월 3일 제4차 시국모임 석상에서, 11월 5일의 제2차 촛불집회 관련 논의를 하는 한편 11월 9일에 전국대표자회의를 개최해 각 부문/지역별 단위들이 폭넓게 참여하는 대책기구를 구성하기로 했다. 그리고 관련 대책위원회 명칭을 '박근혜정권퇴진 비상국민행동'(약칭 퇴진행동)으로 의견을 모으고 전국대표자회의에 제안하기로 했다.

11월 9일의 퇴진행동 정식 발족을 앞두고, 참가 단위를 확대해 11월 7일 퇴진행동 제1차 임시운영위원회를 개최했다. 여기서 민중총궐기투쟁본부가 몇 달 전부터 계획하고 있던 민중총궐기대회 날인 11월 12일에 노동자, 농민, 도시빈민 등 조직단위 민중들만이 아니라 불특정다수 시민들도 적극적으로 참가하는 범국민대회를 개최하자는 제안이 제출되었다. 그 결과 다음 날인 11월 8일에 개최된 제2차 임시운영위원회에서 기존에 추진되던 민중총궐기대회와 새로 제안되는 범국민대회를 같은 날 연이어서 진행하는 통합 집회안이 합의되었다. 즉, 11월 12일 오후 4시 민중총궐기대회와 가두행진을 진행한 후 이어서 그날 저녁 7시 30분 광화문광장에서 '제3차 범국민행동' 집회를 민중총궐기투쟁본부와 퇴진행동이 공동주최로 진행하는 방안을 11월 9일 전국대표자회의에 제안하기로 의견을 모았다.

다음 날인 2016년 11월 9일 서울 중구 정동에 위치한 프란치스코 회관에서 전국대표자회의를 열어 〈박근혜정권퇴진 비상국민행동〉을 발족시키고 이어서 기자회견을 통해 이를 발표하였다.

퇴진행동의 위상과 역할, 체계와 구성

대표자회의에서는 퇴진행동의 위상과 역할을 명확히 했다. 퇴진행동의 위상은 ① 박근혜 퇴진을 위한 범국민투쟁체이며 ② 투쟁의 고양과 발전에 따라 조직의 발전을 모색해나가기로 했다. 그리고 퇴진행동의 역할은 ① 국정농단과 헌정파괴에 대한 국민적 분노를 모아내고, ② 민주주의와 주권회복을 위한 국민들의 행동을 지원하고 지지·협력하는 동시에 ③ 한발 앞서 투쟁을 책임지고 안내하는 역할이어야 한다고 의견을 모았다. 이러한 측면에서 기구 구성은 완결적이라기보다는 정세 변화와 운동 발전에 따라 추가 논의를 진행하면서 조직 형태를 발전시켜나가기로 합의했다.

출범 당시에는 퇴진행동의 체계는 참가하는 2,000여 개의 모든 단체 대표자를 공동대표로 하고, 공동대표가 참여하는 대표자회의를 최고의 결기구로 했다. 다만 대표자회의를 매주 개최하기는 어려운 조건이고, 정세가 매우 급박하게 변하고 매주 집회가 진행되는 만큼 일상적 의결기구로 운영위원회를 두기로 했다. 이 운영위는 매주 1회 이상 진행하는 것으로 하고, 학계, 법조, 문화예술, 청년학생, 여성 등 부문 및 진보, 노동, 시민사회 단체들과 서울, 경기, 부산, 광주 등 지역대책위 집행책임자를 성원으로 하기로 했다. 이와는 별도로 지역대책위가 운영위에 참석하기 어려운 조건을 감안해 전국운영위를 매월 1회 이상 개최해 지역 조직들이 반드시 참여하는 회의로 진행하기로 했다.

상황실 운영: 각 실무팀 구성

한편, 실질적 실무운영을 위해 상황실을 두고, 상황실은 사무국, 조직팀, 정책기획팀, 선전홍보팀, 언론팀, 대외협력팀, 집회기획팀, 시민행동팀, 법률팀 등으로 구성하기로 했고, 상황실 운영을 위해 수 명을 공동 상황실장으로 두기로 했다. 또한 적극적인 국민 참여를 보장하는 취지로, 시민들이 자유롭게 참여해 시국 상황과 대응 방안을 논의하는 토론회와 시국회의를 지속적으로 개최하기로 결의했다.

100만 촛불 대폭발

먼저 민중총궐기대회 개최한 후, 3차 범국민행동 개최: 100만을 넘어선 촛불

2016년 11월 12일 제3차 퇴진촛불, 〔모이자! 분노하자! #내려와라 박근혜 모여라 백만시민! 3차범국민행동〕은 최초로 서울의 참가인원이 100만을 넘어섰다. 지역을 포함하면 전국에서 110만 명 이상이 참여했다. 광화문광장 100만 촛불은 아름다웠다. 국정농단에 대한 국민들의 비판에 대해 대통령은 근거 없는 모략이라며 외면하고 오직 검찰 권력을 부여잡고 위기를 모면하려 하자, 11월 5일의 퇴진촛불보다 무려 3배가 넘는 시민들이 촛불을 들었던 것이다. 이날 집회는 '퇴진촛불 참가자 100만 초과'라는 대폭발이 시작된 날이고, 촛불항쟁 확대·발전의 중대한 분수령이 되었다. 퇴진촛불 참여인원은, 1차 퇴진촛불 3만 명 ⇒ 2차 퇴진촛불 20~30만 명 ⇒ 3차 퇴진촛불 100만 명으로 기하급수적으로 늘어났다. 파죽지세의 기세를 만들며 타오르는 퇴진촛불의 시민 참여 열기는 박근혜 대통령을 퇴진의 막다른 길로 몰아쳐갔다. 이날 만들어진 100만 촛불의 기세는 이후 국회 탄핵소추 의결과 헌법재판소에서의 대통령 탄핵 결정을 이끌어내는 결정적인 계기 중 하나가 되었다. 그날 지역 집회 참가인원도 크게 늘었는데, 부산 3만 5천 명, 광주 1만 명이 모이는 등 수천 단위에서 수만 단위로 확대되었다.

10월 29일의 제1차 퇴진촛불과 11월 5일의 제2차 퇴진촛불을 주최했던 민중총궐기투쟁본부는 11월 12일 오후 4시 서울시청 광장에서 〔백남기·한상균과 함께 민중의 대반격을! 박근혜 정권 퇴진! 2016 민중총궐기)를 진행하고 가두행진을 거친 이후 광화문광장으로 이동, 그날 오후 7시 30분에 〔모이자! 분노하자 #내려와라 박근혜 모여라! 백만시민! 3차 범국민행동〕에 동참하였다.

100만의 함성 "이게 나라냐"

드디어 2016년 11월 12일 100만 촛불이 타올랐다. 2008년 '광우병 위험 미국산 쇠고기 수입 반대' 촛불집회 당시 서울지역 최대 인원인 70만 명을 훌쩍 넘었고, 1987년 6월항쟁 당시 집회참석 규모인 100만 인파도 뛰어넘는 최대 규모의 시민들이 집결했다. 부산 3만 5천 명, 광주 1만 명 등 전국 10여 개 지역에서도 총 6만여 명이 참가하여 지역 촛불집회를 개최했다.

이날 민주노총은 총파업을 진행하며, 농민들은 박근혜 퇴진 대형 상여*를 메고, 청년학생들과 도시빈민들도 각기 부문별 사전대회를 진행한 후 민중총궐기대회가 예정된 서울광장으로 집결했다. 집회를 마친 뒤 시내 중심가를 관통하면서 가두행진을 진행하였다. 그리고 가두행진을 마친 후 오후 7시 30분 광화문광장에서 예정된 〔3차 범국민행동〕에 결합했다.

오후 7시 반 촛불집회가 시작될 무렵에 어느덧 촛불집회 참가자 숫자가 100만 명을 훌쩍 뛰어넘는 사상 초유의 대규모 집회로 발전하였다. 광화문광장에서 태평로를 거쳐 시청광장까지 큰 도로와 광장을 촛불인

---

* 상여는 시신을 운반하기 위해 나무로 만든 틀이다. 상여는 장례식의 상징이며 '박근혜 퇴진 상여'도 박근혜가 국민들에게 정치적으로 사망선고를 받았다는 상징의식이었다.

박근혜 대통령의 퇴진을 요구하는 민중총궐기 대회가 열린 11월 12일. '박근혜 퇴진'이 적힌
대형상여를 맨 농민들이 세종로 일대를 가득 메운 시민들과 함께 서울 시청광장을 거쳐 청와
대 방향으로 행진하고 있다. ⓒ 한국농정신문(http://www.ikpnews.net)

파가 꽉 메우게 되었다. 이날 촛불집회에서 촛불과 휴대폰 불빛을 이용한 [촛불 파도타기] 행사가 진행되었다. 광화문광장의 촛불집회 대오 맨 앞에서 시청광장의 촛불대오 맨 마지막까지 촛불 파도타기를 이어갔다. 촛불파도가 집회 대오 맨 앞부터 뒤로, 다시 뒤에서 앞으로 오는 데 걸린 시간만 7분 가까이 소요되는 일대 장관이 연출되었다. 한편으로는 이날 촛불집회에서는 실로 아찔했던 상황도 있었다. 그날 촛불집회가 시작되는 초기에 광화문광장으로 통하는 지하철역마다 촛불집회에 참가하는 인파로 인산인해를 이루었다. 짧은 시간에 너무나 수많은 인파가 촛불집회 장소인 광화문광장으로 계속 모여드는 바람에 무대 쪽으로 향하는 각 통로마다 한 발자국도 움직일 수 없이 집회참석 인파가 서로 꽉 밀착된 상황에서, 이런 상황을 모르는 가운데 새로운 인파가 뒤쪽에서 계속 밀려들어 왔다. 자칫 누가 넘어지기라도 하면 압사사고가 발생할 수도 있는 위급한 상황이었다. 실제로 몇 사람이 실신하여 응급실에 급히 실려 가는 상황이 발생했지만, 무대 마이크를 통해 위급한 상황을 알리고 주의를 당부하는 등 긴급한 조치를 취하면서 다행히 더 이상의 큰 안전사고로 확대되지는 않았다.

사실 이날 이렇게까지 대규모 인원이 집결할 것을 예상하지 못했고, 또 당시 촛불집회 진행 활동가가 20여 명에 불과한 상황이었기 때문에, 100만 이상이 참가하는 초대규모 촛불집회장의 안전 확보와 관련된 대책을 미리 준비하지 못했던 이유도 있었다. 이날의 경험을 바탕으로 이후로는 집회장 출입 통로를 미리 확보하고 자원봉사자도 대규모로 모집하여 촛불집회를 훨씬 안정적으로 진행할 수 있게 되었다.

촛불집회가 무르익을 즈음 농민들이 손수 제작한 거대한 상여가 서울광장에서 출발해 광화문으로 그리고 청와대쪽으로 물결치듯 이동하기 시작했다. 시민들은 〔박근혜 퇴진 상여〕를 보자 땅바닥에 앉아 있던 자리에서 일어나 상여 이동 공간을 확보해주었고, 상여는 12일 자정을 넘어 13일 새벽까지 청와대 쪽으로 발걸음을 멈추지 않았다.

100만 촛불의 마중물이 된 민중총궐기 대회

이날 오후 4시, 서울광장에서 진행된 2016년 민중총궐기대회는 노·농·빈·한국진보연대 등 민중진영의 공동투쟁체인 민중총궐기투쟁본부가 주최하였다. 한 해 전인 2015년 11월 14일 민중총궐기 투쟁으로 한상균 민주노총 위원장 등 수많은 사람이 구속되었고, 백남기 농민이 경찰 물대포에 맞아 쓰러져서 의식불명이 되어 10개월 뒤 사망하였다. 이후 민중총궐기투쟁본부는 2015년 12월 5일, 2차 민중총궐기대회를 개최했으며 백남기 농민이 중환자실에서 의식불명 상태로 누워 계신 서울대병원 앞에서 노숙농성을 시작했다.

박근혜 정권에 대한 국민들의 분노가 확대되자 국민저항권과 다양한 국민행동을 제안하기도 했다. 민중총궐기 투쟁본부가 중심이 되어 대중집회뿐 아니라 위력적이고 창조적인 다양한 방식의 투쟁이 필요하다는 의견을 모아나갔다. 이를 위해서는 우선 조직력과 투쟁력이 있는 대중조직들이 먼저 나서야 한다는 점도 공유했다. 그 이전에 몇 달 전부터 노·농·빈 등 기층 대중조직들이 결의를 모아 2016년 11월 12일 전국집중집회 방식으로 약 20만 명 정도의 대규모 대중집회(민중총궐기투쟁)를 준비해오고 있었다. 그런 상황에서 2016년 10월 24일 저녁부터 박근혜-최순실 국정농단 상황이 폭로되자, 상대적으로 투쟁의지가 높고 또 기동력도 있는 기층 대중조직의 대오들로 구성된 민중총궐기투쟁본부에서 신속하게 대응하면서, 바로 그 주의 주말인 10월 29일에 제1차 퇴진촛불, 다음 주말인 11월 5일에 제2차 퇴진촛불을 민중총궐기투쟁본부가 주최하여 진행하면서 대규모 촛불로 확대해나갔다.

제1차 퇴진촛불과 제2차 퇴진촛불은 서울 등 수도권 민중들과 시민들이 나서서 긴급하게 진행된 반면, 11월 12일의 제3차 퇴진촛불 때에는 다소 양상이 다르게 진행되었다. 민중총궐기투쟁본부가 전국에서 집결된 조직대오들이 참가한 가운데 민중총궐기대회(집회와 가두행진)를 먼저 개최하고, 이어서 그날 저녁에 일반 비조직 시민들까지 동참하는 제3차 퇴진촛불(3차 범국민행동) 집회를 진행하기로 하여 대성공을 거두게된 것이다. 이렇게 기층 대중조직의 조직적 결의와 함께 정세가 급박하게 진행되면서 일반시민들의 참여가 확대되었는데, 결국 민중총궐기 집회가 100만 촛불의 마중물 역할을 톡톡히 한 것으로 평가할 수 있다.

또한 당시 민주노총 총파업과 농민회의 트랙터 시위, 학생 동맹휴업 등이 논의되기도 했다. 그리고 광화문광장을 거점으로 한 대규모 인원이 참가하는 노숙농성도 논의되기도 하였다. 이미 11월 초순부터 시작되었던 문화예술인 단위의 광화문 농성과 결합하는 방안과 11월 12일 대회 이후 대규모로 1박2일 농성을 진행하는 투쟁도 제안되었으나 적극적으로 실행되지는 못하였다. 준비 단위들이 확대된 만큼 여러 현안 대응에도 적극 나서기로 했다. 헌정 유린과 국정농단의 진상 규명, 책임자 처벌과 또 사실을 왜곡 보도하는 보수언론 및 박근혜를 감싸는 검찰에 대한 투쟁도 전개해야 한다는 의견을 모았다.

법원의 가처분 결정과 평화행진의 정착 과정

한편, 민중총궐기투쟁본부는 11월 12일 민중총궐기대회 때 청와대로부터 100~200m 남짓 되는 거리에 있는 청운효자동 주민센터 앞까지 행진하겠다고 사전 신고했다. 그러나 경찰은 안전사고의 위험과 교통 불편 등을 구실로 삼아 자의적으로 가두행진을 금지하는 통고를 했는데, 민중총궐기투쟁본부는 즉각 법원에 집회금지통보 집행정지가처분 신청을 제출했다. 그런데 의외로 법원은 제3차 퇴진촛불집회와 행진 시작시점의 직전 시간인 11월 12일 오후에 이 가처분 신청을 일부 인용하여(받아들여) 청와대로부터 약 500m 정도 떨어진 위치에 있는 경복궁역까지의 가두행진을 허용하는 결정을 한다.

당시까지는 법원에서 이렇게 가처분신청에 대해 일부라도 인용하는 결정을 해줄 것이라고 거의 기대하지 않았던 것도 사실이었다. 군사독재 시절부터 당시까지 광화문광장이나 청와대 쪽으로의 합법적인 가두행진은 사실상 금기사항이었다. 가두행진하겠다고 실정법에 따른 신고를 하더라도 경찰은 이런저런 구실을 붙여서 억지로 금지 통고를 해왔고, 적지 않은 경우 민중단체 등 사회운동 진영에서는 그럼에도 불구하고 예정된 대로 가두행진을 강행하기도 하였다. 그럴 경우 경찰은 버스 등을 활용한 4중, 5중 차벽으로 저지선을 치고 '폭동 진압' 수준으로 중무장한 경찰력을 배치하여 가두행진을 저지하곤 했는데, 시위대와 물리적인 충돌이 발생하는 경우가 왕왕 있었다. 물론 이 과정에서 많은 시위대가 체포되고 재판에 회부되어 가혹한 수준으로 형사처벌을 받기도 하였다.

실제로 광화문광장에서 정치집회가 열린 것도 이번 퇴진촛불 때 비로소 시작된 것이었다. 10월 29일의 제1차 퇴진촛불 때에는 시민들이 다른 경로로 행진을 진행하다가 우발적으로 행진 경로를 바꾸어 광화문광장 쪽으로 예정에 없이 갑작스럽게 밀고 들어가게 된 것이었고, 11월 5일의 제2차 퇴진촛불 때에는 그날 낮에 광화문광장의 중앙광장에서 열린 백남기 농민 영결식에 이어서 자연스럽게 광화문광장의 중앙광장에서 퇴진촛불을 진행할 수 있게 된 것이었다. 제3차 퇴진촛불(3차 범국민행동)도 선행행사가 광화문광장을 사용하고 있었던 상황에서, 우여곡절 끝에 광화문 중앙광장에서 열릴 수 있게 되었다. 사실 제2차 퇴진촛불이나 제3차 퇴진촛불이, 그때까지는 정치집회가 사실상 금지되고 있었던, 광화문광장에서 열리게 된 것은 제1야당인 민주당 소속인 박원순 시장이 음양으로 협조하였기 때문에 가능하였다.

광화문광장에서의 정치집회는 이런 경과를 거쳐 열리게 되었지만 광화문광장의 북쪽에 위치한 청와대 방면으로의 가두행진은 그때까지 모두 금지시켰기 때문에, 그 사이 단 한번도 청와대 쪽으로의 합법적인 가두행진을 허용하지 않고 있었다. 그랬는데 이번에 의외로 법원에서 가처분신청을 일부라도 인용하여 청와대 쪽으로의 가두행진이 일정 정도 열리게 된 것이다. 법원이 이런 가처분 결정을 내리게 된 이유를 살펴보면, 무엇보다 제1차 퇴진촛불이 시위대와 경찰 간에 물리적 충돌 없이 평화적으로 종료되었던 데다가, 제2차 퇴진촛불 당시 가두시위 방향을 청와대쪽이 아니라 도심 쪽으로 행진 방향을 잡은 행진신고에 대해 경찰의 금지통고를 법원이 집행정지하는 가처분 결정을 내렸는데, 그 결과 제2차 퇴진촛불이 경찰과의 충돌 없이 또다시 평화적으로 가두행진이 종료된 것에 법원이 크게 고무된 것이 가장 큰 이유로 평가되었다.

즉, 합법적인 가두행진이 보장되면 평화적 집회나 평화적 가두행진이 가능할 수 있다는 나름의 판단이 가능한 상황이 전개된 것이다. 법원은 이런 판단에 근거해서 이번에도 가두행진 경로를 종전보다 조금 더 열어주는 조심스러운 가처분 결정을 내리게 된 것으로 보인다.

실은 이 가처분 결정이 내려지기 이전에, 그날 법원의 다른 재판부에서 또 하나의 가처분 결정을 내렸다. 사용자 측의 폭력을 동원한 노조탄압 범죄행위를 정부가 방조하고 있는 것에 항의하는 유성기업 노조원들이 청와대로부터 100m 떨어진 지점까지 '3보 1배' 방식으로 행진하고 다시 광화문광장으로 돌아오겠다고 신고한 것에 대해 경찰이 금지 통고를 하였는데, 노조원들이 가두행진 '금지통고 집행정지 가처분'을 신청하였는바, 법원이 가처분신청을 인용하여 청와대 인근까지의 가두행진이 열리게 된 것이었다. 낮 시간에 3보 1배 방식으로 또 참가 인원이 소규모 인원에 불과한 행진 계획이어서, 법원이 상대적으로 위험 부담을 덜 갖고 가처분 결정을 내릴 수 있었던 것으로 짐작되었다.

역사상 처음으로 광화문광장을 넘어 청와대 방향으로 합법적인 가두행진의 길이 일부라도 열리게 되었는데, 실제로는 당일에 일촉즉발의 위태로운 상황이 전개되기도 하였다. 100만 명이 넘는 대규모 인원이 참가한 촛불집회를 마친 뒤 가두행진이 시작되어 선두 대오가 경복궁역에 이르렀을 때 경찰은 경복궁역에서 청와대 쪽으로 올라가는 길에 차단벽을 설치하고 행진을 저지하고 있었는데, 당시 경찰의 차단벽이 다소 허술하게 설치되어 있었다. 낮 시간에 출발한 유성기업 노조원들의 청와대 100m 지점까지 3보 1배 행진을 마치고 돌아오는 길을 열어준 뒤에 미처 차단벽을 견고하게 완성하기 전에 대규모 가두행진단이 도착

해버린 것이었다.

　당시 일부 참가자들이 경찰이 차단벽으로 사용하던 경찰버스 위에 올라가 차단벽을 넘어가려고 시도했다. 만일 시위대가 경찰버스 차단벽 위로 넘어가면, 자칫 이를 저지하는 경찰과 물리적 충돌이 일어날 수도 있는 상황이었는데, 그때 가두행진 참가자들이 입을 모아 "내려와! 내려와!"를 일제히 외치기 시작하는 매우 놀라운 상황이 벌어진 것이었다. 가두행진 참가 시민들이 경찰저지선을 넘어가려는 일부 시위대에게 자제를 촉구하는 현상이 자연발생적으로 표출된 것이었다. 당시 경찰이 공격적이거나 강압적인 물리력을 행사하지 않고 법원에서 허용해준 경로까지의 행진은 보장하는 극히 방어적인 태도를 보이는 상황에서, 자칫 시위대의 과잉행동 때문에 경찰과 시위대 간의 충돌이라도 발생한다면, '폭력시위 책임론' 프레임에 걸려 박근혜 정권의 대대적인 역선전 공세가 진행되고 이로 인해 퇴진촛불이 약화될 수도 있다는 위험을 시민들이 직감한 것이었다. 가능하면 경찰과의 충돌을 피하고 평화시위로 진행해야 한다는 의사가 다시 한번 확인된 순간이었다. 당시 경복궁역 입구에서 경찰버스로 형성된 차단벽을 사이에 두고 시위대와 경찰은 다소 소강상태를 유지하면서 한동안 평화적 대치 상태를 이어갔다. 조금 있다 광화문광장 쪽에서 '세월호 참사 피해 유가족'들이 방송차를 앞세우고 경복궁역 쪽으로 행진해왔다. 지난 2년 이상 각종 가두집회 현장에서 익숙하게 보아왔던 그 행렬을 보고, 경찰 차벽 앞에 운집해 있던 시위대오의 시민들은 자연스럽게 갈라지면서 행진 경로를 열어주었다. '세월호 가족'들이 경찰 차벽 바로 앞까지 진출하면서 자연스럽게 경찰 차벽과의 대치선에서 최선봉에 서게 되었는데, 이로써 그날 경복궁역 앞에서의 대치 상황은 경찰과 시위대 간의 충돌 위험을 벗어나서 안정 국면으로 진입하게 되었다. '세월호 가족'에 대한 공감과 신뢰가 그날의 평화집회 분위기 형성에 중요한 밑바탕이 되었다.

이날 퇴진촛불(3차 범국민행동)이 경찰과의 충돌 없이 평화시위로 마무리되면서 이후 퇴진촛불은 확고하게 평화시위로 그 기조를 분명히 할 수 있게 되었다. 그리고 이러한 평화시위 기조는 이른바 중도적인 시민들이나 보수적인 시민들조차 부담 없이 퇴진촛불에 참가할 수 있는 분위기 형성에 중요한 요소가 되었다.

새벽까지 이어진 퇴진촛불행진

경복궁역 앞 내자동 교차로에서는 청와대 행진을 요구하는 시위대와 경찰의 대치 상황이 자정을 넘어 지속됐다. 새벽 1시경까지 5,000여 명이 넘는 시민과 경찰과 대치했다. 바로 1년 전, 거리에서 백남기 농민은 경찰의 차벽 앞 물대포에 쓰러졌다. 그러나 이번의 퇴진촛불에서는 1년 전과는 달리 경찰이 유연한 대응을 하려는 모습을 보이면서 극한의 충돌과 폭력은 사라졌다. 촛불 현장엔 '민중총궐기대회' 또는 '3차 범국민행동'라는 공식 명칭이 있었지만 축제 같은 분위기로 진행되었다.

100만 명이 넘는 시민이 참여하자 안전 문제가 대두되었다. 당시 한꺼번에 너무 많은 시민이 몰리자 안전사고를 예방하기 위하여, 지하철은 광화문광장의 근처에 있는 지하철역인 광화문역과 시청역 그리고 종각역까지 무정차 통과할 수밖에 없었다. 광화문역에서 내려 집회에 참여하기 위한 인파가 계속 운집하자 참가자 몇 명이 실신하여 응급실에 실려 가는 사태에까지 이르기도 하였다. 또한 화장실 문제도 너무 심각하였다. 저녁 시간에 한 장소에 집결한 100만 명 이상의 인원이 사용할 수 있는 화장실이 너무 부족하였다. 기껏해야 각 지하철역에 있는 화장실을 사용하게 되었는데, 많은 사람이 길게 줄을 서서 순서를 기다렸다.

이날 이후인 제4차 퇴진촛불부터는 촛불광장 내에서의 통로 확보와 화장실 확보가 집회에서 매우 중요하게 부각되었다. 마침 박원순 서울시장이 집회에 참가하는 시민들의 안전을 위하여 광화문광장 근처에 있는 공공기관 중 서울시가 관리하는 공공기관의 화장실을 특별 개방하는 조치를 취하면서, 또 광장 주변의 많은 찻집과 식당 그리고 가게들에서 촛불집회 참가 시민들에게 화장실을 개방하면서 화장실 문제도 제4차 퇴진촛불부터는 큰 문제없이 해결되었다.

또 집회를 주관한 퇴진행동에서 자원봉사단을 대규모로 모집하기 시작한 것도 이때부터였다. 당시 상황실에 상근하는 활동가가 초창기 20여 명에 불과했고, 그 정도의 숫자로는 시민들에게 초를 나눠주는 일도 벅찬 인원이었기 때문이었다.

"대한민국을 위해 힘써주십시오"라는 지하철 방송, 외신에 보도되는 촛불

서울의 시청역, 광화문역, 경복궁역은 한꺼번에 몰려든 집회 참석 인파로 사실상 마비되다시피 했다. 당시 지하철 5호선을 운전하던 한 기관사는 "촛불로 켜져 있는 광화문역입니다. 이번 역에서 내리시는 분들은 몸조심하시고 대한민국을 위해서 힘써주시길 바랍니다"라고 안내방송을 했고, 지하철 3호선에서도 한 기관사가 "오늘 집회에 참여하신 시민 여러분 고생 많으셨습니다. 정의로운 대한민국을 위해 노력하신 시민 분들을 목적지까지 최대한 빠르고 안전하게 모시겠습니다"라고 방송했다.

한편, 100만 인파에 놀란 것을 한국 언론만이 아니었다. 외신들도 앞다투어 한국의 퇴진촛불집회를 보도하기 시작했다. 미국 CNN 방송은 2016년 11월 13일 보도를 통해 박근혜 대통령 "퇴진을 외치는 시위대가 서울을 뒤흔들었다"라고 보도했으며 영국 로이터 통신은 2016년 11월 12일 보도를 통해 "학생들과 유모차를 끌고 나온 젊은 부부들이 곳곳에서 보였다. 이전 시대의 양상과는 달랐다"라고 했다. 영국 BBC 방송은 2016년 11월 12일 "청와대에 있다면 벗어날 수 없는 함성을 듣게 될 것"이라고 보도했다.

항쟁의 상승 · 확산 시기

퇴진촛불항쟁의 제2단계

박근혜 대통령 "하야 없다" 이후 탄핵론 불거져

청와대 "하야·퇴진 없다" — 예정된 검찰 조사도 불응

2016년 11월 12일 무렵 100만 명이 참가한 퇴진촛불 3차범국민행동의 성과로 범국민적 박근혜 퇴진 여론은 크게 고조되었다. 이후 정치권과 언론에서는 박근혜 대통령의 선택지로 ▲거국중립내각(대통령직현상 유지) ▲2선 후퇴(국가 원수로서의 권한을 사실상 포기하는 정치적 하야) ▲질서 있는 퇴진(대통령 조기 퇴진 선언 후 국회가 차기 대선 등 정치 일정을 관리하고 과도 내각을 수립해 운영) ▲즉시 하야, 탄핵 등 네다섯 가지 시나리오가 거론되고 있었다.

그러나 박근혜 대통령과 청와대는 '하야나 퇴진은 없다'는 입장을 분명히 했고 또 검찰 수사도 받기를 거부했다. 그러면서 한편으로는 지지층 결집을 위해 박근혜표 정책을 밀어붙였다. 노동법 개악, 사드 배치, 역사교과서 국정화, 한·일 군사정보보호협정 등이 그것이다. 심지어 박근혜는 본인이 비리 의혹으로 검찰 수사대상이 됐음에도 '엘시티 사건' 등 비리사건 수사와 정치권에 대한 사정(司正) 작업을 공개적으로 지시하며 자신에 대한 비판 여론을 희석하려 했다. 당시 청와대는 특검이나 심지어 탄핵 절차에 들어가더라도 대통령이 퇴진할 정도의 불법(범죄) 사례는 드러나지 않을 것이라고 판단한 것으로 보인다. 정권의 충견 역할을 하고 있던 검찰이나 또 국회에서 선출되는 특별검사가 수사하더라도 적당한 수준으로 수사하거나 또는 당시까지 작동되고 있던 통치·지배 체계를 통해 상당한 정도 제어가 가능할 것으로 판단하고 있었던 것으로 보인다. 이런 맥락에서 집권여당인 새누리당 이정현 대표도 "앞으로 대통령 노력에 따라 (지지율은) 회복될 수 있다"라고 말하면서 사태 수습을 희망하기도 했다.

청와대는 100만 명이 참가한 제3차 퇴진촛불 이후인 11월 15일 박근혜 대통령이 개입한 '비선실세 최순실 국정농단' 의혹 정국수습 방안으로 박 대통령 퇴진을 고려하고 있지 않다는 점을 분명히 했다. 당시 청와대와 박 대통령은 하야·퇴진이나 2선 후퇴는 물론이고 헌법이 정한 범위를 넘어서는 대통령의 거취 결단은 불가하다는 입장이었다. 청와대 관계자는 "국회가 탄핵을 추진하면 어쩔 수 없는 것 아니냐"라는 질문에 국회에서 탄핵을 추진하더라도 스스로 물러날 뜻이 없음을 분명히 했다. 100만 촛불집회에서 확인된 퇴진 민심을 정면 거부한 것이다. 또한, 검찰이 11월 16일까지 박 대통령을 조사할 필요가 있다고 요청했으나 이를 청와대에서 거부했다. 불과 얼마 전인 11월 4일 "검찰의 조사에 성실히 임하고 특검 수사도 수용하겠다"라고 발표했던 2차 대국민담화 내용을 자기 스스로가 그냥 뒤엎어버린 것이다.

검찰 또한 수사의지가 없었다. 검찰은 박근혜의 조사 거부에 대해 "참고인 신분의 현직 대통령을 상대로 조사를 강제할 수단이 없다"는 이유를 대면서도, "최순실 씨 등을 기소하기 전에 대통령 대면조사가 반드시 이뤄져야 하고 그 마지막 시점이 11월 18일까지라는 입장에 변함이 없다"는 체면치레 수준의 원론적인 입장만을 되풀이했다. 애초에 대통령이 스스로 검찰수사를 받겠다고 국민들에게 약속했기 때문에 수사에 착수해보려는 시늉은 했지만, 막상 대통령이 수사받는 것을 거부하자 행정부 소속인 검찰이 행정부 수반인 대통령에게 감히 강제수사의 칼을

들이댈 수가 없었던 것이다. 표면적으로는 일단 수사하겠다고 이미 나섰기 때문에, 이제 와서 수사하지 않겠다거나 수사하지 못한다는 말은 하지 못한 채 엉거주춤한 상태에서 표면적으로 그냥 형식적인 말만 되풀이할 뿐이고, 실질적인 수사의지는 없었던 것이다.

박근혜는 일단 검찰 조사에 대비해 특수부 검사 출신의 친박계 인사인 유영하 변호사를 변호인으로 선임했다. 유 변호사는 박근혜 대통령에 대한 검찰 소환에 대해, 초기부터 "원칙적으로 서면조사가 바람직하고 부득이 대면조사를 해야 한다면 횟수를 최소화해야 한다"라고 밝혔다. 사실상 제대로 된 수사를 받을 생각이 없었던 것이었다.

대한민국 헌법상 대통령 탄핵 절차

대한민국 헌법상 대통령 탄핵 절차는, 국회에서 국회 재적의원 과반수가 탄핵소추안을 발의해야 하고, 국회 재적의원 3분의 2 이상의 찬성으로 탄핵소추안이 가결된다. 이렇게 국회에서 대통령 탄핵소추안이 가결되면 대통령의 권한은 일단 정지되고, 이후 헌법재판소에서 탄핵 여부를 최종 결정한다. 만일 헌법재판소에서 탄핵이 결정되면 대통령은 파면된다. 헌법재판소에서는 9인으로 이뤄진 헌법재판관 중 6인 이상의 인용 의견이 있어야 대통령이 파면되도록 되어 있다. 만일 탄핵이 인용되지 않을 경우에는 당연히 대통령직으로 복귀한다.

한국의 국회의원 정원은 모두 300명인데, 2016년 하반기 당시 국회의 의석 분포를 보면, 정상적인 상태라면 탄핵소추안이 가결되기 어려운 상황이었다. 제1야당인 더불어민주당이 123석, 집권여당인 새누리당이 122석, 제2야당인 국민의당이 38석을 차지하고 있었다. 그 외에

진보정당인 정의당이 6석, 민중당 2석, 나머지는 무소속 의원들이었다. 그런데 국회에서 탄핵소추안이 가결되기 위해서는 국회 재적의원 2/3 선인 총 200명 이상의 찬성이 있어야 가능한데, 2016년 11월 당시 탄핵에 찬성하는 국회의원은 합쳐보았자, 모두 171명 수준에 불과하였다 〔123(더불어민주당) + 38(국민의당) + 6(정의당) + 2(민중당) + 무소속 일부 = 171명〕. 여기에 집권여당인 새누리당 의원 중 29명 이상이 탄핵소추안에 찬성하여야 비로소 가결될 수 있는 상황이어서, 비록 집권여당의 비주류인 비박계 국회의원들이 일부 탄핵 동참 의사를 밝히고 있었지만, 실제로는 국회에서 탄핵소추안이 가결될 가능성이 거의 없었다고 해도 과언이 아니었다.

한편, 설사 국회에서 탄핵소추안이 가결된다 할지라도 헌법재판소에서 탄핵이 가결되어 대통령 파면이 결정되기도 결코 쉽지 않은 상태였다. 모두 9명의 헌법재판관 중 당시 박한철 헌법재판소 소장을 비롯해서 박근혜 대통령의 추천으로 임명받은 재판관이 모두 3명이었고, 그 외에도 집권여당인 새누리당의 추천을 받아 임명된 재판관도 1명이 있었다. 만일 이들 4명이 탄핵에 반대표를 행사하면 대통령 파면은 불가능한 상황이 된다. 그 외에도 나머지 5명의 헌법재판관 중에서도 야당이 추천한 1명과 국회에서 여야당 합의로 추천한 1명을 빼고는 3명이 모두 보수적인 성향을 가진 헌법재판관들이었기 때문에, 정상적인 절차로는 대통령 탄핵이 사실상 불가능한 상황이었다. 이런 상황에서 헌법 절차에 따라 박근혜 대통령을 탄핵하는 것은 매우 어려운 일이었다.

이에 따라 퇴진촛불에 적극적으로 참여하고 있던 시민 중 많은 사람이 대통령 탄핵은 사실상 불가능하다고 판단하고 있었다. 또한 박근혜 정권퇴진비상국민행동(약칭 "퇴진행동") 내부 회의 과정에서도 초기에는 '대통령 탄핵 요구'는 가시화되지 않았다. 도리어 광장에서 투쟁하는 것을 주된 기조로 활동해서 투쟁에 의해 박근혜가 퇴진하도록 만들어야지, 국회나 헌법재판소에서 탄핵소추나 탄핵결정 하는 방안을 제기하면, 시민들의 관심이 촛불 투쟁보다는 국회나 헌재에서의 논의를 중심으로 형성될 위험성이 있고, 또 자칫 투쟁의 주도권이 정치권을 중심으로 넘어갈 위험성이 있으므로, 탄핵 추진을 제기해서는 안 된다는 목소리가 더 강력했다.

하지만 2016년 11월 중반이 지나가면서, 국회 내에서 대통령 탄핵 이야기가 가시화되기 시작했다. 실로 사상 초유의 일이었다.

박근혜 대통령, 지지층 재결집을 위해 '박근혜표 정책' 오히려 가속도

11월 12일의 100만 촛불 직후에는 박근혜 대통령은 지지층 재결집을 위해 박근혜표 정책을 밀어붙이려 했다. 노동자 죽이기 구조조정과 공공부문 성과연봉제·퇴출제*에 앞장섰던 임종룡 금융위원장을 경제부총리로 지명하며 노동법 개악·구조조정에 대해 '흔들림 없는 추진'을 하겠다는 의사를 분명히 했다. 그리고 11월 14일에는 이기권 노동부 장관이 "노동개혁을 멈춰선 안 된다"라고 주장했다. 사실상 노동법 개악을 계속 추진하겠다는 의지 표현이었다. 이어서 철도노조 파업 50일째인

---

* 박근혜 정부는 정부기관 및 공기업 노동자의 경쟁력을 높인다는 명목으로 성과연봉제 도입을 추진했으며, 덧붙여 성과가 좋지 않은 노동자에게 해고를 할 수 있는 퇴출제도 도입도 추진했다. 사실상 정부정책을 반대하는 노동조합의 조직기반을 흔들어서 이로 인해 노동조합을 약화하기 위한 수단이었다. 문재인 정부가 출범한 후 폐지되었다.

박근혜 · 최순실 게이트	2016년 9월20일 '최순실, K스포츠재단 인사 관여' 보도	10월24일 '최순실 태블릿' 보도	10월25일 박근혜 대통령, 1차 대국민 사과	11월4일 박근혜 대통령, 2차 대국민 사과	11월16일 박근혜 대통령, "엘시티 사건 철저 수사" 지시
한일군사정보보호협정 (GSOMIA)	2016년 10월 27일 정부, 협정 체결 논의 재개 결정		11월 9일 야3당, 협정 중단촉구 결의안 발의		11월 14일 한~일 3차 실무협의서 협정 가서명
사드 배치	2016년 7월 8일 한~미, 사드 배치 결정 공식발표		9월 30일 롯데 성주골프장, 사드 부지 결정		11월 16일 군~롯데, 군 용지· 골프장 교환 합의
역사교과서 국정화	2014년 2월 13일 박근혜 대통령, 역사교과서 제도 개선 지시		2016년 11월 3일 이준식 사회부총리 "최순실 의혹과 무관하게 계획대로 국정화 추진"		11월 28일 한국사교과서 현장검토본 공개 (예정)

'최순실 정국'에서 일방적으로 추진된 주요 정책

11월 15일에는 정부가 노조의 현업 복귀를 촉구하는 합동 담화문을 발표해 파업 참가자에 대한 징계 절차에 돌입하였다. 또한 사드 배치 문제, 한·일 군사정보보호협정 가서명, 위안부 피해자들에 대한 일본 정부 출연 현금 지급, 역사교과서 공개 등 폐기 대상이었던 '박근혜표 정책들'을 강력하게 밀어붙이고 있었다. 나아가 11월 16일에는 외교부 2차관, 17일에는 문체부 2차관을 임명했다. 또 11월 22일 국무회의를 직접 주재하며, 12월 일본에서 개최될 한·일·중 정상회의에 참석하는 방안을 검토하는 등 다시 국정의 중심에 복귀하는 수순을 밟고 있다는 보도가 잇따랐다.

집권여당 이정현 대표 "내년 1월 조기 전대… 중립내각 구성시 사퇴"

비박계 "당 해체 추진… 비상시국위원회 구성"

새누리당 비주류인 비박계는 100만 촛불 다음 날인 11월 13일 자체 비상시국회의를 열었다. 김무성 전 대표와 유승민 전 원내대표 등 새누리당 원내 의원 42명과 원외 위원장 49명 등 총 91명이 참석했고 이 가운데 28명이 나서 박 대통령과 당 지도부를 강력 성토했다. 김무성 전 대표와 유승민 전 원내대표는 당초 불참할 것으로 알려졌으나 100만 촛불집회 전후로 회의 참석이 알려지면서 이 회합에 힘이 실렸다. 이 자리에서 김무성 전 대표는 "국민의 이름으로 대통령 탄핵의 길로 가야 한다"라고 말했다. 집권 여당인 새누리당 내에서, 더구나 당 대표까지 지낸 핵심 인사의 입에서 '탄핵'이란 말이 거론되기는 처음이었다. 이들은 회의를 마치고 성명서를 통해 ▲새누리당 해체 추진 ▲대통령은 모든 것을 내려놓아야 하고 ▲국정정상화 최우선 등을 요구하면서 '새누리당 비상시국위원회'를 구성하기로 결의했다. 새누리당 내에서 이정현 지도부와는 별도로 의사결정기구를 만들기로 하면서 사실상 '한 지붕 두 가족' 체제가 시작됐고 탄핵의 가능성을 열어놓게 되었다.

새누리당 비주류 측에서 비상시국위원회 구성을 결의한 직후, 이정현 새누리당 대표는 당 안팎의 즉각 사퇴 요구를 수용하는 대신에 새 대표 선출을 위한 2017년 1월 21일 조기 전당대회 개최 카드를 꺼내들었다. 또한 "여야 협의를 거쳐 국무총리가 임명되고 중립내각이 출범하는 즉시, 일정과 상관없이 당 대표직을 내려놓겠다"라고 했다. 즉각 사퇴 대신 사실상 시간 끌기에 나선 것이다.

오락가락 제1야당, 박근혜-추미애 양자회담 제안했다가 백지화. 이후 야3당 당론은 '퇴진'

100만 촛불 이후에도 제1야당인 더불어민주당의 당론은 오락가락했다. 추미애 민주당 대표는 11월 14일 박근혜와의 단독 만남을 제안했다. 청와대는 반겼다. 다음 날인 11월 15일 오후 청와대에서 박근혜 대통령과 추미애 대표의 회담을 진행하기로 했다. 그러나 추대표가 면담을 제안한 그날(14일) 저녁 열린 더불어민주당 의원총회에서 다수 의원이 반대하자 추 대표는 회담 제안을 전격 철회했다.

그러면서 더불어민주당은 '박근혜-최순실 게이트'와 관련해 박 대통령의 즉각 퇴진을 요구하는 것으로 공식 당론을 변경했다. 종전까지 더불어민주당의 입장은 국회 추천 총리로의 전권 이양과 박 대통령의 2선 후퇴가 정국수습 방안이었으나 이번에 박근혜 퇴진으로 공세 수위를 더욱 높인 것이다.

이어서 11월 17일에는 야 3당(중도개혁 성향의 제1야당 민주당 + 중도보수 성향의 제2야당 국민의당 + 진보정당인 제3야당 정의당) 대표가 회동하여 공동목표로 박근혜 대통령 퇴진, 대통령에 대한 철저한 검찰 수사 촉구, 국회에 의한 국정조사와 특검 추진, 시민사회와의 협력 등을 합의했다.

야 3당 대표 회동 결과(더불어민주당, 국민의당, 정의당)

1. 야 3당 대표는 박근혜 대통령 퇴진을 공동목표로 뜻을 모으고 범국민 서명운동을 전개한다.
2. 검찰은 박근혜 대통령을 피의자 신분으로 철저하게 수사해야 한다.
3. 야 3당은 국정조사와 특검 추천에 적극 공조한다.
4. 야 3당은 박근혜 대통령 퇴진을 위해 시민사회와 서로 협력하고 협의한다.

2016년 11월 17일

탄핵론도 분출

11월 12일의 100만 촛불 이후 야권에서는 그동안 잠복해 있던 대통령 탄핵론도 본격적으로 분출되기 시작했다. 실제 야권 내부에는 그동안 야 3당과 무소속 의원을 모두 합해도 탄핵 가결선에 29석이 모자란 상황에서 탄핵은 현실적으로 가능하지 않다는 관측이 우세했지만, 대통령 거취와 정국 수습책을 두고 새누리당의 내분이 격화되는 조짐이 보이자 탄핵이 막힌 정국을 풀어낼 유력한 대안으로 부상하는 분위기였다.

실제로 대통령이 그동안 보인 태도대로 촛불의 하야 요구를 수용하지 않고 버틴다면, 야당으로서는 '탄핵'이라는 헌법적 절차에 착수하는 것 외엔 다른 방법이 없기 때문이기도 했다.

여야 합의 특검법, 11월 17일 국회 통과

우상호 더불어민주당 원내대표가 대표 발의하고 여야 의원 209명(집권여당 소속 의원 49명 포함)이 공동 서명한 '박근혜 정부의 최순실 등 민간인에 의한 국정농단 의혹 사건 규명을 위한 특별검사의 임명 등에 관한 법률안', 소위 '최순실 특검법' 또는 '국정농단 특검법'이 국회를 통과했다. 찬성 210명, 반대 4명, 기권 11명이었다. 새누리당 비주류(비박계)의 상당수 의원이 특검법에 동의한 결과다.

특검법의 주요 내용은 ▲제1야당인 더불어민주당과 제2야당인 국민의당이 각각 추천하는 2명의 특별검사 후보자 중 1명을 박 대통령이 임명 ▲특검은 4명의 특별검사보를 임명할 수 있고 파견검사는 20명, 수사관은 40명으로 할 수 있도록 하고 ▲수사 기간은 특검 준비 기간 20일을 포함해 본 조사 70일, 1회에 한해 30일간 연장 등 최장 120일간 특검을 실시할 수 있도록 규정했다.

한편 국회에서의 국정조사특별위원회(이하 국조특위)는 위원장에 김성태 당시 새누리당 의원, 국조특위 위원은 집권여당인 새누리당 의원 8명, 제1야당인 더불어민주당 의원 6명, 제2야당인 국민의당 의원 2명, 제3야당인 정의당 의원 1명으로 하여, 여야 9명씩 총 18명으로 구성되었다. 2016년 12월 6일의 1차 청문회를 시작으로 2017년 1월 9일의 7차 청문회까지 진행되었다.

퇴진촛불의 전국적 확산

더욱 강력해진 "즉각 퇴진 요구"

제3차 촛불집회 이후 박근혜 퇴진 여론은 더욱 높아졌다. 그러나 박근혜 대통령은 '하야나 퇴진은 없다'는 입장을 분명히 했다. 그뿐 아니라 지지층 결집을 위해 노동법 개악, 사드 배치, 역사교과서 국정화, 한·일 군사정보보호협정 등을 밀어붙였다. 제1야당인 더불어민주당은 흔들렸다. 여야 영수회담 제안이 대표적이다.

그래서 퇴진행동은 11월 16일 진행한 2차 운영위원회를 통해 기조와 방향으로 ▲즉각 퇴진의 요구를 더욱 명확히 하기로 하고 ▲철저한 진상 규명을 위한 국민 요구가 반영된 독립 특검 추진 ▲야권 견인 또는 추동 ▲ 검찰도 압박하기로 했다.

4차 촛불 — 96만 운집, 전국 70여 곳으로 확대

2016년 11월 12일 100만 촛불은 일주일 만에 전국 각 지역으로 확산되어나갔다. 11월 19일로 예정된 제4차 퇴진촛불 명칭을 〔모이자! 광화문으로! 밝히자! 전국에서! 박근혜 퇴진 4차 범국민행동〕으로 정했다. 전국 각 지역의 주요 활동가들이 그 직전 주말(11월 12일)에는 민중총궐기 집회와 퇴진촛불집회 참석을 위해 서울로 집중했던 터라, 11월 12일 지역에서의 퇴진촛불 준비와 진행이 쉽지 않았다. 그래서 제4차 퇴진촛불은 전국 각 지역으로 퇴진촛불을 확산하는 것을 주요 조직 목표로 삼았다. 각 지역의 주요 사회단체들과 활동가들이 각 지역에서의 퇴진촛불 진행에 집중할 수 있게 되었다. 그 결과 서울 60만 명, 부산 10만 명, 광주 4만 명, 경남 2만 5천 명, 대구 2만 5천 명, 전남 1만 5천 명, 강원 1만 2천 명 등 전국 대부분의 광역도시 또는 거점도시들에서 각 1만 명을 상회하는 시민이 참가하는 대규모 퇴진촛불이 밝혀졌다. 전국적으로 모두 96만 명이 참가하는 퇴진촛불이 성사되었고, 촛불이 열리는 지역도 기초 지역인 시·군 단위로 확산되며 전국 70여 곳으로 확대되었다. 퇴진촛불의 전국화가 본격화된 것이다.

청와대 쪽으로 한 단계 더 나아간 퇴진촛불 행진

치명적인 잘못을 저지르고도 '퇴진이나 하야는 없다'는 박 대통령의 태도에 시민들의 분노는 더 큰 촛불로 타올랐다. 경찰은 역시 청와대로의 가두행진 신고에 대해 금지 통고하였다. 퇴진행동에서 법원에 행진금지통고 집행정지가처분 신청을 한 결과, 법원은 지난번 경복궁역까지의 행진보다 청와대 쪽에 가까운 지역인 통의동사거리(청와대에서 약 400m 떨어진 지점)까지, 경복궁 담벼락 양옆으로 창성동 별관까지, 삼청로 쪽 세움아트스페이스까지의 행진을 허용하였다. 행진 시간은 일몰 시간을 약간 지난 오후 5시 30분까지로 제한하였다. 지난번 집회보다 거리행진 허용 범위를 넓혀주기는 하였지만, 여전히 법원은 매우 조심스럽게 조금 더 열어주는 태도를 보인 것이다. 자칫 야간행진이나 청와대 인근에서의 가두행진이 진행될 때 불의의 사고(?)라도 발생하지 않을까 세심하게 걱정한 결과로 보였다.

11월 19일 오후 6시 광화문광장에서 시작한 제4차 퇴진촛불 본 집회에서 가수 전인권 씨가 무대에 올라 노래를 불렀고 그 자리에 참석한 수십 만 명이 '떼창'으로 함께 노래 부르는 감동적인 장면이 연출되었다. 이날 오후 7시 30분 본집회가 끝난 뒤 오후 8시 30분께부터 거리행진이 시작되었다. 물론 당일 퇴진촛불집회와 가두행진은 법원의 허용범위 내에서 평화적으로 진행되었고, 평화시위의 기조는 더욱 확고하게 유지되었다.

검찰 수사 중간발표와 구체화되는 탄핵 논의

검찰이 발표한 '최순실 게이트' 중 박근혜 대통령이 공범인 혐의   자료: 검찰 특별수사본부

최순실씨·안종범 전 정책조정수석과 공범 혐의(직권남용 및 강요)
- 53개 대기업 상대로 미르·K스포츠 재단 설립 출연금 강제 모금
- 롯데그룹에 복합체육시설 건립비용으로 K스포츠재단에 70억원 지원 강요
- 현대차그룹에 최씨 지인 회사 납품받고 최씨 광고회사에 광고 주도록 강요
- 포스코그룹에 스포츠팀 창단해 최씨 회사가 매니지먼트 맡게 강요
- KT에 낙하산 임원 인사, 최씨 광고회사에 광고 주도록 강요
- 그랜드코리아레저에 장애인 스포츠단 창단해 선수들 최씨 회사와 전속계약 강요

정호성 전 부속비서관과 공범 혐의(공무상 비밀누설)
- 2013년 1월부터 올 4월까지 청와대 공무상 비밀 47건 최씨에 유출

검찰이 발표한 '최순실 게이트' 중 박근혜 대통령이 공범인 혐의

검찰 중간수사 발표, 박근혜 대통령을 사실상 주범으로 적시

11월 20일 일요일, 검찰 특별수사본부는 그때까지 진행된 수사의 중간결과 발표를 한다. 검찰은 최순실, 안종범, 정호성 등에 대한 구속기소 혐의를 밝히면서 대통령에 대해 "공모관계에 있는 것으로 판단한다"는 입장을 전격적으로 제시했다.

이러한 검찰의 수사결과 발표가 있자, 야 3당은 박근혜 대통령 탄핵 추진 당론을 확정한다. 그리고 야 3당 원내대표 회동을 통해 공동탄핵안을 정기국회 내에 처리하고 11월 29일 특검 후보자를 추천하기로 했다.

검찰, "미르·K스포츠재단, 대통령 기획·최순실 실행"

검찰은 11월 20일 구속기소한 최순실·안종범·정호성의 공소장에서 박근혜 대통령을 사실상 '주범'으로 적시했다. 박 대통령이 미르재단 설립을 계획하고 대기업에 자금 출연을 직접 지시했다는 내용 등이 공소장을 통해 적나라하게 드러나면서 의혹이 사실로 확인되기 시작한 것이다. 검찰이 법원에 제출한 공소장에 따르면 박 대통령은 2016년 7월 안종범 전 청와대 정책조정수석에게 "10대 (재벌)그룹 중심으로 대기업 회장들과 단독 면담을 할 예정이니, 그룹 회장들에게 연락해 일정을 잡으라"고 지시했고, 이후 안 전 수석은 10대 (재벌)그룹 중심으로 대상 기업을 선정한 다음 대통령의 승인을 받아 삼성 등 7개 그룹을 최종적으로 선정했으며, 7월 24일에는 현대차그룹 정몽구 회장, CJ그룹 손경식 회장, SK이노베이션 김창근 회장 등을, 또 7월 25일에는 삼성그룹 이재용 부회장, LG그룹 구본무 회장, 한화그룹 김승연 회장, 한진그룹 조양호 회장 등 대기업 회장들과 순차적으로 단독 면담을 가졌다는 것이었다. 이 자리에서 박 대통령은 대기업 회장들에게 문화·체육 관련 재단법인을 설립하려고 하는데 적극 지원해달라는 취지로 발언한 것으로 조사되었고, 단독 면담을 마친 뒤 박 대통령이 안 전 수석에게 "전경련 산하 기업체들로부터 돈을 갹출해 각 300억 원 규모의 문화와 체육 관련 재단을 설립하라"는 지시를 했으며, 안 전 수석은 이 지시를 같은 해 7월부터 8월 사이에 전경련 이승철 부회장에게 전달했다는 것이었다. 그러나 검찰은 이들에게 뇌물죄 적용* 관련해서는 언급하지 않았다.

---

* 이영렬 특별수사본부장은 국민들의 의혹 일부가 사실임을 밝혔다. 하지만 매우 미온적이었다. 뇌물죄 적용도 그러했고, 김기춘과 우병우에 대한 수사도 미온적이었다. 김기춘 전 대통령 비서실장은 고 김영한 민정수석의 '비망록'이 언론을 통해 공개된 후 '문화예술인 블랙리스트' 작성을 지시했다는 의혹을 받았고, 우병우 전 민정수석의 경우 2014년 최순실 전남편인 '정윤회 문건' 파동 당시 담당 경찰관들을 회유하려 했다는 의혹과 최순실 측근인 광고감독 차은택 사건을 내사하고도 이를 덮었다는 의혹도 받고 있었다. 하지만 검찰은 여전히

재단 운영을 최순실에게 맡긴 것도 대통령이었다고 적시했다. 2016년 12월 K스포츠재단 설립을 추진하며 최순실이 직접 뽑은 임직원 명단을 정호성 전 비서관에게 보냈고, 박 대통령은 보고받은 조직도를 그대로 안 전 수석에게 전달했다는 것이다. 대통령이 재단을 기획하고, 구체적인 내용은 최순실이 정해서 다시 대통령으로 전달하는 구조가 이후에도 계속됐다는 것이었다. 이렇게 16개 (재벌)그룹이 미르재단에 486억 원의 출연금을 납부했고 또 같은 16개 (재벌)그룹사가 K스포츠재단에도 총 288억 원의 출연금을 납부했다는 것이었다.

한편, 검찰 수사 결과에 따르면 2013년 1월부터 2016년 4월까지 청와대에서 모두 47회에 걸쳐 공무상 기밀을 최 씨에게 유출했다는 것이다. 그러나 이 내용은 최 씨로부터 연설문 등과 관련해 도움을 받았지만 대선 때와 취임 초기의 일시적인 일이라고 선을 그었던, 박근혜 대통령이 1차 대국민담화에서 밝힌 해명과는 배치되는 것이었다. 대통령이 거짓말을 한 사실이 검찰 공소장을 통해 확인된 것이다. 검찰이 종전까지의 수사 태도와는 어느 정도 달라진 태도를 보인 것이다. 어떤 점에서는 검찰이 차마 진상을 완전히 덮어버릴 수 없었던 상황이 이미 전개되고 있었던 것이다. 너무나 적나라한 증거물들이 확보된 상황에서 누군가를 처벌해야 하는 상황에 몰렸는데, 그때 검찰이 설사 대통령을 버리는 한이 있더라도 검찰조직의 구성원들은 최대한 보호하려고 발버둥쳤던 것으로 평가되었다.

대통령이 수반인 행정부 소속 검찰이 이렇게 대통령을 공범으로까지

우 전 수석, 김 전 실장 관련 의혹 등 일부 의혹에 대한 수사에는 손도 대지 않고 있었다.

적시한 것은, 어차피 국회에서 선임하는 특별검사(이미 11월 17일 국회에서 특검법 의결했음)에 의한 추가 수사가 진행되면 국정농단의 진상이 적나라하게 드러날 텐데, 만일 검찰이 최소한의 내용조차 밝혀서 공소장에 적지 못하면 특검 수사 후에 검찰 수사는 뭐했냐는 책임 추궁에서 벗어나지 못하게 될 것을 염려하였던 것으로 추정된다. 검찰 실무수사팀으로서는 나중에 몰아칠 후폭풍, 즉 부실수사로 인한 책임 추궁에서 면책되기 위해서라도 그때까지 수사에서 밝혀진 내용은 공소장에 적을 수밖에 없었던 것이다.

청와대 "상상과 추측을 거듭해서 지은 사상누각일 뿐"
— "헌법 절차로 매듭" 사실상 탄핵 해볼 테면 해봐라

검찰의 기소 내용에 관련해 청와대는 즉각 반발하고 나섰다. 20일 오후 정연국 청와대 대변인은 "서울중앙지검 특별수사본부가 수사 결과를 발표하면서 마치 대통령이 중대한 범죄를 저지른 것처럼 주장했다"며 "검찰의 오늘 발표에 대해 심히 유감스럽다"라고 말했다. 그러면서 "수사팀의 오늘 발표는 전혀 사실이 아니며 객관적인 증거는 무시한 채 상상과 추측을 거듭해서 지은 사상누각일 뿐"이라며 "그간 진행되어온 검찰의 수사가 공정하고 정치적 중립을 지켰다고 생각하지 않는다"라고 검찰 수사의 중립성·객관성을 문제 삼았다. 그러면서 청와대는 "차라리 헌법상, 법률상 대통령의 책임 유무를 명확히 가릴 수 있는 합법적 절차에 따라서 논란을 매듭짓자"고 주장했다. 쉽게 말해 탄핵할 수 있으면 탄핵해보라고 역공을 취한 모양새였다. 박근혜 대통령의 변호인인 유영하 변호사도 "검찰이 상상과 추측을 거듭해 환상의 집을 지었다"며 "중립적인 특검의 엄격한 수사와 증거를 따지는 법정에서 허물어질 사상누각"이라고 주장했다.

정치권 탄핵 논의 활발
― 새누리 비주류 32명 "탄핵 착수해야. 박근혜 윤리위 제소도"

검찰의 최순실 등 기소 및 중간 수사결과 발표와 청와대의 반응을 보면서 정치권에서의 탄핵 움직임은 더욱 탄력이 붙어나갔다. 검찰 수사발표 이후, 야권에선 잠재적 대통령 선거 주자(김부겸, 문재인, 박원순, 심상정, 안철수, 안희정, 이재명, 천정배)들이 처음으로 한자리에 모여, 박근혜 대통령 퇴진 요구와 함께 한편으로는 정치권이 탄핵 절차에 들어가야 한다며 투트랙 전략을 국회에 요청하기로 했다. 그러면서 탄핵 이후 황교안 국무총리가 대통령 권한대행을 맡게 될 가능성을 차단하기 위해 새 총리 선출 필요성에 대해서도 합의점을 찾았다고 밝혔다.

한편, 야권의 탄핵 추진 기류에 집권여당인 새누리당 비주류도 가세하고 나섰다. 김무성, 유승민 의원 등 새누리당 비주류가 주도하는 비상시국위원회는 총회를 열고 국회가 탄핵 절차에 즉각 착수할 것을 요구했다. 새누리당 비주류 의원 중 32명이 탄핵 착수에 찬성 의견을 밝혔다. 또한 새누리당 탈당도 잇따르고 있었는데 남경필 경기도지사와 김용태 의원(최고위원)이 각각 탈당했다.

박 대통령 3주 연속 지지율 5%… '분노의 민심' 그대로 지속돼

각종 여론조사에서 박근혜 대통령의 지지율이 5%대로 추락했다. 당시 여론조사기관인 한국갤럽은 박근혜 대통령의 국정수행 지지율은

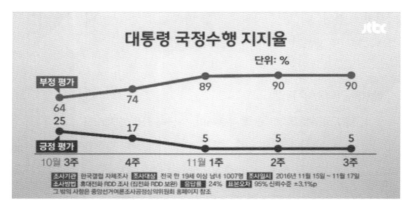

조사기관 한국갤럽 자체조사 **조사대상** 전국 만 19세 이상 남녀 1007명 **조사일시** 2016년 11월 15일 ~ 11월 17일
조사방법 휴대전화 RDD 조사 (집전화 RDD 보완) **응답률** 24% **표본오차** 95% 신뢰수준 ±3.1%p
그 밖의 사항은 중앙선거여론조사공정심의위원회 홈페이지 참조

박근혜 대통령 국정수행 지지율 추이. 11월 17일경에는 5%대로 추락했다. 2016년 11월 15일~17일
한국갤럽 여론조사 결과

5%, 3주 연속 역대 최저치를 기록했고 부정 평가는 이전 주에 이어 90%
로 역대 최고치를 이어갔다고 밝혔다. 그러나 여전히 새누리당 지지층
일각에서는 이른바 여론조사 수치에는 나타나지 않지만 숨어 있는 수
치, '샤이(Shy) 트럼프'처럼 '샤이(Shy) 박근혜' 층이 있다고 주장하기도
했다. 하지만 여론조사 결과를 보면 응답, 거절 등을 포함한 답변 유보
비율이 5%에 불과해 숨은 지지층이 있다는 근거가 희박했다.

제5차 퇴진촛불, 11월 26일 촛불이 횃불로

하늘을 찌르는 국민들의 분노

2016년 10월 29일부터 시작돼 11월 12일 서울 100만 시위, 11월 19일 전국 96만 시위까지 이어졌음에도 박근혜 정권은 여전히 버티기와 모르쇠로 일관하는 모습에 국민들은 분노했다. 이러한 분노는 촛불을 횃불로 발전시키는 원동력이 되었다.

눈 · 비 내리는 궂은 날씨에도
─ 11월26일, 서울 150만 등 전국 190만, 최대 규모 촛불

퇴진행동은 11월 26일 5차 퇴진촛불집회를 '최대집중 대회'로 개최하기로 했다. 서울 · 경기 · 인천 등 수도권은 서울로 집중하고, 각 지역에서는 광역별 또는 시 · 군 · 구별로 지역 집회를 열든지 또는 서울 상경 등의 결정은 지역별로 자체적 논의를 통해 결정해서 진행하기로 했다. 다만, 최대집중 집회를 강조하고 서울 광화문 집회를 부각시키기로 했다. 민주노총과 전농의 경우 중부권 이상은 서울로 집중하기로 했으며 각 대학도 중부권 이상 대학들은 서울에 집중하기로 했다.

11월 26일 다섯 번째 퇴진촛불〔모이자 광화문으로! 박근혜는 즉각 퇴진하라! 최대집중 촛불 5차 범국민행동〕이 열린 이날, 서울 · 부산 · 광주 · 대구 등 전국에서 총 190만 명(주최 측 추산)이 참가하여 당시까지는 사상 최대 규모 시위가 되었다. 또 해외에서도 촛불이 밝혀지기 시작했다. 전 세계 20개국 50개 지역에서도 박근혜 퇴진 촛불집회가 진행됐다.

그날 11월 26일에는 전국적으로 하루 종일 비 또는 눈이 내렸고 기온도 뚝 떨어졌지만, 눈과 비를 맞으면서도 전국의 촛불은 꺼지지 않고 더욱 거세게 타올랐다. 11월 26일, 서울 광화문에 사상 최대 규모인 150만 명이 참가하고 부산 15만 명, 광주 7만 명, 대구 4만 명 등 지역에서 모두 40만 명이 거리에 나선 것으로 추산했다.

횃불행진, 1박 2일 밤샘집회,
또 한 단계 청와대 쪽으로 나아가는 촛불행진

또한, 가두행진에는 횃불이 등장했다. 퇴진촛불이 이제 퇴진횃불로 확대되고 있는 모습을 상징화한 것이다. 이날 집회는 1박 2일 밤샘 집회로 기획되었다. 청와대 쪽 행진을 마친 시민들은 밤 11시부터 다시 광화문광장으로 돌아와서 광장에서 1박 2일 집회를 벌이며 자유발언에 들어갔다. 시장이 제1야당 출신인 서울시는 집회장소 근처 주요 지하철역인 시청역, 광화문역, 경복궁역 등을 경유하는 지하철 1, 3, 5호선 막차 시간을 1시간 연장했다.

한편 이날도 경찰은 가두행진 신고에 대해 청와대 쪽으로의 행진에 금지통고를 하였고, 퇴진행동은 법원에 금지통고집행정지 가처분신청을 하였다. 이번에도 법원은 종전에 비해 조금 더 열어주는 수준인, 청와대 인근 200m 지점까지 가두행진을 허용하되, 행진 시간을 일몰 시간 이전까지만 허용하면서 그 지점에서의 집회도 허용하는 가처분 결정을 하게 된다. 법원은 매번 신중한 결정을 하면서도 그때마다 청와대로의 가두행진 범위를 조금씩 더 넓혀주는 가처분 결정을 하였던 것이다. 이날도 평화시위로 가두행진을 마무리하고 난 뒤, 광화문광장으로 돌아와서 1박 2일 집회를 이어갔다.

주말 시위만이 아니라 대학생들은 동맹휴업을, 노동자들은 동맹파업을 실행하거나 예고하고 있고 일상 속에서의 박근혜 퇴진운동도 갈수록 확산되고 있었다.

더욱 확대되는 전국 각 지역에서의 촛불집회
─ 부산·대구·광주·대전, 전국 40만 촛불*

[부산] 제2대도시 부산, 사상 최대 15만 명 거리행진

11월 26일 박근혜 정권 퇴진 부산운동본부가 주최하는 토요일 집회는 사상 최대 인파를 기록했다. 주최 측 발표를 기준으로 했을 때 15만 명을 기록했다. 1987년 6월 민주항쟁 이후 거리집회 참가자가 가장 많았던 11월 19일 10만 명의 기록을 또다시 넘어선 것이다.

[대구] 제4대도시 대구, 시국대회 4만 명 운집

11월 26일 저녁 대구 중구 대중교통전용지구에서 열린 〔박근혜 퇴진 제4차 대구시국대회〕에는, 비가 오고 저녁이 되면서 기온은 1℃까지 떨어졌지만 4만 명이 운집했다. 대구·경북 지역은 박근혜 정권의 주요한 지역적 기반이 되는 보수적 지역인데도, 4만 명이라는 대규모 시민들이 박근혜 퇴진을 요구하는 대구지역 촛불집회에 참여하는 놀라운 상황이 전개된 것이다.

---

* 지역 촛불 상황은 지역대책위 취합 상황을 기본으로 한겨레신문 기사의 도움을 받았다.

[광주] 제5대도시 광주, 7만 명 금남로에 운집

5·18광주민중항쟁 당시 투쟁의 현장인 광주 금남로에서 시민 7만여 명이 운집한 가운데 퇴진촛불이 진행되었다. 비가 내렸지만 시민들은 비옷을 입은 채 차가운 아스팔트에 앉았고 집회 열기는 뜨거웠다.

[대전] 제6대도시 대전, 4만 촛불

11월 26일 오후 5시, 대전시 중심가에서 퇴진촛불〔박근혜 퇴진 제2차 대전시국대회〕를 거행했다. 대전운동본부는 "박근혜 퇴진운동은 시민 혁명이며 박근혜 퇴진운동은 제2의 민주화운동입니다. 박근혜 퇴진운동은 정의를 바로 세우는 운동입니다"라고 규정했고, 4만여 촛불은 적극적으로 찬동하면서 화답했다.

[울산] 제7대도시 울산, "비가 아니라 비바람이 몰아쳐도 촛불은 끌 수 없다"

공업도시 울산에서도 11월 26일 8천여 명이 촛불을 들고 '박근혜 퇴진'과 '민주주의 회복'을 외쳤다. '박근혜 정권 퇴진 울산시민행동'은 이날 오후 4시부터 8시까지 울산 중심가에서〔박근혜 정권 퇴진! 민주주의 회복! 울산시민대회〕를 열었다. 이날 집회장엔 비가 오는 가운데도 중고등학생들과 가족 단위 참가자들이 어린이들의 손을 잡고 나왔다.

[경남] "대통령 내려오라고 비까지 내린다"

박근혜 대통령 퇴진을 요구하는〔제5차 경남시국대회〕가 11월 26일 저녁 5시 공업도시인 경남 창원시 도심에서 열렸다. 쌀쌀한 초겨울 날씨에 비까지 내렸지만, 1만여 명의 시민은 "대통령에게 내려오라고 재촉

하는 비까지 내린다. 민심의 촛불은 바람이 불어도 비가 내려도 꺼지지 않는다"라며 집회를 끝내고 거리행진까지 질서 있게 마쳤다.

[제주] 비가 와도 촛불은 꺼지지 않는다⋯ "박근혜 설러불라(그만두라)"

섬 지역인 제주도, 궂은 날씨 속에서도 촛불들이 제주시청 앞 도로를 가득 메웠다. 비 때문에 참가자들의 규모가 크게 줄어들 것이라는 주최 측의 예상과는 달리 우산을 받쳐 들거나 온 가족이 비옷을 입고 온 참가자들도 있었다. 참가자들은 "바람 불면 촛불은 꺼진다"는 새누리당 김진태 의원의 말을 빗대 "빗속에서도 촛불은 꺼지지 않는다"라고 입을 모았다. 11월 26일 오후 5시부터 제주시청 앞 도로에서 열린〔박근혜 퇴진을 촉구하는 제6차 제주도민 촛불집회〕는 집회를 시작한 지 2시간 남짓 지나자 2천여 명이 도로를 가득 메운 가운데 진행됐다.

[청주] "하늘에서 '하야 눈'이 내려요"⋯ 집회를 축제처럼

11월 26일 청주 도심에서 열린 촛불집회에 주최 측 추산 2,500여 명이 참석했다. 애초 이날 청주 등 충북 지역에선 서울 광화문 집회 참석을 위해 많은 시민이 상경하고 남은 사람들 위주로 약 500명 남짓 소규모 촛불이 모일 것으로 예상했다. 하지만 눈에 이어 오락가락하는 빗줄기 속에서도 시민들이 꾸준히 모였다. 특히 부모와 함께 '박근혜 퇴진', '이게 나라냐', '이제 내려와라' 등의 손팻말을 든 가족 단위 참여가 많았다.

[춘천] '촛불 막말' 김진태 사무실 앞 밝힌 촛불

11월 26일 오후 강원도 춘천시 김진태 국회의원 사무실 앞에서 촛불

집회를 개최했다. 이전 주말인 11월 19일에 이어 춘천 시민 1,000여 명은 이날도 박근혜 대통령 퇴진과 김진태 의원 사퇴를 촉구했다. 시민들이 김 의원 사무실 앞을 집회 장소로 선택한 이유는 김 의원의 촛불 비하 발언 탓이다. 김 의원은 11월 17일 박근혜 대통령 퇴진을 요구하는 '100만 촛불'에 대해 "촛불은 촛불일 뿐이지, 바람이 불면 다 꺼진다. 민심은 언제든 변한다"라고 말해 국민적 비판을 받았다.

[전주] "우리가 원하는 세상은 양반·노비 할 것 없이 누구나 평등한 세상"

〔박근혜 정권 퇴진을 위한 제3차 전북도민총궐기〕가 11월 26일 오후 5시 전주시 도심에서 2시간 동안 진행되었다. 전북 지역에서는 전주를 비롯해 익산, 군산, 정읍 등에서도 집회가 열렸다. 전북시국회의는 비가 오는 궂은 날씨임에도 이날 전주에서만 7천여 명이 모였다고 집계했다.

[인천] 제3대도시 인천은 서울 인근의 수도권에 속하는 대도시인데, 이날은 서울 광화문 집중촛불 방침에 따라 수많은 인천시민과 활동가가 서울의 촛불집회에 참가하였다.

"진퇴 문제를 국회에 맡기겠다"며
반전 시도하는 박근혜

일부 양보 카드 던진 박 대통령의 반전 시도와 일부 야당의 동요

11월 26일의 5차 퇴진촛불(5차 박근혜 퇴진을 외치는 함성)은 서울 150만, 전국 190만 명이 참여했다. 당시까지는 역사상 최대 규모였다. 박근혜 정부의 퇴진 거부와 헛된 버티기에 대한 국민들의 분노 표시였다.

참가자 스스로도 엄청난 인파에 놀랐지만 정치권에도 파급력이 엄청났다. 다음 날인 11월 27일 새누리당 비주류인 비박계 비상시국회의는 "조건 없이 탄핵 동참"을 발표했다. 집권여당인 새누리당의 분열로 탄핵 가결 의원 수를 넘길 수 있는 상황이 된 것이었다.

그러자 한동안 별다른 입장을 내지 않던 박근혜 대통령이 세 번째 담화를 11월 29일 발표한다. 그 내용은 "임기 단축을 포함한 진퇴 문제를 국회에 맡기겠다"였다. 박근혜 대통령은 나름의 이 정국수습책이 먹힐 것이라고 국회를 흔들기 시작했으며 국회는 예상대로 흔들리기 시작했다. 12월 1일 집권여당인 새누리당은 탄핵이나 즉각 퇴진이 아닌 '4월 퇴진, 6월 대선'을 당론으로 결정했고, 또 중도보수 노선을 가진 제2야당 '국민의당'이 기존 야 3당 합의인 '12월 2일 탄핵소추 추진'을 거부했다.

진퇴 문제를 국회에 맡기겠다는 11월 29일 박근혜 대통령 담화
— 꼼수, 촛불민심인 '즉각 퇴진' 거부

11월 29일 박근혜 대통령이 3차 담화를 통해 "대통령직 임기 단축을 포함한 진퇴 문제를 국회의 결정에 맡기겠다"라며 "여야 정치권이 논의하여 국정의 혼란과 공백을 최소화하고 안정되게 정권을 이양할 수 있는 방안을 만들어주시면 그 일정과 법 절차에 따라 대통령직에서 물러나겠다"라고 밝혔다. 2차 담화까지는 사퇴하지 않겠다는 뜻을 분명히 했으나 3차 담화에서는 퇴진을 수용하겠다고 발표한 것이다. 이는 조·중·동 등 보수신문들과 집권여당 내의 새누리당 비주류(비박)이 원하던 '질서 있는 퇴진'을 수용한 것이다.

새누리당의 비박계와 국민의당은 흔들렸다. 만일 비박계와 국민의당의 일부라도 흔들리면 탄핵이나 박근혜 퇴진은 불가능한 상황이었다. 박근혜 대통령의 담화는 이것을 노린 것이다. 탄핵 추진에 동참하고 있는 국회의원 중에서 약한 고리를 찾아서 공략을 시도한 것이다. 약한 고리가 공략당해 끊겨 나가면 탄핵이나 퇴진은 무산되고 그 결과로 박근혜 정권은 유지·온존될 수 있는 것이다. 이른바 온건한 사태해결책을 선호하는 국회의원들에게 통할 수 있는 수준으로 수습책을 내놓은 것이다.

그러면서 박근혜 대통령은 3차 담화에서 헌정유린·국정농단 범죄행위를 진솔하게 인정하거나 제대로 반성하는 대신, '국가를 위한 공적인 사업'이라고 호도했고, 여전히 '주변인 관리에 소홀했다'는 변명을 늘어놓았다.

박근혜 대통령, 주도면밀한 그림을 그리며 담화를 통해 비박계 견인

11월 26일 촛불이 190만 명의 함성으로 표출되자, 바로 다음 날인 11월 27일 박근혜 대통령은 소위 '원로'라는 분들을 만나 질서 있는 퇴진을 논의하고, 28일에는 거의 한 달 동안 신문 지상에서 사라졌던 서청원,

윤상현 등 친박 핵심들이 모여 다음해 '4월 퇴진, 6월 대선'이라는 그림을 구체화한다. 여기에 개헌 카드도 제안한다. 그리고 다음 날인 11월 29일 박근혜의 대국민담화를 통해 진퇴를 국회에서의 결정에 맡기겠다며 집권여당인 새누리당 내부의 친박계의 요구사항을 모두 수용하는 듯한 모양새를 취하고, 이를 이어받아 12월 1일 새누리당이 '4월 퇴진, 6월 대선'을 만장일치 당론으로 채택한다. 나름대로 정국수습책을 강구하고 이를 실행하는 프로그램을 진행한 것이다.

그 물밑 작업은 이정현 새누리당 대표가 청와대를 분주하게 오가며 진행한 것으로 보인다. 언론에서는 11월 25일부터 거의 매일 이정현 대표가 청와대에 들어가 대통령과 상의했다고 한다. 보수신문들도 이러한 박근혜 3차 담화에 제시된 정국수습책에 동조하는 입장을 냈다. 3차담화 바로 직후인 12월 2일, 보수신문 조선일보는 "박 대통령 4월 퇴진 표명하면 국가 위기 고비 넘는다", 또 다른 보수신문 중앙일보는 "야, 즉각 협상 — 박 대통령 4월 하야 선언하길" 등으로 노골적으로 찬성 입장을 표명했다. 조선일보는 한 발 더 나아가 사설을 통해 "그래도 야당은 공격할 것이고 촛불 시위도 계속될 것이다. 그러나 그 이후의 시위와 공격은 더 이상 순수한 시민들의 평화적 항의라고 보기 어렵다. 국민이 박 대통령에게 하야를 요구해 대통령이 하야하겠다는데도 멈추지 않는다면 다른 뜻이 있다고 볼 수밖에 없다"라고 주장했다. 조선일보는 탄핵을 추진하는 야당에 대해서도 "책임 있는 정당, 집권을 목표로 한 정당은 이런 반발을 짊어지고 국회에서 소화시킬 수 있어야 한다. 그러나 제1야당 더불어민주당은 시위세력 눈치를 보면서 되지도 않을 2일 탄핵 표결을 고집했다. 앞으로 '국정 수습'이란 말은 하지 말았으면 한다"라며 압박했다.

우왕좌왕 흔들리는 일부 야권, 빗발치는 국민들의 항의

대통령 담화에 야권은 흔들렸다. 중도개혁 성향의 제1야당 더불어민주당과 진보 성향의 제3야당 정의당은 예정대로 12월 2일에 탄핵소추안을 표결 처리할 것을 주장했지만, 중도보수 성향의 제2야당 국민의당이 난색을 보이면서 '12월 2일 본회의 표결 처리'가 무산됐다. 그 대신에 국민의당은 '12월 2일 발의 → 12월 5일 본회의 표결'이라는 또 다른 중재안을 내고 여야 동참을 촉구했다. 거기에 더해 12월 5일부터 국민의당 비상대책위원장으로 역할을 맡게 되는 김동철 의원의 경우 "대통령 즉시 퇴진 유익한가… 처음 조기 퇴진 밝힌 것 평가해야" 한다고 언급하며 대통령의 담화를 긍정적으로 평가하고 국회 탄핵소추안 처리에 소극적인 입장을 내놓았다.

그러나 박근혜에 대한 국민들의 분노는 하늘을 찌를 듯하였다. 특히 박근혜의 담화에 흔들리는 야권에 대해 집중적인 견제구를 날렸다. 당시 캐스팅보트를 쥐고 있는 것으로 평가되던 중도보수 성향의 제2야당인 국민의당의 박지원 원내대표가 박근혜 담화에 다소 우왕좌왕하는 태도를 보이면서 애초 공언했던 탄핵소추안 발의 일정을 늦추려 하자, 국민들이 이에 항의하는 SNS 문자를 집중적으로 보냈다. 단 하루 사이에 SNS를 통하여 무려 2만여 통의 항의 문자가 국민의당 원내대표에게 쏟아졌다. 빗발치는 국민들의 항의 문자에 당시 국민의당 박지원 원내대표는 혼비백산하여 부랴부랴 탄핵소추안 조기 처리 방침을 발표할 수밖에 없었다. 실로 놀라운 민심의 표출이었다.

나름의 민심수습 활동 재개한 박근혜 대통령, 대구 서문시장 방문

박근혜 대통령은 3차 담화를 발표하고 바로 공개 활동을 재개했다. 화재가 난 대구 서문시장을 방문하고, 돌아오는 차 안에서 눈물을 흘렸다는 기사도 나왔다. 한편, 구미의 박정희 전 대통령(박근혜의 아버지) 생가에 불이 나 육영수, 박정희 동상이 불에 탔다는 보도가 나온다. 국민들의 감성을 자극하여 박근혜에 대한 동정적인 여론 분위기를 만들려는 보도 내용이었다. 이러한 행보로 친박계는 10% 정도의 지지율은 충분히 올릴 수 있을 것이고, 또 바닥을 치고 있는 지지율이 다시 상승한다면 박근혜의 국정 추진동력을 조금씩 확보할 것으로 기대한 것으로 보인다. 실제로 한국갤럽 여론조사에 따르면 전국의 박근혜 대통령 지지율은 여전히 4%였지만, 대구 지역의 지지율은 7%가 올라 10%에 육박했다. 그러나 이는 박근혜가 국정의 주도권을 놓지 않으려는 헛된 발버둥에 불과했다.

즉각 퇴진을 요구하는
주권자들의 거센 함성

퇴진행동, '즉각 퇴진'을 요구,
— 12월 3일, 12월 10일 연이어 총집중 투쟁 선포

퇴진행동은 박근혜의 3차 담화 발표 직후인 12월 1일 제3차 전국대표자회의를 소집하여 박근혜의 3차 담화에 대한 대응 방향과 퇴진행동의 조직체계 강화 방안을 논의하고 다음과 같이 결정하였다.

- 3차 대국민담화는 △촛불민심인 '즉각퇴진' 요구를 거부하고 △헌정유린·국정농단 범죄행위를 '국가를 위한 공적인 사업'으로 기만하고 전면 부인하였으며 △대통령 본인의 책임과 결단 문제를 국회로 떠넘기는 '정치적 꼼수'라는 점에서 주권자인 국민명령에 대한 거부로 규정.

- 현 시국은 퇴진투쟁의 성패를 가르는 중대한 분수령임을 인지하고, 광장의 촛불과 대중투쟁을 중심으로 한 '즉각 퇴진' 투쟁 기조를 유지·강화함.

- 12월 3일 박근혜 즉각 퇴진의 날을 선포하고, 주권자인 국민을 기만한 범죄자 박근혜를 즉각 퇴진시키기 위해 총력투쟁을 전개함. 나아가 총집중하여 12월 10일 대규모 범국민투쟁을 성사시켜 국민의 힘으로 반드시 끌어내리도록 함.

- '박근혜 즉각 퇴진 구속', '새누리당 해체'를 주 기조로 하고 '공범자

국회, 박근혜 탄핵소추안 가결 (12월 9일)

비박계(집권여당 비주류), 탄핵 합류. 29명 이상 동참할 것으로 관측

12월 3일 전국 232만 명이 참가한 퇴진촛불은 흔들리는 국회의원들에게 엄중하고 명확하게 '즉각 탄핵'을 명령했다. 집권여당인 새누리당 비주류 의원들로 구성된 '새누리당 비상대책위'가 12월 4일, 전날 야당 의원 등 171명의 국회의원이 발의한 탄핵소추안에 "조건 없는 탄핵소추안 표결 참여"를 하기로 했다. 이들은 총회를 열고 "여야 합의가 없을 경우" 즉 집권여당과 야당 간에 정국수습 방안에 대한 합의가 되지 않을 경우에는, 12월 9일로 예상되는 국회의 탄핵소추안 표결에 조건 없이 참여하겠다고 결정했다.

국회의원 200명, 즉 야당 의원 및 야당 성향의 무소속 의원과 새누리당을 탈당한 김용태 의원 등을 합친 총 172명의 의원에 더해 집권여당인 새누리당에서 최소 28명의 의원이 탄핵에 찬성해야 탄핵소추안이 가결될 수 있는데, '새누리당 비상대책위' 대변인인 황영철 의원은 "찬성 입장의 표결 참여 결정이다. 회의 참석자는 다 표결에 동참하기로 했고 탄핵가결 정족수를 채울 것으로 본다"라고 전망했고 이날 회의 참석 의원은 29명이었다. 탄핵소추안 가결 정족수인 200명이 넘는 국회의원 숫자가 탄핵에 찬성하는 것으로 확인되는 순간이었다. 며칠 전 새누리당 의원총회에서 정리한 '4월 퇴진과 6월 대선' 입장에서 4일 만에 이탈한 것이다.

12월 3일 촛불집회에는 사상 최대인 232만 명이 모였고 일부는 여의

국회가 탄핵소추안을 가결하기 전날 국회(2016.12.08.)

도 새누리당사 앞에서 촛불을 들기도 했는데, 새누리당 의원들의 연락
처가 인터넷에 공개되어 새누리당 의원들은 탄핵 찬성을 요구하는 시민
들의 SNS를 통한 문자메시지 폭탄을 받기도 했다.

대통령 탄핵소추안, 12월 8일 국회 보고

박근혜 대통령 탄핵소추안이 12월 8일 국회 본회의에 보고되었다.
탄핵소추안이 국회 본회의에서 통과하기 위한 의결정족수는 200명이
다. 탄핵소추안 발의에 참가한 171명과 새누리당을 탈당한 김용태 의원
을 모두 찬성표로 전제하면 새누리당에서 최소 28표가 나와야만 했다.

새누리당 비주류는 최소 30표, 최대 45표의 찬성표를 안정적으로 확보하고 있다고 주장했다. 여기에 새누리당의 주류인 친박계 내부에서도 명시적으로 입장을 밝히지는 않지만 무기명 투표에서 찬성표를 던질 가능성이 높은 의원들이 최대 10명 안팎으로 꼽혔다. 새누리당 비상시국위는 전날 야 3당에게 탄핵안에서 박 대통령 '세월호 7시간 행적' 부분을 제외해달라고 요구했다. 최순실 국정농단 사건과 무관하고 정치적으로 민감한 세월호 참사 관련 내용을 빼야 더 많은 여당 찬성표를 끌어올 수 있다는 판단에서다.

더불어민주당과 국민의당, 정의당 등 야 3당은 탄핵 촛불집회 참석, 릴레이 농성 등을 이어갔다. 집권여당인 새누리당의 주류인 친박계는 탄핵소추안 부결을 관철하기 위한 대대적 반격 태세를 갖추었다. 새누리당 주류인 친박계는 자신들 진영에서 이탈표가 있다는 주장은 사실과 다르다면서 야당과 새누리당 비주류 측의 언론플레이라고 일축했다. 이정현 새누리당 대표는 12월 8일 기자간담회를 자청하고 "탄핵이 부결돼도 '4월 퇴진, 6월 대선'을 이행해야 한다"라고 밝혔다. 탄핵이 부결돼도 대통령이 퇴진하도록 할 테니 찬성표를 던지지 말아 달라는 호소 전략이었다.

즉각 퇴진과 탄핵 찬성 여론 81%

12월 3일이 지나면서 '질서 있는 퇴진, 명예로운 사퇴'를 거부하고, 탄핵을 찬성하는 국민 여론이 압도적으로 나타났다. 여론 조사기관인 한국갤럽이 12월 6일부터 8일까지 전국의 성인 남녀 1,012명을 대상으로 실시한 여론 조사에서 81%가 탄핵에 찬성하는 것으로 나타났고, 탄핵 반대는 14%에 그쳤다. 지역별로는 서울(82%), 인천·경기(80%), 충청(87%), 호남(94%) 등에서 모두 80%를 넘었으며, 집권여당 지지층이 두터운 대구·경북(69%)과 부산·울산·경남(79%) 등도 찬성이 훨씬 많은 것으로 나타났다. 연령별 기준에서도 모든 연령계층에서 찬성 비율이 50%를 넘었다.

반성 없이 '부인'과 '모르쇠'로 일관한 재벌 총수들에 국민 분노

12월 6일 국회에서 열린 박근혜-최순실 게이트 진상 규명을 위한 국회 국정조사 특위 1차 청문회에 출석한 주요 재벌그룹 총수들은 핵심 의혹들에 대해 대부분 기억나지 않는다거나 의사 결정에 관여하지 않았다고 답했다. 이들 재벌 총수들—이재용 삼성전자 부회장, 조양호 한진그룹 회장, 신동빈 롯데그룹 회장, 최태원 SK그룹 회장, 구본무 LG그룹 회장, 정몽구 현대차 회장 등—은 과거 신군부의 군사독재시절에 벌어진 일해재단 비리와 관련해서 1988년 개최된 국회 청문회에 출석한 재벌 총수들의 2세들이었다. 국회 청문회에 나온 지 28년 만에 다시 그들의 아들들이 국회에 정경유착과 부정부패 혐의로 출석한 것이다. 정경유착이 대를 이어 이어지는 것을 상징적으로 보여주는 장면이었다.

재벌 총수들은 미르·K스포츠재단 등에 돈을 내기에 앞서 박근혜 대통령을 독대했다. 그 전에 각 그룹의 민원성 현안이 담긴 자료가 청와대에 건네졌다. 그 뒤 재벌들은 일사천리로 돈을 냈다. 국회 청문회에서 재벌 총수들은 미리 입을 맞추기라도 한 듯 돈을 낸 것에 대가성은 없었다고 강조했다. 일부는 피해자로 행세하기도 했다. 진상 규명을 위한 국회의원들의 질문에 많은 재벌 총수가 모른다거나 기억나지 않는다고 대

2016년 12월 6일 국회 국정조사 청문회에 출석한 재벌 총수들. ⓒ연합뉴스

답한 것도 예상을 벗어나지 않았다. 최대 재벌인 삼성은 두 재단에 출연한 것과 별개로 최순실의 딸 정유라를 위해 수십억 원을 건넸다. 이 돈을 누가 결재했느냐는 질문에 이재용 부회장은 "(지금도) 모른다"라고 대답했다. 정몽구 현대차 회장은 박 대통령을 독대한 뒤 최순실이 실소유주인 광고회사에 현대기아차 광고를 주라는 요청을 받았는지 묻는 말에 "기억이 잘 안 난다"라고 답했다. 국민들은 분노했다.

김기춘 당시 대통령비서실장, 헌재의 '통진당 해산' 결정에 개입한 정황
— 김영한 비망록에 기재

김기춘 당시 청와대 비서실장이 2014년 헌법재판소가 통합진보당 해산 결정을 서둘렀던 데 불법 개입한 정황이 드러났다. 전국언론노동조합이 12월 2일 일부 공개한 김영한 전 청와대 민정수석의 '비망록'*을 보면, 2014년 10월 4일의 수석비서관 회의 내용에 김기춘 실장의 지시사항을 뜻하는 '長(장)'이라는 글씨와 함께 '통진당 해산 판결 – 연내 선고'라고 쓰여 있다. 이 비망록은 김 전 수석이 청와대에서 수석비서관 회의 등에 참석해 기록한 일종의 업무수첩으로, 대부분 김기춘 실장이 주재하거나 가끔 박근혜 대통령이 직접 주재한 경우도 있다.

---

* 김영한 비망록은 세월호 참사 직후인 2014년 6월부터 2015년 1월까지 박근혜 정부의 청와대 민정수석비서관을 지낸 김영한의 업무수첩을 말한다. 그는 이전에 '공안통' 검사였다. 2014년 6월부터 청와대 민정수석을 지냈는데, '세월호 7시간 동안의 박근혜 행적'과 관련되어 국회 질의에 출석하라는 당시 김기춘 비서실장의 지시를 거부하는 등 초유의 항명 파동을 일으킨 뒤 임명된 지 몇 개월 안 된 2015년 1월에 사퇴 의사를 밝히고 청와대에서 나왔다. 이로부터 얼마 안 된 2016년 8월 21일에 세상을 떠나게 된다. 한 권의 노트를 남긴 채.

　2014년 11월 28일, 세계일보에서 청와대 비서실 교체 인사에 대해 정윤회(최순실의 전 남편, 당시에는 최순실이 비선실세인지는 잘 알려지지 않은 상태였음)라는 사람이 속칭 '문고리 3인방'이라는 창구를 두고 정기적으로 국정에 개입하는 비선실세란 기사를 내면서, 비선실세 국정 개입 의혹 사건이 알려지기 시작한다. 이때 우병우 당시 민정비서관이 (청와대 입장에서) 일을 잘 해결하면서 김기춘 비서실장의 높은 신임을 얻게 되고, 이로 인해 우병우 비서관이 상관인 김영한 민정수석을 제치고 김기춘 비서실장에게 직접 보고하는 등 월권을 저지르는 일이 잦아지면서 심한 스트레스를 받았다고 한다. 이러한 일로 업무에서 사실상 배제되자, 김영한 민정수석은 이에 '항명'하여 2015년 1월 9일 문서 유출 사건 관련 국회 운영위원회 증인 출석을 거부했다. 그리고 민정수석을 사퇴했다. 그의 후임이 바로 우병우 민정수석이다. 김영한 전 민정수석은 2016년 8월 21일 세상을 떠났는데 최순실 국정농단 국정조사 제2차 청문회 당시 정유섭 의원은 김영한 모친이 "아들의 죽음은 김기춘, 우병우 탓이다. 아들이 평소 정상적인 청와대 업무라고 볼 수 없는 지시와 명령으로 괴로워했다. 아들이 청와대를 그만두고 매일 술만 마시다 사망했다"라는 증언을 했다고 언급한 바 있다.

　그리고 국정조사 직전인 2016년 11월 TV조선에서 고인이 된 김영한의 유품 중 민정수석 시절 업무일지를 기록한 비망록을 입수해 발표했다. 이로써 세월호 참사 진상조사 방해 및 여론조작과 유가족 폄훼 공작, 통합진보당 정당 해산 사건, 전국교직원노동조합 법외노조화, 조희연 서울시 교육감 내사 등 김기춘 전 비서실장이 각종 공안탄압을 지시하고 공작으로 정치에 개입했다는 의혹이 확대되었다. 이 '김영한 비망록'이 국정농단의 결정적 증거 역할을 한 '최순실 태블릿PC'와 '정호성의 스마트폰에서 발견된 박근혜 육성 파일' 등에 이어서 박근혜-최순실 국정농단의 또 다른 방증 자료로 추가되었다.

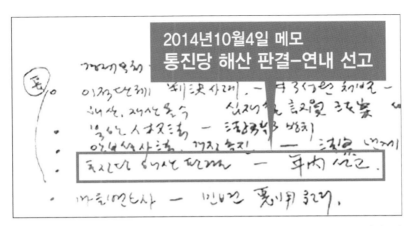

김영한 전 민정수석 비망록 중 2014년 10월 4일자 메모. 통합진보당 해산 선고를 연내에 진행한다는 내용이 실려 있다. 박한철 당시 헌법재판소 소장이 해산 선고에 대해 언급한 것은 2014년 10월 17일이었다. ⓒ한겨레

    그해 10월 17일 국정감사 오찬장에서 박한철 헌법재판소 소장은 국회의원들에게 해산 심판 선고를 '올해 안에 하겠다'는 입장을 밝혔다. 당시에는 내란음모 혐의로 구속된 이석기 통합진보당 의원의 사건이 대법원에서 처리된 뒤에나 헌법재판소의 통합진보당 해산 결정이 가능하다는 관측이 지배적이었던 시기였는지라, 이에 반하는 박 소장의 갑작스러운 발언은 논란이 됐다. 실제 헌재는 이후 일사천리로 재판을 진행해 이석기 의원의 내란음모 혐의에 대한 대법원 판결이 나오기 전인, 그해 12월 19일 찬성 8 대 반대 1의 의견으로 통합진보당 해산 결정을 내렸다. 김 전 수석의 비망록은 당시 헌법재판소가 이렇게 헌법 재판을 서두른 배경에 김 전 실장의 불법적인 지시 또는 압력 행사가 있었던 것이 아니었느냐는 강한 의구심을 들게 하였다.

국회가 탄핵소추안을 가결하고 있을 때 국회 앞까지 올라온 농민들의 트랙터(2016.12.09.)

국회는 긴장에 휩싸였다.

박근혜 탄핵소추안이 부결될 경우

성난 시민들의 항쟁은 어디로 갈지 모르는 상황이었다.

집권 여당인 새누리당이 분열하고

박근혜와 친박계가 반전을 시도하면서

탄핵 1차 시도는 무산되었다.

시민들이 직접 국회를 압박했다.

국회의원들에게 문자 폭탄이 날아들었다.

시민들의 요구가 담긴 만장이 국회 벽에 걸렸다.

결국 국회는 탄핵소추안을 가결했다.

대통령 박근혜의 직무가 정지됐다.

한편 이 시기는 박근혜 일당들이 박근혜의 대통령직을 지키기 위해 본격적인 반격에 나선 시기이기도 하였다. 황교안 국무총리를 대통령권 한대행으로 세워서 박근혜 적폐 정책을 계속 실행하였고, 또 박근혜 친위세력인 친박계가 집권여당인 새누리당의 주도권을 다시 찾아오기도 하였다. 친박계가 주도권을 다시 탈환한 집권여당인 새누리당이 완강하게 저항한 결과, 이 기간 동안 국회를 통한 제반 개혁조치는 사실상 불가능하게 되었다. 나중에 알게 된 일이지만, 이 시기 동안 군대 내 일부 친박 세력들이 친위쿠데타를 준비하기도 한 시기였다.

반면에 야당들은 곧 닥쳐올 대통령 선거 준비에 정신을 팔려서, 광장을 지키면서 촛불항쟁을 지속하는 과제에 제대로 힘을 쏟지 않은 시기이기도 하였다. 어떤 의미에서는 야당들이 박근혜 일당의 국정농단을 비판하고 반대하기는 하였지만, 정작 박근혜 퇴진을 위한 촛불광장에서의 광장투쟁에는 소극적으로 대처했을 뿐만 아니라, 촛불광장에서 시민들이 분투하여 얻게 될 박근혜 퇴진이라는 결과에 뒤따르는 권력 획득에 더욱 집중적인 관심을 쏟았기 때문이었다.

탄핵소추 후 첫 집회,
전국 100만 촛불, 끝까지 타오르다

국회 앞에 운집한 촛불시민들, 탄핵소추 가결에 환호, "결국 우리가 해냈다"

국회에서 대통령 탄핵소추안을 의결하는 날짜가 2016년 12월 9일로 지정되자 정국 긴장은 극도로 높아졌다. 과연 집권여당인 새누리당 소속 의원들 중에서 28명 이상이 탄핵에 찬성하여 탄핵소추안이 가결될 것인가, 아니면 부결될 것인가 여부가 초미의 관심사가 되었다. 야 3당은 이미 탄핵 찬성 입장을 분명히 하였고, 집권여당인 새누리당의 비주류인 비박계 의원 모임에서도 위 숫자 28명을 넘어서는 의원들이 탄핵 찬성 입장을 밝혔다고 했지만, 실로 조마조마한 상황이었다.

퇴진행동에서는 비록 평일이어서 시민들의 참석에 여러 어려움이 있지만, 국회의 탄핵소추 의결일을 앞두고 국회 앞에서 촛불을 개최하여 마지막 국회 압박 투쟁을 추진하였다. 국회의 탄핵소추 의결 하루 전인 12월 8일(목요일)에 국회 앞에서 진행했던 〔박근혜 즉각 퇴진, 응답하라 국회 1차 비상국민행동 '국회광장 주권자 시국대토론'〕에는 당시 비가 오는 가운데서 촛불시민 5천여 명이 함께했고. 탄핵소추 의결이 예정된 날인 12월 9일(금요일) 2차 비상시국행동에는 평일 낮 시간임에도 시민 1만여 명이 참가했다. 또한 탄핵소추안 표결을 앞두고 각 지역에서도 새누리당사 앞 항의 행동 등 탄핵소추안 가결을 위한 국회의원 압박을 전개했다.

12월 9일 드디어 탄핵소추안이 가결되자 시민들은 환호했다. '결국 우리가 해냈다!' 하는 분위기였다. 그때까지 6주간 이어진 수백만 촛불의 힘이 박근혜를 탄핵한 결정적인 힘이었음을 확인하는 자리였다. 맨 앞자리에는 세월호 유가족이 있었으며, 전봉준 투쟁단의 농민 트랙터는 경찰이 곳곳에서 가로막았지만 국회 탄핵 당일 12월 9일 국회 앞까지 진입했다. 비록 1,000여 대가 출발해 결국 2대만 국회 앞으로 들어오게 되었지만, 트랙터 농민들의 위용은 하늘을 찌르는 듯했다. 트랙터 위에 걸린 깃발은 "백남기를 살려내라"라는 구호가 적혀 있었고, 백남기 농민은 박근혜 대통령의 탄핵을 하늘에서 지켜볼 수 있었다.

탄핵소추 가결 다음 날, 12월 10일의 촛불광장은 축제 분위기

탄핵소추안이 가결된 다음 날인 12월 10일(토) 광화문광장은 축제 분위기였다. 이날 촛불은 탄핵소추안 가결시에는 축하로, 혹시라도 부결시에는 더 큰 투쟁을 결의하는 자리로 삼기 위해 집중촛불집회로 추진되었다.〔12.10. 안 나오면 쳐들어간다, 박근혜 정권 끝장내는 날 7차 범국민행동〕에 서울 광화문 80만 명과 지역 24만 3,400명이 참가해 총 104만여 명이 운집해서 탄핵안 가결을 축하했다.

12월 10일 광화문에만 80여만 명이 운집했다. "모두 수고했습니다. 우리의 승리입니다. 이제부터 시작입니다. 끝까지 함께합시다!" 하는 구호는 집회의 전반적 분위기를 보여주었다. 촛불의 힘으로 국회 탄핵소추 의결을 이끌었음을 자축하면서, 동시에 박근혜 즉각 퇴진과 구속, 부역자들과 공범도 청산해야 한다는 대중의 요구가 크다는 것을 확인했다. 촛불시민들 모두가 스스로의 힘으로 철옹성 같던 정권을 허물어뜨린 것을 보면서 자신감이 고양된 것이다. 집회가 진행되는 내내 탄핵소추안 가결을 촛불의 성과로 자축하는 분위기가 잘 드러났다. 이날 집회에는 폭죽도 등장했다. 아울러 박근혜 즉각 퇴진과 공범자들에 대한 분노와 규탄이 드러났다. 박근혜 즉각 퇴진뿐 아니라 자연스레 박근혜 체제의 연장선인 황교안 총리가 대통령 권한대행을 맡는 데 대한 반감, 박근혜 정권이 추진해온 온갖 악행과 적폐 청산에 대한 요구도 쏟아져 나왔다.

대표적으로 황교안 국무총리의 퇴진 등 모든 부역자 퇴진과 처벌, 새누리당 해체, 재벌 총수들 구속, 세월호 7시간 진상 규명과 책임자 처벌, 국정교과서 폐지, 사드 철회, 위안부 합의 무효, 한·일 군사정보보호협정 폐기, 노동개악 철회와 한상균 민주노총 위원장 석방, 통합진보당 강제 해산 문제 진상 규명 등 적폐 청산 요구가 봇물 터지듯 이어졌다. 이날부터 행진은 청와대뿐 아니라 헌법재판소 앞으로도 진행되었다. 헌법재판소에서 탄핵 여부를 결정하는 절차가 남아 있어서, 이제 공이 헌법재판소로 넘어갔기 때문이었다. 이날 촛불집회 이후 진행된 행진에서 촛불시민들은 오후 8시 10분께 헌법재판소가 위치한 서울 종로구 헌재 앞 사거리에서 멈춰 서서, "탄핵을 인용하라, 국민의 명령이다", "박근혜를 감옥으로", "국민이 탄핵했다" 등의 구호와 함성을 외치고 노래를 합창하며 20여 분간 시위를 이어갔다.

퇴진행동, 국회 탄핵소추안 가결 이후
적폐청산 사업 추진
— 재벌총수구속특위, 적폐청산특위 설치

    퇴진행동은 박근혜 대통령의 탄핵소추안이 가결되면서 적폐청산 투쟁을 적극화하기로 했다. 적폐청산이라 함은 박근혜 정권의 정책을 폐기하고, 박근혜 정권의 장관은 공범자 또는 부역자이므로 총사퇴를 요구하는 것이었다. 또한, 박근혜-최순실이 자행한 국정농단 정책을 폐기하고 새로운 정책으로 전환하고, 또 국민의 뜻을 모아 새로운 정책 관련 법안을 국회에서 통과시킬 것을 요구해나가는 사업이었다. 예를 들어 세월호특별법, 백남기특검법, 역사교과서 폐기 법안 등이다. 이에 416연대, 한국사국정교과서 저지운동 단위, 백남기투쟁 단위 등 각 의제별 투쟁단위와 대중조직들이 함께 모여 적폐 청산 운동을 어떻게 효과적으로 진행할 수 있는지 논의해보기로 했다. 그 방안으로 퇴진행동 내에 적폐청산특위를 구성하기로 했다.

    한편, 박근혜-최순실 국정농단의 공범자였던 재벌 회장단이, 국회에서 열린 6대 재벌의 청문회에서 마치 자신들은 잘 모르는 일처럼 아예 모르쇠로 일관하는 모습을 보면서 국민들은 분노했다. 퇴진행동 내에서는 초기부터 재벌(총수)구속특위를 설치

9차 촛불집회. 광장에서 열린 토론회
(2016.12.24.)

하고 집중적인 관심을 기울였다. 재벌구속특위는 2016년 11월 중순부터 경제민주화넷, 중소상인비상시국회의, 민주노총, 사회진보연대, 사회변혁노동자당, 녹색당, 비정규직없는세상만들기, 청년광장, 참여연대, 유성범대위, 한국진보연대 등이 참여해 재벌대응 사업을 논의해온 것에 기초하여 재벌구속특위를 구성하게 된 것이다.

직무 정지당한 박근혜를 대신해서
대통령 권한대행으로 임시 권력자가 된 황교안 국무총리는
박근혜표 나쁜 정책을 고집스럽게 강행해갔다.
촛불의 민심에 역행하는 황교안에 대한 분노는 높아져만 갔다.
황교안과 적폐세력을 향해 시민들이 광장에서 레드카드를 들었지만
국회는 적폐청산을 위한 어떤 성과도 내지 못했다.
광장의 촛불은 계속 켜졌지만 답답한 시간이 흘러갔다.
국정역사교과서 강행저지, 백남기특검 실시,
언론장악 적폐 해결, 세월호특조위 재구성,
사드 철회, 성과퇴출제 저지 등
퇴진행동은 6대 긴급현안을 발표했다.
연이어 30대 주요과제, 100대 과제도 발표했다.
우리가 해결해야 할 과제는 많기도 했다.
시민들은 체육관 토론회를 통해 촛불시민권리선언을 만들었다.

국회 탄핵소추안 가결 이후에도
박근혜 정책 계속 추진

여·야·정 협치 추진 중 ― 박근혜 일당의 반격 시작

국회에서 박근혜 탄핵소추안이 가결된 이후인 12월 10일 정치권에서는 탄핵소추안 가결에 따른 국정 혼란을 수습하기 위해 '여·야·정 협의체'를 가동해야 한다는 데 의견을 모아가고 있었다. 제2야당인 국민의당의 유력 대선주자인 안철수 전 당대표는 박 대통령 탄핵소추안이 본회의에서 가결된 직후 의원총회를 열어 '국정 수습이 중요하다'며 경제 분야의 '여·야·정 협의체' 또는 '국회·정부 협의체'를 제안했고, 제1야당인 더불어민주당은 원내대변인 구두논평에서 이 제안에 대해 "긍정적으로 생각한다"며 "실제 시스템적으로 이를 실행하는 것은 여야 지도부의 역할"이라고 여야 3당 지도부들의 협의를 주문했다. 더불어민주당 추미애 대표도 "국회와 정부가 국정 안정과 민생 안정을 위해 공동 협력하는 국정운영 틀을 마련하겠다"며 '국회·정부 정책협의체' 구성을 제안한 바 있다. 집권여당인 새누리당 정진석 원내대표는 이 제안에 동의를 표시한 직후 사퇴했다

그러나 새누리당의 주류인 친박계는 이 제안에 강력히 반발했다. 이정현 당대표는 기자간담회를 자청해서 야권이 제안한 '여·야·정 협의체'에 대해 "그 사람들(야권) 이야기는 곧바로 쓰레기통으로 갈 이야기"라며 일축했다.

박근혜와 그 일당들이 탄핵소추로 정지당한 권력을 회복하기 위한

본격적인 반격에 나서게 된 것이다. 그러나 그들의 노력은 종국에 가서는 "헛된 발버둥"에 그치게 되지만, 탄핵소추안이 가결된 이후 헌재 결정이 내려져서 박근혜가 대통령직에서 파면될 때까지 박근혜 일당들은 다방면으로 반격을 모색한다. 어떤 의미에서는 박근혜와 권력 핵심부에서는 탄핵소추가 가결될 때까지는 격랑에 소용돌이치는 민심의 흐름을 제대로 읽지 못했던 것 같다.

최순실의 태블릿PC 내용이 폭로되고, 이어서 박근혜의 측근 정호성의 스마트폰 속에 있는 박근혜의 육성 녹음이나 안종범 청와대 경제수석의 업무수첩 내용이 공개되면서 박근혜-최순실의 국정농단 실태가 너무나 선명한 증거물품과 함께 백일하에 드러났을 때에도, 박근혜와 권력 핵심부에서는 상당한 충격과 위기감을 느꼈겠지만 그래도 이렇게 탄핵소추까지 당하게 될 것은 예상하지 못했던 것으로 보인다.

종전까지 한국 정치에서 으레 그래 왔던 것처럼, 권력 쪽의 비리나 부정부패 관련 사건의 경우에는 아무리 엄청난 내용의 의혹사건이 터지더라도 시간이 가면서 흐지부지되면서 유야무야될 수 있을 것이라고 예측하고 있었을 것이다. 사실 대통령의 임기가 1년 3~4개월이나 남아 있기에, 제왕적 대통령제 시스템하에서 무소불위의 권력을 휘두르는 현직 대통령이 이런저런 방법으로 버티면, 야당이나 국민들이 합법적으로 대통령을 쫓아낼 수 있는 별다른 방법이 없다는 사실을 박근혜 일당뿐 아니라 야당 측에서도 잘 알고 있는 상황이었다.

대통령 퇴진에 이르기 위한 멀고도 험난한 길

단지 3가지 경우에만 대통령을 임기 중에 물러나게 만들 수 있는데, 첫 번째는 강력한 국민의 압력과 요구를 더 이상 견디지 못하고 대통령이 스스로 물러나는 방안이다. 그런데 박근혜는 그런 생각을 추호도 하지 않았기 때문에 현실적으로 유효하지 않은 방안이었다. 두 번째는 국민들이 이른바 전민항쟁적인 경로를 거쳐 강제로 대통령을 끌어내리는 방안인데, 이는 강제적으로 끌어내리는 일종의 물리력이 형성되어야 가능할 뿐 아니라 그 과정에서 엄청난 희생이 따르는 방안으로서 남북 분단 상태인 한국 상황에서는 극히 예외적인 경우를 제외하고는 현실화되기가 쉽지 않은 방안이었다. 세 번째는 헌법 절차에 따라 국회에서 탄핵소추 의결하고 헌법재판소에서 탄핵을 결정하고 대통령직에서 파면하는 방안이다. 이 경우 두 번의 결정적 고비를 넘어야 실현 가능한데, 당시 두 가지 고비를 모두 넘는다는 것은 통상적으로는 결코 쉽지 않은 조건이었다.

먼저 국회의 의석 분포를 보면 야당과 무소속을 모두 합쳐도 탄핵소추 의결정족수에는 28표 이상이 모자라는 상황인데, 강경보수적 경향을 가진 집권여당 소속 국회의원들의 평상시 정치적 성향을 고려할 때 그들 중 28명 이상이 탄핵소추에 찬성할 가능성은 별로 없었던 상황이었다. 물론 이후 현실에서 벌어진 상황은, 파죽지세로 확대되는 촛불시민들의 거대한 투쟁과 빗발치는 박근혜 퇴진 여론에 영향받은 집권여당 소속 국회의원들이 막판에 마음을 바꿔서 대거(집권여당 소속 국회의원 중에서 절반이 넘는 62명 이상) 탄핵소추에 찬성하는 놀라운 결과로 나타났지만, 그 직전까지만 해도 국회에서 탄핵소추 의결될 것이라고 예측하

기조차도 쉽지 않을 정도였다. 또한 헌법재판소를 구성하는 9명의 헌법재판관 중에서 박근혜 또는 집권여당에 의해 추천되고 임명된 재판관이 무려 5명이나 존재하고 있는 상황에서는, 설사 국회에서 탄핵소추되더라도 헌법재판소에서 탄핵이 가결되기가 결코 쉽지 않다고 예측되고 있었다. 헌재재판관 9명 중 6명 이상이 찬성해야 탄핵이 결정되고 대통령 파면이 가능해지는데, 재판관의 성향 분포상 매우 어려운 상황이라고 판단되고 있었다.

이런 상황을 잘 알고 있는 박근혜와 권력 핵심들은 사태 발생 초기에는 적당한 수준으로 무마하는 방식으로 정국을 수습하여 임기 만료일까지 버틸 수 있을 거라고 막연히 기대했던 것으로 보인다. 그러다가 퇴진 촛불이 폭발적으로 확대되고 퇴진해야 한다는 국민 여론이 압도적으로 다수가 되면서(정권 지지율이 5%선까지 무너짐), 집권여당의 국회의원들조차도 자신들이 정치적으로 살아남기 위해서는 박근혜와 결별하는 수밖에 없다는 식으로 마음을 바꿔먹는 쪽으로 분위기가 급변하게 되자, 박근혜와 권력 핵심 측에서는 급박하게 국회에서의 정치공작을 펼치는 대응을 하는 것 이외에 근본적인 사태 수습책을 만들 시간적 여유도 없게 되었다.

그러나 앞에서 본 바와 같이 온건보수 성향의 야당 의원들에 대한 정치공작도 빗발치는 비판여론과 위력적인 퇴진촛불의 기세에 밀려 실패하게 되자, 미처 박근혜 측에서 다른 대응책을 마련하기도 전에 탄핵소추안에 대한 국회의결 절차가 진행되었고, 결과는 압도적인 표차로 가결되었다. 어떤 의미에서는 박근혜 일당이 막판에 제대로 수습책을 만들지 못한 채 "어! 어!" 하고 있는 사이에, 국회에서 탄핵소추안이 압도적으로 가결되어버린 것이다.

박근혜 일당의 조직적 반격 시도 ― 3방면으로 진행된 반격 시도

국회에서 탄핵소추안이 가결되자, 박근혜 일당은 대통령직에서 쫓겨나지 않기 위해 조직적인 반격을 시도한다. 이번에는 헌법재판소로 넘어간 탄핵안이 기각되고 박근혜가 대통령으로 복귀할 수 있도록 하기 위한 전방위적 노력을 집중하였다. 물론 그들의 조직적 반격은 실패로 돌아가고 박근혜가 탄핵으로 파면되어 권력을 잃게 되었음은 잘 알려져 있다.

탄핵소추안 가결로 박근혜의 국정수행이 정지되고 난 뒤 박근혜 일당의 조직적 반격은 크게 세 갈래로 추진된 셈이다. 첫 번째로 황교안 대통령 권한대행을 중심으로 행정부 권력을 유지하고, 또 한편으로는 집권여당인 새누리당의 원내 권력을 계속 움켜쥐는 것을 기초로, 야당 측에서 추진하는 제반 개혁입법을 저지함으로써 과도적으로 지배체제와 권력을 현상 유지 상태로 지키는 방안을 실행하였다. 두 번째로는 박근혜 탄핵을 반대하는 극우파 시위대(이른바 '태극기부대')를 조직하고 집요하게 탄핵 반대 집회를 추진하는 방안이었다. 세 번째로는 군대 내 친위세력을 동원하는 친위쿠데타를 시도하는 방안이었다.

첫 번째와 두 번째 방안은 당시에 가시적으로 실행되면서 많은 국민의 비판을 받았지만, 세 번째 방안 즉 친위쿠데타 추진 문제는 당시에는 표면에 드러나지 않았지만, 촛불정부 출범 이후의 조사 과정에서 그 음모의 일단이 밝혀지면서 많은 국민이 충격을 받기도 하였다.

집권여당(새누리당) 내분 확대

― 비주류 국회의원 30여명 탈당 그리고 "개혁보수신당" 창당

● 비주류 비박계 "최순실의 남자들은 떠나라"

박근혜 대통령 국회 탄핵소추안 가결 이후 집권여당인 새누리당은 내분이 격화되어, 비박과 친박으로 편을 갈라 서로 인적 청산을 요구하면서 갈등이 심화되어 사실상 분당 직전 상황으로 치닫고 있었다. 비주류인 비박계는 탄핵안 가결 직후 주류인 친박계로 구성된 현 지도부가 조기에 퇴진할 것을 요구하면서, 비상대책위 체제가 곧바로 들어서야 한다고 주장했다. '친박 지도부 교체 → 비대위 구성 → 새누리당 해체 및 재창당 → 친박 의원 출당 조치'라는 시나리오를 밟아가자는 것이었다. 비주류인 비박계 국회의원들은 "탄핵안 가결 이후 새누리당 지도부의 조기 퇴진과 비상대책위원회 구성이 관건이 될 것"이라고 언급했다. 그러나 주류인 친박의 이정현 대표는 이 방안을 거부하고 대신 '12월 21일 사퇴, 1월 21일 전당대회'를 수습 방안으로 제시했다. 즉각적인 사퇴 대신 시간을 버는 사이에 대오를 정비하자는 의도였다. 결국 이후 상황 전개는 주류인 친박계가 원했던 수습 방식대로 전개되어, 주류 측의 지연 작전이 나름대로 소기의 성과를 거두는 것으로 나타났다.

새누리당의 비주류인 비박계가 중심이 된 비상시국위원회는 비주류 의원들이 모인 의원총회에서 "국정농단 사태를 방기한 '최순실의 남자들'은 당을 떠나라"고 결정하였다. 그러면서 이정현 새누리당 대표와 적극적으로 친박 활동을 하였던 7명의 의원 이름을 함께 적시하면서 '친박 8적'이라는 명단을 발표했다. 한편 비주류인 비박계의 중심에 선 유승민 의원(전 원내대표) 역시 탄핵소추 의결 이전인 2016년 11월 말 "대통령

주변에서 호가호위하고 홍위병, 내시 노릇을 했던 사람들을 당에서 몰아내야 한다"라며 인적 청산을 주장한 바 있었다.

그러자 주류인 친박계의 이장우 새누리당 최고위원은 최고위원회의에서 "비상시국위의 인적 청산 요구는 지나가는 소가 웃을 일"이라며 "당을 편 가르고 분열시키고 파괴한 김무성 전 대표와 유승민 의원은 막장 정치의 장본인이므로 당을 떠나라"고 맞섰다. 이러는 와중에서 주류인 친박계는 탄핵 반대파 52명을 중심으로 '혁신과 통합 보수연합'을 12월 13일 발족시켰다. 주류인 친박계도 비주류인 비박계와 더 이상 당을 함께할 수 없다는 입장을 정한 것으로 알려졌다. 탄핵소추 의결 직후 집권여당인 새누리당이 본격적인 분당 국면으로 치닫게 되었다.

● 비박계 30여 명 집단 탈당과 개혁보수신당 창당

집권여당인 새누리당이 분당 국면으로 넘어가면서, 과연 어느 쪽이 새누리당의 주도권을 잡게 되느냐가 핵심적인 관전 포인트였다. 새누리당의 주도권을 잡게 되는 쪽이 당 내에 잔류하게 되고, 주도권 잡기에 밀리는 쪽이 탈당하고 신당을 창당하는 수순이 될 것이기 때문이었다. 집권여당이자 거대정당이었던 새누리당의 정치적 프리미엄도 있고, 당의 공식 조직이나 재산 등도 잔류파 쪽에서 주도하여 활용하게 될 것이기 때문에 나름 중요한 승부처가 되었던 것이다.

집권여당의 당 내 주도권 다툼은 새 원내대표 선출 과정에서 판가름되었다. 며칠 뒤인 12월 16일 새누리당 소속 국회의원들이 투표한 결과, 주류인 친박계의 지원을 받은 정우택 의원이 새로운 원내대표로 선출되었다(62표: 55표). 이로써 새누리당의 주도권은 다시 친박계가 잡게 되었고, 자연히 비주류인 비박계가 탈당하여 새로운 신당을 창당하는 수순으로 이어졌다.

새롭게 선출된 정우택 새누리당 원내대표는 12월 23일 "혁명적 수준의 새누리당 혁신을 위해 당 비대위원장으로 인명진 목사를 모신다"라고 발표했다. 인명진 목사는 과거 민주화운동 경력도 있고 또 노동운동을 지원하는 활동을 하기도 하였던 사람인데 새누리당이 찾을 수 있는 보수개혁적 성향을 지닌 종교인으로 평가되기도 하였다. 새누리당이 나름 혁신하고 있다는 모양새를 갖추기 위한 고육지책이었다. 그러나 새누리당 혁신을 위한 전권을 부여받았다는 인명진 비대위원장은 얼마 안 가서 주류인 친박계에 의해 무력화되고 소기의 역할을 수행할 수 없게 되었다.

한편, 김무성, 유승민을 비롯한 새누리당 비주류 국회의원 30여 명이 12월 27일 새누리당에서 집단 탈당하고 개혁보수신당을 창당하였다.

박근혜, 헌법재판소에서의 탄핵 방어를 위해 안간힘

12월 9일 탄핵소추안이 가결된 직후 국무위원 간담회를 진행한 박근혜는 "피눈물이 난다는 게 어떤 의미인지 알겠다"는 취지의 발언을 했다고 알려지면서 국민들은 다시 분노했다. 박근혜 대통령은 일련의 국정농단 사태에 대해 일체의 반성이나 성찰 과정이 없었고, 대신 "우리나라의 미래 성장동력을 만들기 위해 정부가 추진해온 국정과제들까지도 진정성을 의심받고 있어서 안타깝다"라고 밝힘으로써 여전히 자신을 피해자로 여기고 있음을 드러냈다. 그러면서 "앞으로 헌법과 법률이 정한 절차에 따라 헌재의 탄핵 심판과 특검 수사에 차분하고 담담한 마음가짐으로 대응해나갈 것"이라며 국민이 요구하는 즉각적 퇴진은 없을 것이라고 재차 강조했다. 또 탄핵소추안 의결 직전에 검사 출신 변호사인 조대환을 청와대 민정수석으로 세운 것도, 헌법재판소에서 탄핵을 잘 방어해 탄핵을 기각시키고 다시 대통령직에 복귀하겠다는 의도를 깔고 있었다는 분석이 다수였다. 12월 16일 박 대통령 측은 헌법재판소에 제출한 답변서에서 "탄핵 이유가 없다"는 입장을 밝히기도 했다.

대통령 권한대행 된 황교안 국무총리, 적폐 사업 강행 입장 밝혀

탄핵소추안이 국회에서 의결되기 전만 해도, 야권 일각에서 황교안 국무총리를 비롯해 내각 총사퇴 요구가 나왔었다. 중도 성향의 제1야당인 민주당의 추미애 대표가 '내각 총사퇴'를 언급한 바 있으나 민주당의 핵심 관계자는 "내각 총사퇴는 그냥 실언이라고 봐야 한다"라고 언급하며 내각 총사퇴 요구를 사실상 철회했다. 그러면서 민주당 원내대변인은 황 권한대행을 향해 "만약 박 대통령에 부역하거나 '박근혜 정권 2기'를 연상시키는 조치들을 강행하면 결코 좌시하지 않겠다"라며 사실상 황교안 총리를 인정하면서 내각 총사퇴 요구에서 한 발 물러섰다. 제1야당으로서는 박근혜가 탄핵되면 바로 이어서 실시될 대선을 통해 자신들이 집권하게 될 것이라는 기대를 갖고, '정국의 안정적 관리' 쪽으로 정치적 입장을 정리한 것으로 평가되었다. 자칫 정국이 급격하게 변화되거나 예기치 못한 방향으로 상황이 진전된다면, 자신들의 집권에 차질이 생길지도 모른다는 염려를 하였던 것이다. 그 결과 황교안 총리내각이 과도기적 역할을 하도록 방치하는 꼴이 되었다.

사실상 적폐세력이었던 황교안에게 야당들이 사실상의 면죄부를 제공하자, 황교안 대통령권한대행은 연말에 발표한 탄핵정국 국정운영 방향을 통해 박근혜가 추진해왔던 적폐정책을 수정하지 않고 '일관성 있게' 이어가겠다는 뜻을 밝혔다. 사드 배치, 한·일 위안부협상을 기존 계획대로 추진하고, 국정역사교과서와 관련해서도 "왜곡과 편향이 없는 올바른 역사를 배우게 하는 게 바람직하다"면서 "현장 적용 방안이 잘 정착이 되길 기대한다"라고 말하기도 했다. 또 경제관계 장관회의에서는 "그간 정부가 추진해온 노동시장 유연화 등 필수적인 과제도 흔들림 없이 추진해야 한다"라고 강조했다. 노동개악을 강력하게 추동한 것이다. 그리고 황교안은 국무회의에서 '국가 사이버 안보 법안'을 심의·의결하며 "공공기관뿐 아니라 민간 영역까지 적용 대상으로 규정, 국가정보원의 권한과 기능을 대폭 강화하겠다"라고 밝혔다. 또한 "권한대행의 인사권 행사 유보"를 주장하는 야당의 반대에도 불구하고 인사권 행사 역시 적극적으로 행사하겠다는 의지를 보였다. 한편 황교안은 국정조사에 출석해 "차기 대통령 선거에 출마할 계획이 전혀 없다"라고 말하기도 했으나 여전히 집권여당인 새누리당에서는 황교안도 대통령 후보군 중 하나였다.

정계 개편과 개헌으로 촛불민심 왜곡하려는 시도

탄핵소추안 가결 이후 정치권은 바로 대선국면으로 접어들었다. 일단 촛불민심은 '대통령 조기 퇴진'으로 주장이 옮겨갔지만, 정치권은 개헌 또는 정계 개편을 들고나오는 모습이었다. 개헌을 들고나오는 핵심 요구는 헌법상 직선으로 뽑히는 대통령이 권력을 잡는 대통령제 권력구조를 국회에서 선출하는 총리 또는 수상이 권력을 잡는 의원내각제로 바꾸는 개헌을 하자는 의미가 있었다. 표면적으로는 제왕적 대통령제에서는 권력이 대통령 한 사람에게 너무 집중되어 민주주의를 해치게 되니, 의원내각제로 권력 분점 체제로 가는 것이 민주주의에 맞는 것이라는 명분을 세우고 있었으나, 실제적인 이유는 다른 데 있는 것 아닌가라는 의구심도 제기되었다. 즉, 대통령제 권력구조 하에서는 국민들에게 인기가 별로 없는 자신들은 대통령으로 집권할 가망성이 거의 없는 반면에, 의원내각제로 개헌한다면 이런저런 방법으로 국회의원들의 지지를 조직하면 권력을 잡을 수도 있고, 또는 최소한 권력을 일부 분점할 수도 있을 것이라는 셈법이 작용한 것이라고 해석되었던 것이다.

개헌 또는 정계 개편론의 출발은 새누리당 비박계의 김무성 의원 등에서 시작되었다. 비박계 의원들은 12월 9일 국회에서 '국가변혁을 위한 개헌추진회의'를 공식 출범했는데, 김무성 전 대표를 비롯한 비박계 의원들이 대거 참여했다. 개헌을 고리로 제3지대의 정계 개편을 촉발하려는 의도로 읽힌다는 분석이 이어졌다. 예컨대 제3지대에서 안철수 전 대표를 비롯한 제2야당인 국민의당 의원, 집권여당인 새누리당 탈당파와 비박계, 제1야당인 민주당의 비문재인계 등이 개헌을 매개로 만날 수 있다는 분석이었다. 이렇게 여러 세력을 규합하면서, 여기에 당시 인지도와 지지율이 상당히 높았던 반기문 유엔 사무총장을 차기 대선 후보로 올려 태우려는 포석도 있을 수 있었다. 특히 반기문 총장은 다음해인 2017년 1월 중순 UN 사무총장 임기를 만료하고 귀국할 것으로 예상되어서 더욱 그러했다. 그러나 이러한 흐름은 촛불민심과는 거리가 먼 것이었다.

탄력받는 국정농단 수사와 박근혜의 대응

박영수 특검은 2016년 12월 21일 현판식을 갖고 국정농단 수사에 박차를 가했다. 우선 최순실의 딸인 정유라에 대해 업무방해 혐의 등으로 체포영장을 발부했다. 국민연금공단과 보건복지부 등 10여 곳에 대한 압수수색을 실시하고 이재용 삼성전자 부회장, 최태원 SK그룹 회장, 신동빈 롯데그룹 회장 등 주요 재벌 총수들을 출국금지 조치했다. 특검은 청와대 압수수색과 박 대통령에 대한 대면조사 방침도 재확인했다. 특검은 "검찰 수사기록을 검토한 결과 청와대 일부에 대해 압수수색이 필요하다고 결론 내렸다"라며 "청와대가 검찰의 영장 집행을 거부한 것이 법리에 부합하는지도 검토에 들어갔다"라고 말했다.

박근혜가 대리인단을 통해 제출한 답변서에서는 검찰 수사 결과를 반박하며 모든 혐의를 부인했다. 세월호 7시간에 대해서는 정확하게 기억하지 못한다고 진술하며 "그런 논리라면 앞으로 모든 인명 피해 사건에 대해 대통령이 생명권을 침해했다는 결론을 초래한다"라고 답변해 국민들의 공분을 샀다. 12월 22일 열린 5차 국회 청문회에 출석한 우병우 전 청와대 민정수석은 "비서로서 볼 때 박 대통령은 훌륭했다. … 김기춘도 존경한다"라고 말하는 등 국정농단 의혹을 깡그리 부인했다.

황교안 권한대행, 적폐사업 계속 추진

● 야권 반발 속, 2017년 5월 이전 '사드 배치설' 논란

박근혜 대통령 탄핵소추안 가결 이후 군 당국이 사드 배치를 2017년 5월로 앞당기려 한다는 이야기가 흘러나오고 있었다. 이에 앞서 국회에서 탄핵소추안을 의결하기 전인 2016년 11월 빈센트 브룩스 주한 미군

사령관은 사드 배치를 서두르겠다고 언급하기도 했다. 당초 한·미 양국이 계획했던 2017년 12월경이 아니라 여름쯤 마치겠다는 것이었다. 그러나 탄핵소추안 가결 이후에는 2017년 5월 이전에 배치한다는 조기 배치설이 거론되고 있었다. 정국 상황이 유동적으로 변하자, 미군 쪽이 새 정부가 출범하기 전에 사드 배치를 서둘러 마무리하겠다는 의도로 풀이되었다.

● 국정교과서 2017년 현장 적용 — 교육부 "12월 23일까지 여론 수렴·결정"

박근혜 대통령에 대한 탄핵소추안 가결 이후 역사교과서 국정화 추진 여부가 주목받고 있는 상황에서 2016년 12월 11일 교육부 관계자는 "행정 공백을 최소화하기 위해 주말 내내 긴급회의 등을 진행했다"라며 "23일까지 수렴한 국민 여론을 토대로 국정역사교과서 현장 적용 방안을 결정한다는 기존 입장에 변함이 없다"라고 밝혔다. 적폐사업인 역사교과서 국정화를 추진하겠다는 것이었다.

● 성과퇴출제

노동자들의 거센 반발을 샀던 적폐 사업인 공공부문 성과급제 및 저성과자 퇴출제 등을 2017년 1월 1일부터 시행되는 것으로 계획되어 있었다. 그리고 12월 12일 시중 은행들이 성과연봉제 도입을 강행했다. 총 7개 시중 은행은 12월 12일 긴급 이사회를 기습적으로 열어 성과연봉제 도입을 결정했다. 그 뒤에는 박근혜 세력인 임종용 금융위원장이 있다는 분석이 있었다. 그가 12월 9일 금융위원회에서 12월 12일까지 무조건 강행을 지시했다고 알려졌다.

헌재 심판 날짜는 언제?

박근혜 국회 탄핵 이후 최대 관심사는 헌법재판소가 선고를 언제 하느냐는 것이었다. 헌재 안팎에서는 박 대통령이 2017년 4월 퇴진이라는 새누리당의 당론을 받아들인 점을 감안하면 헌재가 늦어도 2017년 3월 이전에는 결정을 낼 가능성이 높은 것으로 관측했다. 또 박한철 헌재 소장이 2017년 1월 31일 퇴임하고 이정미 헌재 재판관의 임기가 2017년 3월 13일이라는 점을 감안하면* 탄핵 가결은 시간이 지날수록 더 어려워질 것으로 판단했다. 그래서 가능하면 빨리 선고가 내려지도록, 최종적으로는 3월 13일 이전에 선고가 내려질 수 있도록, 헌재 재판을 서둘러줄 것을 촉구하는 것이 매우 중요했다.

---

* 헌법재판소는 9명의 헌법재판관이 있다. 대통령을 파면하기 위해선 헌법재판관의 6명 이상의 동의를 받아야 하는데, 박한철 헌법재판소 소장의 임기가 1월 말, 이정미 헌법재판관의 임기가 3월 13일 만료됨에서 따라 3월 13일 이후엔 7명의 재판관만 남아 있어 2명의 재판관만 탄핵에 반대하면 탄핵이 부결되는 상황이었다. 박근혜 측에서는 당연히 탄핵심판을 지연시키려는 전략을 채택했다.

12월 말까지 퇴진행동 계획

탄핵소추안 가결 이후 퇴진행동의 대응 기조

퇴진행동은 박근혜 대통령에 대한 국회의 탄핵소추 가결은 촛불시민이 이뤄낸 성과라고 평가했다. 헌법재판소에서의 파면이라는 중대한 과제가 남아 있고, 박근혜 없는 박근혜 체제의 임시 책임자인 황교안 대통령권한대행(국무총리)은 국회의 탄핵소추 가결에도 불구하고, 역사교과서 국정화 등 박근혜 적폐사업을 지속적으로 추진한다는 입장을 천명했다. 퇴진행동은 12월 14일과 12월 22일 전국대표자회의를 개최해, 아래와 같은 정세 인식과 이에 대응하는 투쟁계획을 잡아나갔다.

박근혜 대통령은 탄핵 사유에 대해 전면 거부하면서, 헌재에서의 탄핵심판에 적극 대응하고 있는 것으로 분석되었다. 새누리당도 친박계가 당권을 다시 장악하면서 박근혜 버티기의 핵심 지원세력으로 재구성되고 있었고, 박근혜와 공범자들의 버티기가 공세적으로 진행되는 동시에 박근혜 비호세력 등 극우세력들이 탄핵 무효, 탄핵 반대 집중집회를 시작하고 있는 것으로 분석되었다. 여기에 보수언론은 탄핵소추안 가결 이후, "촛불의 역할은 끝났다"며 일상으로의 복귀를 촉구하고, 촛불시민을 분열시키려 하고 있다고 분석했다.

퇴진행동은 이후 사업 방향으로 5대 집중사업 과제를 제출했다.

퇴진행동의 5대 집중사업 과제

● 황교안 권한대행 사퇴 강력 요구

황교안 대통령권한대행은 마치 자신이 대통령이라도 된 듯이 각종 박근혜표 국정농단 정책을 강행하고, 인사권을 행사하는 등으로 보수진영 내 자신의 입지를 부각시키고 있었다. 이에 퇴진행동은 황교안이 박근혜 국정농단의 공범임을 부각시키면서 황교안의 사퇴를 강력하게 요구하기로 하고, 퇴진행동 내 적폐청산특위를 구성, 적폐청산 운동을 적극적으로 펼치기로 했다.

반면 정치권에서는 박근혜의 탄핵이 인용 결정되고 나면 곧이어 진행될 대통령 선거 준비로 집중하게 되면서, 사실상 황교안 대행체제를 인정하는 태도를 취하였고, 결국 이런 과정을 거쳐 적폐세력의 핵심인 황교안에게 면죄부를 주는 셈이 되었다. 이런 분위기를 타고 황교안 대통령권한대행은 박근혜 적폐사업을 이어받아서 계속 강행할 수 있었다.

● 헌재의 결정이 늦춰질 수 있다는 분석 ─ 조기 심판 촉구

헌재 박한철 소장이 2017년 1월 31일로 임기가 끝나고, 이정미 재판관의 임기가 2017년 3월 13일로 종료되기 때문에 탄핵가결은 시간이 지날수록 더 어려워질 것으로 판단했다. 그래서 퇴진행동은 2017년 1월 내 조기 탄핵심판을 강력하게 요구하기로 했다.

● 정치권은 여·야·정 협의체 구성과 개헌특위 가동 등에 합의, 촛불민심 외면하는 꼼수

탄핵소추안 가결 이후 정치권에서 여·야·정 협의체 구성이나 개헌특

위 가동 등에 합의하는 것에 대해, 퇴진행동은 심각한 문제가 있다고 판단했다. 광장에서 활화산처럼 터져 나오는 개혁 요구나 직접민주주의적 국민주권행사를 국회라는 제도권 내 정치로 한정할 수 있다는 점에서, 자칫 촛불민심이 왜곡될 수도 있다는 강력한 문제제기가 있었다.

애초 2016년 10월 24일 박근혜가 국회를 찾아가 개헌을 추진하자고 했고, 이어 11월 29일 제3차 담화에서도 임기 단축을 언급하며 사실상 개헌을 추동하려 했다는 점에서, 탄핵소추안 가결 직후 국회에서의 개헌 논의는 박근혜 즉각 퇴진 투쟁전선을 분산시키는 요소로 작용하게 되고, 따라서 촛불광장의 민심을 왜곡하는 점에서 경계해야 한다는 것도 명확히 했다.

● 최순실 국정농단 의혹사건을 규명하기 위한 박영수 특별검사팀 본격 가동. 특검의 역할 중요

2016년 12월 들어 특검 수사가 본격화되자 특검에 대한 국민적 감시가 중요하다고 판단했다. 특검을 보는 시선이 처음부터 우호적이었던 것만은 아니었다. 박영수 특검은 2015년 황교안 국무총리 인사청문회에 증인으로 출석해 황교안을 옹호한 바 있었고, 또 우병우 전 민정수석과 절친한 최윤수 국정원 2차장의 양아버지로 불릴 만큼 최 차장과 가까운 사이로 알려지면서 특검 수사가 제대로 될 수 있을까 하는 의구심이 있었다. 그리고 특검법에서 명시된 수사 대상에서 정윤회 문건 수사 당시의 검찰 부실 수사 및 우병우 개입 의혹, 김기춘 전 대통령 비서실장을 비롯한 청와대의 공작정치 의혹, '세월호 7시간' 동안의 대통령 행적 의혹 등 중요한 사건들이 다수 빠져 있어, 대통령과 청와대, 재벌과 검찰을

상대로 성역 없이 수사해 모든 의혹을 규명할 수 있을지도 우려스러웠다. 이에 퇴진행동은 이후 특검 수사가 헌재 판결과 적폐 청산에 매우 중요한 매개가 될 것으로 판단하고, 특검에 대해 국민적 감시를 적극적으로 펼치기로 했다.

● 김영한 비망록 폭로, 청와대 공작정치 드러나 ― 공작정치 문제 전면화

한편, 전 청와대 민정수석이었던 '김영한 비망록'이 폭로되면서, 박근혜 정권이 공작정치를 일삼으며 민주주의 근간을 크게 훼손했다는 사실이 백일하에 드러나고 있었다. 심지어 대법원과 헌법재판소까지 공작의 대상으로 삼았고, 통합진보당 해산 과정에서 청와대와 대법원, 헌법재판소 간에 내통이 있었던 것으로 보이는 여러 가지 증거가 발견되기도 했다. 이에 퇴진행동은 '청와대 공작정치' 진상 규명과 책임자 처벌도 함께 요구하기로 했다.

연인원 1,000만 명 돌파한 12월 촛불

추위와 폭설을 뚫고 주말마다 이어지는 퇴진촛불

퇴진행동은 '범죄자 박근혜 즉각 퇴진 및 구속 처벌'이라는 핵심 기조를 군건하게 유지하기로 하고, 박근혜표 정책 폐기·공범세력 처벌 등 '박근혜 적폐 청산' 요구를 부각하기로 했다. 그리고 '재벌도 공범이다, 공범자 재벌 총수 구속·전경련 해체'를 지속적으로 강조하기로 했다. 또한 황교안 권한대행 및 내각 총사퇴, 공범자 새누리당 해체 기조를 유지하면서, 적폐 청산을 위해 야당 등 정치권에 대한 대응을 강화하기로 했다. 특히 헌법재판소에 탄핵 조기 심판을 요구하기로 했다. 이러한 기조 아래 12월 17일, 24일, 31일 촛불을 이어가기로 했다.

한상균 민주노총 위원장 석방과 재벌 총수 구속을 위한 집중행동 진행

퇴진행동은 국회에서의 탄핵소추안 가결 직후인 2016년 12월 12일 "박근혜를 즉각 구속하라! 한상균을 즉각 석방하라!" 기자회견을 진행했다. 하지만 서울고법 형사2부는 한상균* 민주노총 위원장에게 징역 3년과 벌금 50만 원을 선고했다.

이후 '퇴진행동 재벌구속특위'가 중심이 되어, 박근혜에게 거액의 뇌물을 제공한 재벌 총수를 구속하라는 투쟁이 집중적으로 진행되었다.

---

* 한상균 위원장은 민주노총 위원장으로 2015년 11월 14일 민중총궐기 대회를 개최하여 박근혜퇴진투쟁에 앞장섰다는 이유로 구속되었다.

12월 13일에는 (박근혜 적폐 노동개악 폐기 및 부역자 청산 촉구 대회)가 민주노총과 한국노총의 공동주최로 진행되었고, 연말을 앞둔 12월 27일에는 "특검의 첫 번째 임무, 뇌물죄 주범 재벌총수들 구속 수사하라" 기자회견을 진행했다.

12월 17일 [박근혜 즉각 퇴진 공범처벌 · 적폐청산 행동의 날 8차 범국민행동] ─ 황교안 즉각 사퇴 외쳐

국회에서의 탄핵소추안 가결 이후에도 촛불집회는 중단되지 않았고, 12월 17일 촛불광장에 다시 77만 명이 모였다. 시민들은 "헌재는 '탄핵'을 머뭇거리지 말라!"라고 외쳤다. 참가자들은 12월 16일 박근혜 대통령 측이 헌법재판소에 제출한 답변서에서 "탄핵당할 이유가 없다"라고 밝힌 것을 규탄하며 박 대통령 즉각 퇴진을 요구했다. 헌재의 신속한 심판도 촉구했다. 퇴진행동은 "국민의 명령은 '박근혜 즉각 퇴진'뿐"이라며 "지금 대통령 행세를 하며 '박근혜 없는 박근혜 체제'를 강행하는 황교안 총리는 즉각 사퇴하고, 헌재는 한 치의 머뭇거림 없이 박 대통령을 신속히 파면해야 한다"라고 강조했다.

본 집회 전에는 박근혜 정권 퇴진 전국대학생시국회의 주최로 '박근혜에게 F학점을'이라는 제목으로 '종강촛불'이 개최되었다. 본 행사가 끝난 오후 6시 30분부터 청와대와 총리공관, 헌재 방면으로 4개 경로를 이용한 행진과 집회가 이어졌다.

박근혜 비호세력들 대중집회 시작

한편 박근혜 비호세력들인 보수단체들의 집회도 시작되었다. 박정희 대통령육영수여사숭모회 등 50여 개 단체로 구성된 '대통령 탄핵기각을 위한 국민총궐기 운동본부'(탄기국)는 헌법재판소 인근인 종로구 안국역 앞 삼일대로 일대에서 탄핵 반대 집회를 개최했다. 이들은 집회 참가 규모를 말도 안 되게 부풀려서 발표하면서, 마치 수많은 국민이 박근혜 탄핵을 반대하고 있다는 듯이 터무니없는 허장성세를 일삼았다.

박근혜 비호세력들에 의한 본격적인 반격이 시작된 셈이었다.

12월 24일 [끝까지 간다! 박근혜 즉각 퇴진! 조기 탄핵! 적폐 청산! 하야크리스마스 9차 범국민행동]

성탄절 전야인데다 매우 추운 영하의 날씨여서 퇴진행동 관계자들은 참여자가 대폭 축소되는 것 아닌지 걱정이 많았다. 그러나 이 걱정이 그저 기우였다는 것이 밝혀지는 데에는 오랜 시간이 걸리지 않았다. 성탄 전야의 제9차 범국민행동〔끝까지 간다! 9차 범국민행동 박근혜 즉각 퇴진 조기 탄핵, "온누리에 하야를 하야크리스마스"〕에는 광화문에만 60만 명, 전국적으로 70여만 명이 촛불을 밝혔다. 퇴진행동은 황교안 대통령 권한대행(국무총리)이 업무를 수행하는 정부종합청사 건물을 향해 "황교안도 공범이다. 물러나라!"라고 구호를 외쳤다.

이날 광화문광장에서 열린 아홉 번째 촛불집회에 참가한 시민들은 '어둠은 빛을 이기지 못한다'는 의미를 담은 '1분 소등' 행사에 참여했다. 이날 처음으로, 사회자의 신호에 따라 촛불광장의 시민들이 일제히 1분간 소등을 하고 난 뒤, "어둠은 빛을 이길 수 없다. 거짓은 참을 이길 수 없다. 진실은 침몰하지 않는다. 우리는 포기하지 않는다"라는 노래가 잔잔하게 흘러나오면서, 시민들이 일제히 다시 점등하는 행사를 진행하였는데, 광장에는 실로 장엄한 분위기가 형성되었다. 참가 시민들은 마치 종교적 의식을 함께 진행한 것 같은 경건한 분위기를 경험했다. 이날 이후 촛불집회가 열릴 때마다 '소등과 점등' 행사가 진행되면서, 퇴진촛불의 간판행사로 발전된 셈이다.

이날 1시간여 촛불집회를 마친 시민들은 청와대·헌법재판소·총리공관 3개 방면으로 행진했다. 행진을 끝낸 시민들은 다시 광화문광장으로 나와 '하야 크리스마스 콘서트'에 참가했다. 수많은 음악인이 차례로 무대에 올라 촛불시민들에게 크리스마스 캐럴을 선사했다.

박근혜 비호세력들 대중집회 이어가

한편, 이날 박근혜 대통령 탄핵 무효를 주장하는 보수단체도 집회를 열었다. 보수세력들의 탄핵반대 집회가 일회성으로 끝나지 않고 꾸준히 지속되는 모양을 만들었다. 이들은 "촛불은 바람이 불면 꺼진다"라던가, "검찰은 박근혜 대통령을 공범으로 만들었다. 최순실이 잘못했다 하더라도 연좌제 금지 원칙에 따라 박근혜 대통령에게는 책임이 없다"라고 목소리를 높였지만, 이후로도 촛불은 꺼지지 않았고, 또 박근혜 탄핵도 막을 수 없었다.

강물(백성)이 화나면 배(임금)를 뒤집는다(君舟民水)

교수신문에서는 해마다 연말이면 전국의 교수들의 투표를 통해 4자의 한자(4자성어)를 선택하여 그해의 특징을 설명해왔는데, 퇴진촛불이 한창 진행되던 2016년에는 교수들이 올해의 사자성어로 '강물(백성)이 화나면 배(임금)를 뒤집는다'는 의미의 군주민수(君舟民水)를 뽑았다. 2

위는 역천자망(逆天者亡: 천리를 거스르는 자는 패망한다), 3위는 노적성해(露積成海: 작은 이슬이 모여 큰 바다를 이룬다)였다. 훗날까지 군주민수라는 4자성어는 많은 사람에게 회자되었다.

12월 24일부터 탄핵 조기 심판을 외침

퇴진행동은 이날부터 공식적으로 헌재에 조기 심판을 요구했다. 헌재에 대해 적극적으로 압박하는 기조를 분명히 한 것이다. 또한 다양한 압박 방안을 마련하기로 했다. 이렇게 된 이유는 탄핵 심판 기간이 길어질 수 있고, 그럴 경우에는 헌재에서 탄핵 인용이 어려울 수 있다는 우려 때문이었다. 이에 헌재를 향한 구호인 '탄핵 조기 심판'을 추가하기로 했다. "박근혜 즉각 퇴진, 구속 처벌"을 핵심 슬로건으로 하고, "탄핵 조기 심판" 구호는 하위 구호로 한 것이다.

국회에서 탄핵소추안을 가결한 직후, 퇴진행동 내에는 헌재에 대한 이중적인 판단이 동시에 존재했다. 헌재가 이전 시기 경찰의 물대포 직사*를 합헌으로 결정하고 전교조 합법화와 군형법 문제 등에 있어서 보수적이며 반인권적 결정을 한 것에 대해, 또 진보정당인 통합진보당을 무리하게 해산하기도 한 것에 대해, 그 문제점을 폭로할 필요가 있다는 의견도 있었다.

반면에 헌재 재판관들에게 엽서 보내기 청원 운동이나 탄원을 하는 방법이 더 중점이 되어야 한다는 목소리도 있었다. 그러나 이렇게 결이

---

* 경찰의 물대포 직사를 헌법재판소가 2014년 합헌으로 결정함에 따라 시위대에 대한 경찰의 과잉진압을 용인하는 결과를 낳게 되었다. 그 결과 2015년 11월 14일 민중총궐기 투쟁 과정에서 백남기 농민이 경찰의 물대포를 맞고 쓰러져 결국 사망한다.

[끝까지 간다! 9차 범국민행동 — 박근혜 정권 즉각 퇴진, 조기 탄핵, 적폐 청산 행동의 날] 집회가 성탄전 야인 24일 저녁 서울 광화문광장에서 열려 산타클로스 복장을 한 '박근혜 정권 퇴진 청년행동' 소속 청 년들이 박 대통령에게 전달한 '수갑 선물'을 들고 청와대 방향으로 행진하고 있다. ⓒ한겨레

다른 두 가지 목소리는, 12월 중순 이후 헌재에 국민의 목소리를 전달해 서 압박해야 한다는 내용으로 모아졌다. 이러한 맥락에서 퇴진행동은 12월23일 헌재 앞에서 "박근혜 #조기탄핵! #헌재는 답하라! 퇴진행동 기자회견"을 진행했다.

12월 31일 박근혜 즉각 퇴진! 조기 탄핵! 적폐 청산! 송박영신 10차 범국민 행동 — 연인원 천만 명 돌파

'박근혜 대통령을 보내고 새해에는 새로운 대한민국을 맞는다'는 의 미로 이름 붙여진 '송박영신(送朴迎新) 제10차 촛불집회'에는 서울에서 는 100만 명 이상의 시민이 집결했고, 이외 지역에서도 10만 명 이상 모인 것으로 집계됐다. 12월 24일 9차 범국민 행동까지 모였던 연인원

은 895만 명이었으니, 그해 마지막 날인 이날, 퇴진촛불 참가인원이 연인원으로 드디어 천만 명을 돌파했다.

이날 집회는 전남 진도군 팽목항에 있던 세월호 미수습자 단원고 허다윤 학생의 어머니와 화상통화로 시작했다. 허다윤 학생 어머님은 "세월호 참사 발생 1,000일이 다가온다. 마지막 한 명까지 가족의 품으로 돌려 보내주겠다는 약속을 부디 지켜달라"며 세월호 인양을 촉구했다. 저녁 8시부터 '송박영신 콘서트'가 진행되었다. 기타리스트 신대철과 가수 전인권 등이 무대에 올라 '아름다운 강산'을 불렀다. 신 씨는 친박 단체들이 박근혜탄핵반대 집회를 하면서 자신의 아버지 신중현의 곡 '아름다운 강산'을 집회에서 부른 것에 반발해 이날 출연을 자청했다고 밝혀 시민들로부터 열띤 환호를 받았다. 이어 저녁 9시 30분께 '하야의 종' 타종행사를 열었다. 송박영신 콘서트를 마친 시민들은 이날도 청와대, 국무총리 공관, 헌법재판소를 향해 행진했다. 많은 시민이 행진을 마친 뒤 보신각으로 집결해 '제야의 종' 타종행사에 참여하였다.

이날 사전행사에는 "소원을 말해 봐, 세 개만 말해 봐" 국민 소원 종이배 행사가 진행되었다. 이에 앞서 12월 28일은 '장애인과 가난한 사람들이 함께 사는 세상 장애등급제·부양의무제 폐지를 위한 촛불', 12월 29일은 '박근혜 정권의 언론장악 적폐 청산을 위한 촛불문화제', 12월 30일은 '박근혜 정권 시기의 열사, 희생자를 기억하는 문화제 그리고 행진' 등이 열려 민주주의 관련 다양한 의제가 광장에서 확장되어갔다.

제10차 촛불집회. 송박영신 문화제(2016.12.31.)

퇴진행동, 적폐청산특위 구성과 조직 강화 추진

— 6대 긴급현안 선정

적폐청산특위 구성하고 6대 긴급현안 과제 제출

— 야당 면담을 통해 6대 긴급현안 등 박근혜표 정책 중단 요구

박근혜 대통령이 국회에서 탄핵소추안이 가결되고 대통령 직무가 정지되었음에도 불구하고, 황교안 대통령권한대행(국무총리)이 박근혜의 적폐정책 관련 사업을 수정하거나 중단하지 않고 그대로 계속 추진해나가자, 퇴진행동은 내부에 적폐청산특위를 구성하고, 대응 사업에 적극 나서기로 했다. 2016년 12월 22일 대표자회의에서는 특위 명칭을 '국정농단 정책, 나쁜 정책 폐기 등 적폐청산특위'로 정했다. 특히, 연내에 긴급하게 해결해야 할 과제로 6대 긴급현안 과제를 선정했는데, 6대 과제는 집중의제 성격이라기보다 시급한 현안을 제시하는 성격이었다. 이후로는 의제를 제한하지 않고 다양한 의제를 제안받기로 했다. 한편 김영한 비망록에 나온 박근혜 대통령의 정치공작 의혹과 관련해서는 민주주의 파괴의 핵심 사례라는 점에서 주요 현안으로 다루기로 했다.

퇴진행동에서 6대 긴급현안 과제를 선정한 이유는, 첫째로 국회가 약속했지만 추진이 중단된 사안으로 ① 세월호참사특별법 제정 및 특검 의결, ② 백남기 농민 사망사건 특검 실시, 사드 배치 밀어붙인 한민구 국방장관 해임 등의 과제가 이에 해당되고, 둘째로 당장 중단하지 않으면 큰 혼란을 가져올 사안으로 ③ 성과연봉제 중단, ④ 사드 배치 중단, ⑤ 국정역사교과서 추진 중단 등의 과제가 여기에 해당되었으며, 마지막으로 입법으로 해결해야 할 과제로는 ⑥ 공영방송 공정성 확보를 위해 방송장악금지법 제정 문제라고 정리되었다.

박근혜 정권의 임시관리자 역할을 맡은 황교안 대통령권한대행이 개혁적 조치를 취할 리가 없는 상황에서는, 이러한 긴급현안 과제들을 해결하기 위해서는 결국 국회에서 관련 입법을 하는 방법밖에 없었다. 그래서 퇴진행동 내부회의에서 적폐 청산과 6대 긴급현안 해결 문제와 관련해 야당대표 면담 추진에 대해 논의했다. 그러나 퇴진행동 내부에서 야당 대표와의 면담추진 문제와 관련해서 일부 이견이 존재하였다. 야당대표 면담해봤자 별 효과가 있겠냐는 의문점이 제기되기도 하고, 또 혹시 야당 정치인들에 의해 면담이 이용될 가능성이 있는 것 아니냐는 우려가 제기되는가 하면, 심지어는 야당 대표 면담의 의미가 없다는 주장도 있었다. 모두 야당 정치인들에 대한 심한 불신감의 표시였다.

그러나 신중한 내부 토론을 거친 결과 이런 우려 점을 충분히 고려해야겠지만, 시급한 현안이 걸려 있는 만큼 우선 야당 대표 면담을 추진한 뒤 그 결과를 투명하게 공개하고 보고하기로 했다. 이러한 과정을 거쳐 권태선 환경운동연합 대표, 박석운 한국진보연대 대표, 정연순 민변 회장, 최종진 민주노총 위원장 직무대행, 이태호 퇴진행동 공동상황실장 등은 2016년 12월 20일 제1야당인 더불어민주당의 추미애 대표를 면담했다. 이 자리에서 퇴진행동은 ① 황교안 권한대행 인정할 수 없다, ② 여·야·정 협의체 추진 중단하라, ③ 개헌특위 안 된다, ④ 6대과제(세월호 진상 규명/백남기 특검/국정교과서 중단/언론독립/성과퇴출제 중단/사드 배치 중단)로 명명되는 긴급 현안을 연내에 시급하게 해결할 것을 요구했다.

퇴진행동 조직 강화 방안

퇴진촛불이 100만 촛불을 거쳐서 본격적으로 상승·확산되면서 국회에서 탄핵소추안 발의가 논의되던 시기인 2016년 12월 1일 개최된 퇴진행동 전국대표자회의에서는, 퇴진행동이 전국적 조직체계를 갖출 필요가 있다는 데 대체적인 공감대를 형성하고 의견을 모았다. 구체적으로 전국적 체계를 어떻게 구성할지에 대해서는 몇 가지 논의 과정을 거치기로 했다. 우선 광역 단위 집행책임자 연석회의를 통해 1차적 가닥을 잡고, 이후 운영위원회 논의를 거쳐 그 결과를 바탕으로 차기 대표자회의를 개최해 논의하기로 했다. 그러나 운영위 등에서 논의를 진행했으나 전국적 체계의 구체적 내용과 관련해서 좀처럼 의견이 좁혀지지 않았다. 결국 2016년 12월 14일 제3차 전국대표자회의에서는 퇴진행동의 조직 강화 방안으로 두 가지 안이 제출되었다. ① 현행 유지 중심으로 보완하는 방안, ② 대표 기구 등을 신설하는 방안이라는 두 가지 안을 중심으로 토론을 진행했으나 하나의 안으로 의견 수렴이 되지 않아, 2016년 12월 22일 전국대표자회의에서 아래와 같은 의견이 제출되었다.

제안 1

참여하는 모든 단체의 대표를 퇴진행동의 대표로 하는 현행 유지. 다만 지역 차원의 촛불이 활성화되고 중요한 의미를 갖고 있는 점을 고려하여 보완하는 방안

- 한시적 기구라는 퇴진행동 성격과 그간의 평가에 기초하였을 때 현행 체제가 큰 무리가 없고, 지역과의 소통을 강화하고 책임성을 높이는 보완 방안을 마련하는 것이 합당하다는 것.

- 조직의 발전 전망 및 대안 마련과 관련한 조직체계 변화는 추후 논의해야 한다는 것. 또한 단일한 체계로 가기에 제 단체의 동의기반이 넓지 않다는 것.
- 기민한 대응과 투쟁에 좀 더 집중해야 하고 대표 선출 문제로 불필요한 논란이 커질 수 있다는 것.
- 전국운영위 및 대표자회의 강화를 통한 전국적 체계 마련이라는 점에서 지난 대표자회의 결론과 크게 다르지 않다는 것이었고, 현재의 집단적 토론과 결정 구조가 현 시국에 적절하다는 점 등이 제시되었다.

제안 2

2안인 대표 기구 등의 신설 방안을 지지하는 이유로,

- 탄핵 이후 국면이 전환된 시점에서 대안 및 방향과 전망을 명확하게 제시하며 지도성을 갖추는 조직 강화가 필요하다는 것. 1987년과 같이 제도정치권에 투쟁의 성과를 빼앗겨서는 안 된다는 의견.
- 시·군·구 단위까지 투쟁이 조직되는 상황에서 조직구조를 튼튼히 갖춰야 지역 동력을 모아낼 수 있다는 것, 탄핵 이후 전략적·집중적 판단이 필요한 상황에서 민주적 의결구조 보장과 함께 전략적으로 고도화되어야 할 필요성 있다는 것.
- 또한 퇴진운동의 정치적 메시지가 대표단을 통해 의인화될 필요성 있고 새로운 국면에서 책임 있는 단위들이 전국적으로 단일한 목표를 갖고 방향을 제시해야 함.
- 현재까지의 역할을 넘어 정치력을 강화해야 하는 국면이며 집단지도체제가 필요하다는 점.

토론을 거쳐 퇴진행동은 2016년 12월 22일 전국대표자회의를 통해 조직 강화 방안을 아래와 같이 결정했다.

결정 사항

- 1안을 기본으로 하되, 30~50명 이내의 논의조정기구로서의 공동대표단을 두고, 전국대표자회의 및 전국운영위를 강화하기로 함.
- 광역 단위별 1인의 집행책임자의 상임운영위원 역할 관련한 설명 있었으며, 이에 대해 공동상황실장단에서 추가 논의할 예정임.
- 후보 추천과 관련해, 운영위원회에서 안을 만들어 차기 전국대표자회의에 올리고, 이를 인준하는 것으로 함.
- 차기 전국대표자회의 날짜는 상황을 고려해 운영위원회에서 일정을 확정하고 공지하기로 함.

그 겨울 광장에는 세찬 눈보라가 몰아치고

걸핏하면 기온은 영하로 곤두박질쳤다.

체감온도는 더 떨어졌다.

그런 날이면 시민들은 평소보다

더 일찍 광장으로 나왔다.

박근혜의 반격 시도와 탄핵심판 시작
그리고 특검 수사 본격화

박근혜 대통령 신년간담회 통해 모든 의혹 전면 부인, "삼성 도와주라 지시한 적 없다"

　박근혜 대통령은 2017년 1월 1일 청와대 출입기자들과 만난 자리에서 '작정한 듯' 그간 검찰과 특검, 언론 등에서 제기한 의혹을 전면 부인했다. 박 대통령은 "저를 도와줬던 분들이 뇌물이나 뒤로 받은 것 하나도 없이 맡은 일을 열심히 한 것인데 고초를 겪는 것을 보고 마음이 아프다"라며 '사적 이익'을 챙기지 않았다고 주장했다. 또 대기업에 압력을 행사했다는 의혹에 대해서도 "창조경제나 문화로 세계로 뻗어나가면 한류도 힘을 받고 국가브랜드도 높아지고 기업에게도 도움이 된다는 생각으로 (기업이) 동참한 것"이라며 기업의 자발성을 내세웠다. '순수한 의도'와 '개인적 이익이 없었다'는 점을 강조하며 특검이 정조준하고 있는 뇌물죄 혐의에 '통치행위'라는 방어막을 치는 모습이었다. 박 대통령은 2016년 5월 삼성물산-제일모직 합병 과정에 직접적인 지시를 내렸다는 의혹을 전면 부인하면서 "(특검이) 완전히 엮은 것"이라고 목소리를 높였다. 박 대통령은 정부에 비판적인 문화계 인사 이름이 담긴 이른바 '블랙리스트' 의혹에 대해서도 모르쇠로 일관했다. 박 대통령은 청와대가 블랙리스트 작성에 깊숙이 관여했다는 의혹에 대해 "전혀 모르는 일", "전혀 알지 못하는 일"이라고 강하게 부인했다.

박근혜 대통령이 2007년 1월 1일 오후 청와대 상춘재에서 출입 기자들과 간담회를 열었다. ⓒ청와대

탄핵 심판 시작 ─ 박근혜 측의 궤변 "퇴진촛불 민심 아니다" 박근혜 비호세력의 반격

헌법재판소의 탄핵심판 공개 변론이 2017년 1월 3일 시작되었다. 헌재는 박 대통령 탄핵소추의결서 접수 3주 만에 준비절차 기일을 마무리했다. 박 대통령은 제1회 공개변론이 열리는 1월 3일 모습을 나타내지 않았다. 박 대통령 측은 기록의 방대함을 호소하며 헌재의 속도감 있는 진행을 반대했다. 그러나 박한철 헌법재판소장은 신년사를 통해 "탄핵심판, 신속하고 공정하게 끝내겠다"라고 발표했다.

한편 1월 5일 진행된 박근혜 탄핵심판 2차 변론에서 박근혜 측 대리인인 서석구 변호사는 탄핵소추가 부당하다는 주장을 쏟아냈다. 그는 북한 언론이 촛불집회를 극찬한다며 색깔론을 제기하고, 특히 박근혜를 십자가 진 예수와 사약을 받은 소크라테스에 비유하기도 했다.

또한 법원에서도 1월 5일부터 최순실, 안종범, 정호성에 대한 본격적인 형사재판이 시작되었다.

특검, 이재용 구속영장 청구했으나 기각

특검팀은 이재용 삼성 부회장이 대통령 면담 직후 임원회의에서 최순실 일가에 대한 지원 방안을 마련하라고 지시한 정황을 비롯해서 이부회장이 최 씨 지원에 개입했음을 시사하는 제보를 입수한 것으로 알려졌다. 삼성그룹이 최순실 그 배후에 있는 미르·K스포츠재단에 204억 원을 출연해 재벌기업 중 가장 많이 출연했고, 또 승마 선수인 최 씨의 딸 정유라를 지원하고자 최 씨가 세운 독일 현지법인 코레스포츠(비덱스포츠 전신)와 220억 원 규모의 컨설팅 계약을 맺어서 이 가운데 35억원을 송금했으며, 최 씨의 조카 장시호가 운영하는 동계스포츠영재센터에도 16억 2,800만 원을 후원했다. 삼성이 최 씨 일가에 지원한 총 금액은 430억 원에 이르렀다.

공공기관인 국민연금관리공단은 2015년 7월 10일 삼성그룹 측이 이재용의 편법(탈법) 경영승계를 목적으로 추진했던 제일모직과 삼성물산의 합병에 찬성을 의결했고, 보름 뒤인 7월 25일 박 대통령과 이재용 부회장 간 단독 면담이 이뤄졌다. 이후 최 씨 측 지원을 위한 삼성 측의 물밑 움직임이 본격화되었다. 대한승마협회장을 맡은 삼성전자 박상진 사장이 삼성과 최 씨 간 가교 구실을 하며 자금 지원의 실무를 총괄했지만, 그 배후에 삼성 미래전략실이 있는 것으로 특검은 파악하고 있었다. 특히 특검은 박근혜 대통령과 이재용 부회장의 독대 자리를 주목했다. 특검은 2015년 7월 25일 박근혜 대통령과 이 부회장이 독대했을 때 삼성

430억 원대 뇌물 공여와 횡령·위증 등 혐의에 대한 구속영장이 기각된 이재용 삼성전자 부회장이 종이백을 들고 19일 오전 의왕시 서울구치소 밖으로 걸어 나오고 있다. ⓒ연합뉴스

이 승마협회 등을 통해 최 씨 측을 지원하도록 박 대통령이 요청한 것으로 판단했다.

박근혜 대통령에게 뇌물을 제공한 혐의를 받고 있는 이재용 삼성전자 부회장의 사전구속영장이 1월 19일 법원에서 기각됐다. 이 부회장의 뇌물공여를 매개로 박 대통령의 뇌물수수 혐의를 수사하려고 했던 박영수 특별검사팀의 구상이 큰 차질을 빚었다.

서울중앙지법 조의연 영장전담 부장판사는 사전구속영장을 기각하면서 "뇌물 범죄의 요건이 되는 대가관계와 부정한 청탁 등에 대한 현재까지의 소명 정도, 각종 지원 경위에 관한 구체적 사실관계와 그 법률적 평가를 둘러싼 다툼의 여지, 관련자 조사를 포함해 현재까지 이뤄진 수사 내용과 진행 경과 등에 비춰 볼 때, 현 단계에서 구속의 사유와 필요성, 상당성을 인정하기 어렵다"라고 이유를 밝혔다. 구속영장의 기각 사유에는 특히 뇌물 수수자에 대한 조사가 이뤄지지 않았다는 내용도 들어가 있었다.

뇌물 수수자는 박근혜 대통령인데 그가 조사를 거부하고 있다는 이유를 들어 충분히 소명되지 않았다고 영장을 기각하면, 조사를 거부하기만 하면 영장이 모두 기각되는 것이냐는 비판도 잇따랐다. 또한 문형표 전 보건복지부 장관은 삼성 합병과 관련해 공기업인 국민연금에 영향력을 행사했다는 이유로 이미 구속되어 있었다. 문 전 장관의 경우에도 박 대통령에 대한 조사 없이 이미 구속됐는데, 이럴 경우 형평성이 어긋나는 게 아니냐는 비판도 일었다.

이재용에 대한 구속영장 청구가 기각된 이후에도 촛불광장에서 국정농단의 핵심 공범인 재벌 총수 구속에 대한 요구도 거세게 타올랐고, 또한 이재용 구속을 촉구하는 노동자와 시민 그리고 법률가 들의 투쟁이 강력하게 진행되었다. 광장의 투쟁 열기와 여론의 압박에 힘입어서 특검팀은 영장을 재청구해서 한 달쯤 뒤인 2월 17일, 특검 수사 기한 마감을 며칠 앞두고 이재용을 결국 구속한다.

'블랙리스트 혐의' 김기춘 · 조윤선 모두 구속

김기춘 전 대통령비서실장과 조윤선 문화체육관광부 장관이 '문화예술계 블랙리스트'를 작성·관리한 혐의로 1월 21일 구속 수감됐다. 지난 수십 년간 각종 위법한 공권력 행사 의혹에도 사법처리를 피해왔던 김 전 실장도 촛불시민들과 박영수 특별검사팀의 칼날을 피할 수는 없었고, 조 장관은 현직 장관으로는 처음으로 영장실질심사를 받고 구속 수감되는 '불명예'를 기록하게 되었다.

1970년대 초 유신헌법을 기초하고, 이후 법무장관으로 그리고 박근혜 정부에서는 대통령비서실장을 맡아 무소불위의 권력자로 역할을 하면서 선거개입 혐의 등 엄청난 범법 행위를 저질렀어도 단 한 번도 구속되지 않았던 김기춘이 구속된 것이다. 퇴진촛불의 힘이 뒷받침되지 않았더라면 실현 불가능한 일이었을 것이다.

구속영장을 발부한 성창호 부장판사는 21일 김 전 실장과 조 장관의 구속영장을 발부하면서 "범죄 사실이 소명되고 증거 인멸의 우려가 있다"라고 밝혔다. 김 전 실장은 2013년 8월부터 2015년 2월까지 대통령 비서실장으로 재직하면서 박근혜 정부에 비판적인 문화예술계 인사들을 정부 지원에서 배제하려는 의도로 작성된 블랙리스트 작성과 관리에 주도적으로 관여한 혐의 등을 받았다. 조 장관도 청와대 정무수석이던 2014년 6월부터 2015년 5월까지 문화예술인 블랙리스트 작성·관리에 관여한 혐의를 받았다.

민주당 "재벌개혁·방송개혁·공수처·18세 선거연령 입법에 최선", 국민의당 "개혁입법 위해 최선의 노력" ─ 하지만 민주당, 국민의당은 모두 말뿐이었다

야권은 1월 9일, 1월 임시국회 개회를 앞두고 개혁입법 완수에 최선을 다하겠다고 강조하면서 집권여당을 향해 적극적으로 원내 협상에 임할 것을 촉구했다. 중도개혁 성향의 제1야당인 더불어민주당은 (재벌 개혁안을 담은) 상법 개정안 등 경제민주화 법안, 방송개혁 법안, 공직자비리수사처 법안, 선거 연령 18세 하향 법안 및 재외국민 선거권 보장 법안 등 4개 분야의 법안을 중점법안으로 선정했으며 국회 상임위를 중심으로 '1월 국회'에서 충분히 논의해 늦어도 '2월 국회' 내엔 처리하겠다는 입장인 것으로 알려졌다. 중도보수 성향의 제2야당인 국민의당은 "2017

년 탄핵정국의 화두는 개혁이라며 정치개혁과 언론개혁, 재벌개혁의 요구가 '1월 국회'와 '2월 국회'에서 입법화되어야 한다, 개혁입법을 위해 최선을 다하겠다"는 의지를 표명했다. 하지만 민주당과 국민의당은 모두 말뿐이었다. 국민의당은 1월 15일에 전당대회가 예정되어 있어 실제로는 전혀 움직이지 않았으며, 더불어민주당도 대선을 앞둔 시점에서 선거용 언급 정도였을 뿐 실제로는 적폐 청산의 의지가 있나 싶을 정도로 움직임이 없었다.

반기문 유엔 사무총장, 1월 12일 귀국 그리고 21일간 '벼락 정치'하고 떠나다

퇴진촛불로 국회에서 박근혜 탄핵소추안이 가결되자, 박근혜 일당은 조직적인 반격을 준비하고 실행해나간 반면에, 또 다른 기득권 세력들은 곧이어 진행될 차기 대통령 선거에 나설 보수 성향의 대선 주자를 물색한다. 만일 헌재에서 탄핵 결정이 내려지고 박근혜가 쫓겨나면, 바로 이어 진행될 대선에서는 특별한 일이 없으면 개혁 성향의 대선후보가 당선될 것으로 쉽게 예상되는 상황이었다. 대선을 통해 개혁적 민주정부가 출범하면 기득권 세력들은 권력을 잃고 또 여러 가지로 낭패를 보게 될 것이 예상되었기 때문에, 기득권 세력들은 백방으로 차기 대선에서 개혁적 성향의 후보에 대항마가 될 수 있는 제3의 후보를 찾게 되었다. 말하자면 '촛불항쟁의 분위기와도 어울리면서 정치 성향은 안정 지향인 인물'을 찾았던 것이다. 마땅한 후보가 없던 차에, 마침 2017년 1월에 임기를 마치는 반기문 유엔 사무총장을 포착하고 그를 차기 대선후보로 세우기 위한 적극적인 준비 작업을 시작하였다.

유엔 사무총장의 임기를 마치고 2017년 1월 12일 인천공항에 도착한 반기문 전 총장은 "이제는 정권 교체가 아니라 정치 교체다. 분열된 나라를 하나로 묶어서 세계 일류 국가로 만드는 데 분명히 제 한 몸 불사를 각오가 돼 있다"라고 말하며 사실상 대선 출마 선언을 했다. 그리고 이어서 반기문 전 총장은 고향인 충북 음성을 방문하고 노무현 전 대통령의 묘소가 있던 경남 김해의 봉하마을, 세월호 참사가 있었던 전남 진도의 팽목항, 경기도 평택의 천안함기념관, 광주의 5·18국립묘지 등 전국을 누비는 광폭 행보를 보이며 지지율을 끌어올리려 했다.

하지만 가는 곳마다 구설수에 올랐다. 귀국 직전에 동생과 조카가 뇌물 수수 혐의로 미국에서 기소되었다는 소식이 들렸고, 1월 14일 고향 음성의 꽃동네를 찾았을 때는 누워 있는 환자에게 죽을 먹이며 턱받이를 환자가 아닌 본인이 착용하기도 했다. 가식적인 행동을 한 것 아니냐는 야유를 받았다. 또 청년 실업 문제 해법으로 '인턴 확대'를 거론해서 양질의 청년 일자리를 만드는 방향에 역행하는 정책이라는 청년들의 비판에 직면했다. 또한 국민 절대 다수가 반대하는 '한·일 위안부합의'에 사실상 환영하는 입장을 내기도 했다. 반기문 전 총장은 1월 16일, 국회에서 탄핵소추안이 통과되어 직무 정지 중인 박근혜 대통령에게 전화를 걸어 "직접 찾아뵙고 인사드려야 하는데, 상황이 이렇게 돼 안타깝게 생각한다"라며 "부디 잘 대처하시길 바란다"라고 말하기도 했다.

그는 보수세력의 지지를 받으려 했다. 처음에는 대선 전 개헌은 안 된다는 입장을 표명했다가, 도중에 지지율이 하락하자 '대선 전에 개헌을 하면 좋겠다'고 견해를 바꾸면서, 개헌을 매개로 보수 정치세력을 모으려는 이른바 '빅텐트' 전략을 통해 지지율 하락을 만회하려고 시도했다. 제3의 정치세력이라 할 수 있는 손학규 전 민주당 대표(국민주권개혁

회의 의장), 김무성 전 새누리당 대표(바른정당 의원), 박지원 전 민주당 원내대표(국민의당 대표) 등과 연쇄 회동을 가졌으나 떨어진 지지율을 반전시키지는 못했다.

또 촛불시위를 보며 "성숙한 민주주의의 표현"이라고 했다가, 1월 말 "촛불민심이 약간 변질됐다"는 발언을 하여 촛불시민들에게 엄청난 지탄을 받은 직후, 지지율이 지속적으로 폭락하자 2월 1일 그는 대선 불출마를 선언했다. 촛불개혁이라는 시대정신에 걸맞지 않게, 보수와 개혁의 중간 지점에서 기회주의적으로 양다리를 걸쳐보려던 그의 정치 행보는 단 3주(21일) 동안의 일장춘몽이 되어버렸다.

아베, 소녀상 철거 요구

한편, 1월 8일 일본 아베 총리가 방송에 출연해 "위안부합의에 따라 일본은 10억 엔을 이미 냈다"라며 "정권이 바뀌더라도 실행하는 것은 신용의 문제"라고 언급했다. 2015년 말 한·일 위안부합의 때 박근혜 정부가 '소녀상 문제 해결에 노력한다'고 약속한 부분을 지키라는 주장이었다. 일본 언론은 아베 총리가 미국의 조 바이든 부통령과 전화 통화를 갖고 "한·일 정부 간 합의를 역행하는 것은 건설적이지 않다고 말했다"라며 여론전을 펼쳤다. 이어서 부산 시민들이 부산 일본영사관 앞에 소녀상(일본군위안부 피해자의 한을 형상화한 조각상)을 설치한 것에 대한 항의 표시로 일본 정부가 한·일 통화스와프 협상을 중단하고 주한 일본대사를 귀국 조치하는 등 외교 공세를 펼쳤지만, 당시 대통령 직무를 대행하던 황교안 국무총리와 외교부는 전혀 이를 비판하거나 적극적인 대응을 하지 못하여 많은 비판을 받기도 하였다.

2017년 1월의 퇴진행동 투쟁 상황

핵심 요구와 8대 대응 기조

퇴진행동은 탄핵소추 가결 이후 정리했던 사업 기조와 방향을 기본으로, 2017년 1월 11일 대표자회의를 통해 퇴진행동의 핵심 요구와 8대 대응 기조를 마련했다.

핵심 요구와 8대 대응 기조

〈핵심 요구〉
- 핵심 요구는 박근혜 즉각 퇴진, 조기 탄핵
- 여기에 황교안 사퇴 및 공범자 처벌, 적폐 청산을 요구함

〈집중 사업〉
6대 긴급현안과 청와대 공작정치 대응

〈대응 기조〉
- 헌법재판소의 범죄자 박근혜 조기 탄핵 촉구
- 황교안 권한대행 사퇴 및 '대통령 놀음, 박근혜표 정책 지속'에 대한
  강력한 대응

- 6대 긴급현안 신속 해결
- 집중 사업으로 김영한 업무일지 진상규명, 박근혜·김기춘 등 공작 정치 주범 처벌
- 적폐청산·재벌총수(이재용, 최태원, 신동빈, 정몽구 등) 구속
- 특별검사 및 국회 국정조사의 진행 상황에 대해 신속한 대응 등 집중 대응하도록 함
- 촛불의 강화
- 범국민적 토론 활성화, 현장으로 민주주의 확대

1월 투쟁의 흐름

퇴진행동은 1월 사업 기조와 방향으로 핵심 요구와 8대 대응 기조로 정리했다. 그리고 1월 촛불광장에서 '즉각 퇴진, 공범세력 처벌, 적폐 청산'의 기조를 유지하면서, 헌법재판소의 조속한 탄핵 심판을 더욱 강조하기로 했다. 1월 7일 제11차 범국민행동, 1월 14일 제12차 범국민행동, 1월 21일 제13차 범국민행동을 진행하기로 했다. 또한 박한철 헌법재판소장 임기 만료 직전이자 설 연휴 직전 주말인 1월 21일을 1월 집중 촛불의 날로 정하고 최대한 집중하기로 했다. 1월 7일 집회에는 세월호 참사 1,000일을 맞아 세월호 생존자 학생이 공식적 자리에 처음으로 나와 연설을 했고 참가자 60만 명 모두가 눈시울을 적셔야 했다. 1월 14일에는 영하 13도까지 떨어지는 강추위에도 불구하고 13만 명이 집결했고, 1월 21일에는 혹한의 날씨에도 이재용 구속영장 기각에 분노한 시민 32만 명이 참석했다.

1월 7일 ["박근혜는 내려오고 세월호는 올라오라" 세월호 참사 1,000일 · 박근혜 즉각 퇴진 · 황교안 사퇴 · 적폐 청산 11차 범국민행동]

세월호 참사 1,000일을 맞은 2017년 1월 7일에는 세월호 생존학생들이 촛불집회에서 첫 공개 발언을 했다. 촛불에 참석한 60만 명의 시민들이 함께 눈물을 흘렸다. 이날 집회에서는 세월호 참사 당시 안산 단원고 2학년 학생 9명이 무대에 올랐다. 대표로 장애진 씨가 발언을 했다. 장 씨는 "저희는 모두 구조된 것이 아니다. 저희는 저희 스스로 탈출했다고 생각한다"라며 "'가만히 있으라'고 해서 가만히 있었다. 구하러 온다고 해서 그런 줄 알았다"라고 말했다. 이어 "그런데 저희는 사랑하는 친구들과 함께할 수 없게 됐고 평생 볼 수 없게 됐다. 저희가 무엇을 잘못한 걸까요? 저희가 잘못한 거라면 세월호에서 살아남은 것이다"라고 말했다. 장 씨는 "저희가 나온 것 죄송하고 죄지은 것 같아 유가족 뵙는 것조차 쉽지 않다"라고 했다. 또 "단호히 말씀드릴 수 있지만 전혀 그렇지(괜찮지) 않다"라고 말했다. "아직도 친구 페이스북엔 잔뜩 글이 올라옵니다. 카톡 메시지를 보내고 괜히 전화도 해봅니다. 친구들이 너무 보고 싶어 사진과 동영상을 보며 밤을 새기도 하고 꿈에 나와 달라고 간절히 빌면서 잠이 들기도 합니다"라고 말한 뒤 울음을 참지 못했다. 생존학생들은 참사 당일 대통령의 7시간에 대해 철저히 규명해야 한다고 강조했다. 장 씨는 "저희는 대통령 사생활을 알고 싶은 게 아니다. 그 7시간 동안 제대로 보고받고 지시했더라면, 가만히 있으란 말 대신 당장 나오라는 말만 해줬더라면 지금처럼 많은 희생자를 낳지 않았을 것"이라고 말했다. 이어 "저희는 그동안 당사자이지만 용기가 없어서 비난받을까 두려워 숨어 있기만 했다. 저희도 용기 내보려고 한다"라고 말했다.

마지막으로 장 씨는 앞서간 친구들을 향한 이야기로 마무리했다. "나중에 친구들을 다시 만났을 때 너희 보기 부끄럽게 살지 않았다고, 책임자한테 제대로 죗값 물었다고 당당히 말할 수 있게 되길 바랍니다. 저희 뜻 함께해주시는 많은 시민분들, 우리 가족들, 유가족분들께 진심으로 감사드리며 조속히 규명되길 바랍니다. 먼저 간 친구들에게 해주고 싶은 말이 있습니다. 우리는 절대 잊지 않고 기억하고 있을게. 우리가 나중에 너희들을 만나는 날이 올 때 우리들을 잊지 말고 열여덟 그 시절 모습을 기억해줬으면 좋겠어"라고 했다.

가수 이상은 씨의 노래가 이어졌고 아직 검은 바닷속에 있는 미수습자 9명을 위한 소등 행사를 진행한 뒤 노란 풍선 1,000개를 하늘로 날려보냈다. 집회 후 청와대와 헌법재판소 방향으로 행진을 시작했다.

1월 14일 [즉각 퇴진! 조기 탄핵! 공작정치주범 및 재벌총수 구속! 12차 범국민행동] ─ 영하 13도의 강추위에도 13만 명 집결

1월 14일 서울 광화문광장 일대에서 열린 제12차〔즉각 퇴진, 조기 탄핵, 공작정치주범 및 재벌총수 구속 12차 범국민행동의 날〕 촛불집회에는 영하 13도라는 최강 한파를 기록한 날씨에도 불구하고 13만 명에 이르는 시민들이 거리로 나왔다. 이날 집회는 1월 7일 오후 10시 30분경 서울 광화문 인근에서 박근혜 퇴진을 촉구하며 소신공양(분신)을 결행하신 정원 스님의 영결식이 시민사회장으로 엄수되면서 시작되었다. 이어서 1987년 6월항쟁의 마중물 역할을 했던 박종철 열사* 30주기를

---

* 박종철은 1987년 1월 악명 높은 공안기구였던 경찰청 치안본부 대공분실로 끌려간다. 서

맞아 치러진 제12차 촛불집회에서, 함세웅 신부는 무대에 올라 "30년 전 국가폭력으로 숨져간 박종철 열사와 같은 해 숨진 이한열 열사의 희생이 30년 뒤 오늘 광장 시민혁명으로 우리를 이끌었다. 주권자 시민이 주체가 돼 나라를 바꾸라는 것이 박종철과 이한열의 명령"이라고 호소했다.

민주사회를 위한 변호사모임(약칭 민변)의 정연순 회장은 30년의 시차를 두고 반복되는 공작정치를 비판했다. 정 회장은 "공작정치는 민주주의 근간을 흔들고 우리 사회를 좀먹는다"라며 "박종철을 죽인 공작정치를 끝장내려면 김영한 전 민정수석 업무일지에 나온 진상을 낱낱이 밝혀야 한다"라고 강조했다. 촛불집회가 끝난 뒤 저녁 7시께부터 청와대, 국무총리 공관, 헌법재판소, 재벌대기업 본사가 있는 도심 등 4개 경로로 행진을 진행했다. 시민들은 종로1가 SK 본사와 중구 소공동 롯데백화점 본점을 지나는 도중 "재벌 총수 구속하라"라는 구호를 외치며 나팔을 불고 야유했다.

한편 박근혜 비호세력인 '대통령 탄핵 기각을 위한 국민총궐기운동본부'(약칭 탄기국)는 이날 오후 서울 종로구 혜화로터리에서 탄핵 심판 기각과 특별검사팀 해체 등을 요구하는 대통령 탄핵 반대집회를 열었다.

울대 언어학과 3학년 박종철은 대공분실에서 물고문을 받다 사망했다. 치안본부는 물고문 사실을 은폐하기 위해 "책상을 탁 치니 억 하고 죽었다"라는 황당하기 짝이 없는 거짓말을 늘어 놓아 많은 사람의 분노를 샀다. 이후 박종철 열사의 사인 규명 투쟁은 더욱 확대되었고 1987년 6월민주항쟁의 교두보가 된다. 6월민주항쟁의 성과로 대통령 직선제 등의 민주화 개헌이 실현된다.

1월 21일 ["내려와 박근혜! 바꾸자 헬조선! 설맞이 촛불" 13차 범국민행동]
─ "이재용 구속하라"

13차 촛불광장에는 이틀 전인 1월 19일 이재용 삼성 부회장의 구속 영장 기각에 분노한 시민들로 가득 메워졌다. 함박눈과 혹한의 추위 속에서 앞 주의 촛불보다 2배 이상 많아진 32만 명이 집결했다. 시민들이 가장 많이 외친 구호도 "재벌이 몸통이다! 이재용을 구속하라!"였다.

이 부회장의 구속영장 기각에 항의하며 전날부터 법원 앞에서 농성을 시작한 퇴진행동 법률팀의 김상은 변호사는 "삼성이 최순실에게 준 430억 중 횡령액이 90억이 넘는다. 횡령액 50억이 넘으면 법정 형량이 무기징역 또는 5년 이상 징역이다. 당연히 도주의 우려가 된다. 이게 상식이다. 온 국민이 다 아는 상식이 왜 이재용에게만 통용되지 않는 것이냐"라며 "그동안 법원이 재벌의 온갖 추악한 범죄에 솜방망이 처벌을 하고 면죄부를 주어 온 것이 지금의 박근혜-최순실 게이트를 불러왔다"라고 비판했다. 김 변호사는 "구속영장 기각은 촛불을 죽은 권력인 박근혜 탄핵에 가둬두겠다는 사법부의 선언이나 마찬가지"라며 "하지만 촛불은 이미 박근혜 탄핵을 넘어 재벌 총수 구속을 요구하고 있다"라고 말했다.

촛불집회를 마치고 시작된 행진은 청와대가 있는 청운동 방향, 헌법재판소가 있는 안국역 방향 그리고 재벌 기업들의 사옥이 있는 도심 방향 세 군데로 진행됐다. 많은 시민들이 도심 방향으로 행진하며 종로 SK 본사, 종각 삼성타워, 명동 롯데호텔 앞에서 재벌 총수 구속과 처벌을 요구했고, 삼성타워 앞에서는 이 부회장을 구속하는 퍼포먼스를 벌였다.

이재용 구속영장 기각을 규탄하며 "재벌 총수 구속"을 외치면서 촛불집회 행진을 벌였다. ⓒ한겨레

이재용 등 재벌 총수 구속 촉구

퇴진행동은 재벌 총수에 대한 소환과 구속영장 등이 청구되자 재벌 총수 구속 처벌을 강력히 요구하는 행동을 펼쳤다. 퇴진행동은 재벌 총수 구속 촉구 집중행동 기간을 1월 9일부터 14일까지 진행했다. 1월 9일에는 특검 사무실 앞에서 특검 수사에 대한 퇴진행동 입장을 발표했다. 이 자리에서 퇴진행동은 현대자동차에 대한 수사와 삼성재벌 부회장 이재용 구속수사 등을 촉구했다. 1월 10일 저녁 7시에는 박근혜 뇌물죄 공범 현대차 정몽구 규탄 및 한광호 열사* 300일 추모제를 진행했으

---

* 한광호 열사는 2011년 유성기업 직장폐쇄 이후 부당징계 등 회사의 노조 탄압으로 고통을 겪다 2016년 3월 17일 스스로 목숨을 끊었다. 2012년 9월 당시 한 국회의원은 유성기업의 노조 탄압을 구체적으로 기획한 노무법인 창조컨설팅의 내부 문건을 폭로했다. 현대차의 지시로 유성기업을 비롯해 상신브레이크, 발레오만도, 만도, 보쉬전장, 콘티넨탈 오토모티브, 에스제이엠(SJM) 등 현대차에 납품하는 자동차 부품 제조사들이 일제히 노동조합을 탄압한 사실이 드러났다. 또 현대차가 작성해 유성기업에 전달한 문서를 폭로했는데, 노동조합과의 주간연속 2교대제 협의시간을 지연시키면서 창조컨설팅을 통해 대응(노조 파괴)하라는 지

며, 1월 11일에는 뇌물죄 범죄자 삼성 이재용 구속촉구 행동을 진행했다. 12일에는 서울 중구 정동 프란시스코 회관 강당에서 "재벌 총수 처벌, 왜 꼭 필요한가"라는 주제로 재벌 총수 구속 여론화를 위한 토론회를 진행했다. 13일에는 강남역 삼성 본관 앞에서 박근혜 공범 재벌 총수 구속 촉구 촛불집회를 진행했다. 그리고 다시 19일 이재용의 구속영장이 기각되자 1월 20일부터 2월 5일까지 설 연휴임에도 불구하고 법률가들이 이재용 구속영장 기각을 규탄하는 노숙농성을 법원 앞에서 진행하였다.

적폐청산 사업과 개혁입법안 과제 도출

● "박근혜 체제 적폐청산은 6대 긴급현안 해결부터!" 국회대토론회

1월 국회가 열리고 있음에도 국회에서 적폐청산 논의가 전혀 진행되지 않았다. 이는 집권여당인 새누리당에서 친박계가 다시 당내 주도권을 장악하고 난 뒤, 새누리당이 국회에서 적폐청산 논의를 거부하면서 국회 내에서의 개혁입법 추진이 사실상 불가능해졌기 때문이었다. 퇴진행동은 이런 상황을 고려해 우선 국회에서 시급하게 6대 긴급현안 과제를 해결할 것을 촉구하며 1월 12일〔촛불의 명령 – 세월호·백남기·성과퇴출제·사드·언론장악·국정 역사교과서 해결하라〕토론회를 개최했다.

● 6대 긴급현안 사업과 적폐청산 과제 도출 사업

1월 6일 퇴진행동 특위 중 하나인 적폐청산특위의 회의에서 적폐청산 과제, 개혁입법 과제를 처리하기 위해서는 종합적인 대책이 필요하

시사항이 명시되어 있었다. 명백한 부당노동행위였다.

보하고 있음이 확인되었고, 결국 황교안은 특검 기간 연장을 거부했다.

　우병우는 구속을 일단 면했지만 이재용 삼성 부회장은 특검의 구속 영장 재청구로 결국 구속되었다. 박근혜-최순실 게이트의 핵심 공범인 재벌 총수 구속에 대한 요구도 촛불광장에서 거세게 타오르는 가운데, 이재용 구속을 촉구하는 노동자, 시민들의 투쟁이 쉼 없이 진행된 결과 였다. 즉, 1차 구속영장 기각 이후 사법부를 규탄하며 이재용 구속과 사법정의 실현을 촉구하는 법원 앞 법률가 농성이 혹한과 설 연휴를 뚫고 진행되었다. 또 재벌 총수 구속을 요구하는 1박 2일 행진이 두 차례에 걸쳐 진행되었으며, 이재용에 대한 구속영장 재청구시 영장실질심사가 열린 2월 17, 18일에는 법원 앞 1박 2일 농성이 이어졌고, 2월 11일 제15차 촛불은 법원 앞에서 사전대회로 진행했다. 이런 강력하고 끈질긴 투쟁의 성과로 결국 이재용은 2월 17일 구속되었다. 권력과 언론을 사실상 배후조종해온 한국 최대 재벌인 삼성재벌의 실질적 총수가 촛불시민들의 투쟁을 통해 구속되는 초유의 상황이 현실화되는 감격적인 장면이었다.

　퇴진행동은 설 연휴를 지나며 다소 이완될 수 있는 2월 촛불의 힘을 2월 25일 전국 집중촛불로 잡고, 당일 민중총궐기 집회와 함께 새해 최대 규모의 촛불을 만들어 헌재 탄핵 심판에 결정적 힘을 만들고자 했다. 실제로 2월 25일 제17차 범국민행동의 날에는 전국에서 100만 명의 시민들이 서울 광화문광장에 모여 꺼지지 않은 촛불의 힘을 유감없이 보여주었다. 퇴진행동과 촛불은 2월 25일 제17차 촛불까지 진행한 상태에서, 2월 27일로 예정된 헌재 탄핵 심판 최종변론과 3월 초 헌재 탄핵 심판 선고일을 앞두고 3월을 맞이하게 되었다.

2월의 촛불광장은 누적 인원으로 1,500만 촛불을 넘기며 계속해서 역사를 만들어가고 있었다.

2월 말까지 여전히 헌재의 탄핵 선고일은 잡히지 않았다. 3월 13일 이후에는 이정미 헌재 소장대행도 임기가 만료되기 때문에, 헌재의 박근혜 탄핵은 더욱 어려워질 수밖에 없는 상황이었다. 촛불의 성과가 물거품이 될 위기에 놓이게 된 것이다.

한편, 박근혜를 지지하는 세력들의 집결도 조금씩 확대되고 있었고, 박근혜 측은 종전까지 소극적인 방법으로 각종 재판지연 전술을 써오던 태도를 바꾸어 무더기 증인 신청 및 증인 불출석 등으로 적극적인 재판지연 전술을 구사하였다. 또 박근혜 대리인단(변호인단) 전원이 사퇴하겠다고 하는 한편, 박근혜 측은 2월 중순 재판이 거의 끝나가는 상황에서 중요한 증인이라고 할 수 있는 박근혜 측근인 이재만, 안봉근 전 비서관이 그때까지 소재 불명 상태라면서 사실상 증인 출석을 거부하고 있었는데도, 두 사람의 증인 신청을 철회하지 않는 등 변론기일을 늘이기 위해 각종 꼼수를 쓰기도 했다.

특히 박근혜-최순실 게이트로 불리는 사상 초유의 국정농단 사태의 진상을 밝히는 데 큰 역할을 했던 특검의 수사기한이 2017년 2월 28일로 종료되었다. 2월 내내 특검 연장을 통한 박근혜-최순실 국정농단의 진실 규명과 우병우, 이재용 등 공모·공범자들에 대한 구속 수사와 처벌까지 이어져야 한다는 국민들의 목소리가 높았고, 또 특검법상 특별한 사정이 없으면 무난히 기간 연장이 예상되었지만, 대통령권한대행(박근혜가 임명한 국무총리) 황교안은 끝내 특검 기간 연장을 거부하였다.

퇴진행동은 박근혜를 헌재에서 파면하기 위해서는 국민들의 힘을 더욱 모아야 한다고 판단했다. 마지막 쐐기를 박아야 하는 상황이었다. "끝날 때까지 끝난 게 아니다"를 계속 외쳤다. 그래서 3월 초순에는 3월 1일, 3월 4일, 3월 10일 연달아 제18차, 제19차, 제20차 범국민행동의 날을 진행하면서 막바지 투쟁에 집중해야 했다.

박한철 헌재 소장, 3월 13일 이전까지 탄핵 심판 종결해야 한다는 입장 밝혀

박한철 헌법재판소 소장은 2017년 1월 31일 임기 종료로 퇴임이 예정되어 있었다. 박한철 소장이 퇴임하면 헌법재판소 재판관의 수는 9명에서 8명으로 줄어드는 상황이었다.

또한 이정미 헌법재판관의 임기도 3월 13일까지였다. 만약 이정미 헌법재판관의 임기 만료일까지 탄핵 심판 선고 결정이 내려지지 않으면 헌법재판관 수는 7명이 되는데, 이렇게 될 경우 헌법재판관 6명 이상이 찬성해야 하는 탄핵 심판의 의결정족수에서 단 2명만 반대하더라도 탄핵이 되지 않는 상황까지 발생한다. 그렇게 되면 헌재 탄핵은 사실상 어려워진다는 분석과 함께 박근혜 탄핵이 미궁으로 빠져들면서 향후 정국이 어떻게 전개될지 모르는 안개 정국으로 빠져들 가능성도 배제할 수 없는 긴장된 상황이었다.

이런 정국에서 박한철 헌재 소장은 1월 25일 탄핵 심판 9차 변론기일에서 3월 13일 이정미 재판관의 임기가 종료되기 전까지 탄핵 심판 최종 결정이 이루어져야 한다는 입장을 표명했다.

특검, 국정농단의 공범 삼성 이재용 부회장 영장 재청구, 청와대 전 민정수석 우병우 소환

● 삼성전자 박상진 사장 소환

2017년 1월 30일 특검이 박근혜를 조사한 뒤에 이재용 삼성 부회장에 대한 구속영장을 다시 청구할 것이라는 관측이 지배적이었다. 최순실의 국정농단 의혹이 불거진 뒤에도 삼성이 정유라를 은밀하게 지원한 정황을 재청구의 근거로 삼을 계획으로 보였다. 2016년 9월 27일, 삼성전자 박상진 사장이 독일에서 최순실과 비밀리에 만난 뒤 메모를 작성한 것으로 특검에서 파악하고 있었다.

특검은 2월 17일 이재용에 대한 구속영장을 재청구해 이재용을 구속했다. 특검의 수사 종료 11일 전이었다. 박영수 특검은 수사를 종료하며 "앞으로 전개될 삼성 관련 재판은 세계적으로 관심을 갖게 될 세기의 재판이 되지 않을까"라고 밝혔다.

박근혜가 탄핵되고 촛불정부가 출범한 이후인 2017년 8월 7일에 진행된 이재용의 결심공판에서 박영수 특검은 "이 사건 범행은 전형적인 정경유착에 따른 부패범죄로 국민주권의 원칙과 경제민주화라는 헌법적 가치를 크게 훼손하였습니다. 역사는 거짓말을 하지 않습니다. 대통령과의 독대라는 비밀의 커튼 위에서 이루어진 은폐된 진실은 시간이 지나면 드러나기 마련입니다. 이들에 대한 공정한 평가와 처벌만이 국격을 높이고, 경제성장과 국민화합의 발판이 될 수 있다고 확신합니다"라며 징역 12년을 구형했다.

● 특검, 우병우 전 수석도 소환

특검은 2017년 1월 30일, "우병우 전 수석을 소환할 것"이라고 밝혔다. 이를 위해 우 전 수석의 지시로 좌천당했던 문체부 관계자를 조사했다. 앞서 특검은 우 전 수석이 김기춘 전 실장의 지시로 문체부 국·과장급의 이념 성향과 충성심을 분석했다는 관계자 진술을 받아냈다. 블랙리스트 지원 배제 지시를 이행하지 않는 공무원들을 골라서 기획감찰이나 인사불이익 조치를 추진했다는 것이다.

그러나 특검은 수사기한 종료 전까지 우병우 전 수석을 구속하지 못했다. 특검 종료 전 박영수 특검은 "우병우 영장 재청구하면 100% 구속"이라며 검찰의 보강 수사를 촉구했지만 검찰은 혐의 내용을 대폭 축소했고 이마저도 혐의 입증을 제대로 하지 못했다.

당시 검찰지휘부는 박근혜 정권의 우병우 전 민정수석이 자신과 가까운 검사들로 구성해놓은 상태였기 때문에 검찰은 우병우의 범죄를 적극적으로 수사할 의지가 사실상 없었다고 평가되었다. 그러다가 박근혜가 탄핵되고 촛불정부가 출범하고 나서, 이른바 '우병우 사단'이 검찰 지휘부에서 밀려나고 난 뒤인 2017년 12월 15일에 비로소 구속된다. 그에 대한 3번째 구속영장 청구 끝에 구속된 것이다(촛불정부 출범 직후 소위 우병우 라인이라고 불리는 안태근 검찰국장*이 이영렬 당시 서울중앙지검장과

---

* '돈봉투 만찬' 사건 당사자로서 안태근은 면직되었다. 그 이후 2018년 1월 29일, 안태근은 검찰 내 성추행 가해자로 고발됐다. 여성인 서지현 검사가 2010년 안태근이 후배 검사인 자신을 성추행했다고 폭로한 것이다. 서지현 검사에 따르면 2010년 법무부 장관이 동석한 장례식장에서 안태근이 서 검사의 허리에 팔을 두르고 엉덩이를 지속적으로 만지는 등 성추행을 했다고 밝혔다. 이에 대해 안태근은, '술을 마셔 기억이 나지 않는다'고 했다. 서 검사는 당시 검찰 내부 간부들에게 이에 대해 문제를 제기했으나, 그들은 안태근에 대한 징계는커녕

함께 검찰 수사팀에 돈을 건넨 '돈봉투 만찬' 사건이 발생했는데, 그 책임을 지고 두 사람은 물러난다).

• 청와대, 관제데모 지시 — 최순실 반격에 '관제데모' 카드 꺼낸 특검

특검은 청와대가 2015년 하반기 '세월호 반대·국정교과서 찬성' 집회를 지시했고, 역사교과서 국정화 발표 직전에는 '좌파와 2차 전투 준비'를 요구하기도 했다고 밝혔다. 어버이연합에 관제 시위를 지시한 인물로 허현준 청와대 국민소통비서관실 행정관이 지목되었으며, 자유총연맹 관계자는 "청와대가 우리를 괴물로 만들었다"라고 양심선언을 했다.

특검, 청와대 압수수색 불발과 특검 기간 연장 요구했으나 수용되지 않아 2월 28일 수사 종료

박영수 특검팀은 2월 3일 청와대 압수수색을 시도했으나 청와대 측의 거부로 불발됐다. 법원이 발부한 청와대 압수수색 영장의 유효기간은 2월 28일까지로, 특검의 압수수색 재시도는 사실상 지휘권자인 황교안 대통령권한대행의 청와대 압수수색 거부 입장과 충돌하며 긴장 국면

오히려 서 검사에게 부당한 제재를 가했다고 한다. 당시 서지현 검사는 뛰어난 업무실적으로 평생 한 번 받기도 힘든 법무부 장관상을 두 차례나 수상한 바 있었다. 그런데도 업무 능력을 이유로 갑자기 다른 지역으로 전보되는 불이익을 당하였다. 촛불정부 출범 이후 안태근 전 검사장은 2018년 1월 1심 공판에서 성추행 혐의로 실형 2년을 선고받아 법정 구속되었다(한참 지난 뒤인 2020년 2월에 이 판결은 번복되고 대법원에서 무죄 취지로 파기 환송된다). 그러나 서지현 검사의 성추행 폭로가 계기가 되어, 한국 사회 내에서 권력과 지위를 이용한 성폭력에 대해 엄히 단죄하는 강력한 사회적 흐름이 형성되게 된다. "ME TOO, WITH YOU" 운동이 폭발적으로 활성화되었는데, 바로 촛불항쟁 이후의 중요한 사회적 변화로 평가되기도 한다.

이 지속됐다.

한편, 2017년 2월 28일 특검 수사기한이 종료되었다. 다수의 여론조사에 따르면, 국민 78.3%가 박근혜 탄핵을 찬성했고, 76.5%가 박근혜 구속에 찬성(한국사회여론연구소)했으며 특검 기간을 연장해야 한다는 여론도 65.7%에 달했다(리얼미터 2017.2.16.). 그럼에도 황교안 권한대행이 박근혜 수사를 위한 특검 기간 연장을 거부하면서 특검이 종료된 것이다.

2016년 12월 21일 현판식을 기점으로 수사를 개시한 박영수 특별검사팀은 2017년 2월 28일 수사가 종료될 때까지 숨 가쁘게 달려왔다. 특검팀의 동력은 촛불시민이었다. 이재용 삼성전자 부회장, 우병우 전 청와대 민정수석비서관 등에 대한 구속영장이 기각될 때, 또 청와대가 특검의 압수수색을 거부했을 때 그리고 박 대통령이 '일정 유출'을 이유로 대면조사를 받지 않겠다고 했을 때, 시민들은 더 크게 촛불을 들었다.

수사 기간 동안 촛불시민들은 서울 강남구 대치동 특검팀 사무실로 응원의 화환과 꽃바구니를 수없이 보냈다. 건물 외벽엔 '특검 힘내라'라고 쓰인 포스트잇이 붙었다. 최순실이 특검에 출두하며 기자들 앞에서 "억울하다"고 외치자 특검 사무실 건물의 청소노동자 임애순 씨가 "염병하네"라고 비판하였다.

특검은 수사 마지막 날 17명을 추가 기소하면서, 모두 30명을 재판에 넘기며 "(수사를 모두 마무리하지 못해) 죄송하다"라고 입장을 밝혔지만 국민들은 박수를 보냈다. 3월 3일 박영수 특검은 수사 종료 기자간담회에서 "국민적 지지, 여망 분위기가 없었더라면 하기 어려운 수사"였다고 소회를 밝혔다.

박근혜 측의 탄핵 반대 집회 가속화

탄핵 심판이 다가오자 박근혜 대통령 대리인단은 '막말'을 일삼았다. 진행 중인 재판의 법률대리인인 김평우·서석구 변호사는 주말이면 탄핵 반대 집회 무대에 올라 특검과 헌재와 국회를 맹비난했다. 재판정 이외에서 재판에 영향을 미치기 위해 무리한 내용의 선동을 해대었다. 3월 1일의 탄핵 반대 집회에서 김평우 변호사는 촛불시민들을 향해서도 "어둠이 내리면 복면을 쓰고 촛불 횃불을 들고 나타나 붉은 기 흔들며 박 대통령과 대한민국 저주하는 어둠의 자식들"이라며 "저들은 단 한 사람도 대한민국의 국기 태극기를 흔들지 않고 오직 붉은 기만 흔든다"라면서 촛불시민들을 '국민'이 아니라고 언급하기도 했다.

탄핵반대 집회를 주도하는 탄기국(대통령 탄핵 기각을 위한 국민총궐기운동본부)은 종전까지 사용하던 '탄핵 기각', '탄핵 무효' 등의 구호를 3월 4일부터 '탄핵 각하'로 바꿨다. 김평우 변호사가 "탄핵 기각은 탄핵이 사기라는 걸 몰랐을 때 하는 말"이라며 탄핵이 사기인 만큼 '탄핵 각하'가 맞다고 강변했다.

대선 앞둔 시점에서 '부자 몸조심' 민주당, 적폐청산 사회대개혁 과제 해결 더욱 어려워져

탄핵 심판 시기에 중도개혁 성향의 제1야당인 민주당은 적폐청산 과제에 대해 관심을 두지 않았다. 이러한 상황은 대선 판도에 기반한 것으로 판단됐다. 당시 여론조사에 따르면 제1야당인 더불어민주당 후보가 자유한국당(2017년 2월 13일 종전 집권여당인 새누리당이 당명을 자유한국당으로 바꾸었음) 후보 등 다른 정당 후보들보다 압도적으로 지지율이 높은 것으로 나오면서, 이러한 상황을 안정적으로 유지하기 위해 더불어민주당의 유력 대선후보인 문재인 선거캠프 등은 노골적으로 안정적인 국정운영을 주장하며 '우클릭' 하는 모양새를 보이고 있었다.

문재인이 안보 보좌관으로 5·18광주민주화운동 과정에서 살인범 전두환(군사쿠데타와 1980년 광주학살을 통해 집권)을 존경한다는 전인범 전 특전사령관을 임명하자 파란이 일어났다. 결국 전인범의 사퇴로 일단락되었으나, 특보단으로 이래운 전 연합뉴스 편집국장(MB맨으로 알려져 있으며 2012년 연합뉴스 파업 당시 파업의 근원이 된 인물로 알려짐)을 영입하면서 문재인 후보 캠프는 우클릭 행보를 명확히 하고 있었다.

이러한 상황에서 또 다른 민주당 대선 후보였던 안희정 충남도지사는 보수정당까지 포함하는 대연정을 주장했고 심지어는 적폐세력인 자유한국당과도 함께할 수 있다고 했다. 이러한 민주당의 우클릭 행보가 지속되면서 적폐청산은 미뤄지고, 개혁과제는 국회에서 침몰할 가능성이 높아졌다.

사드 배치 강행, 안보 이슈 부각

2017년 3월 7일 미군이 오산기지에 사드 포대 2기를 전격적으로 전개했다. 대선 이후에 개혁적 정부가 출범하게 되면, 자칫 사드 배치가 불가능하거나 어려워질 수 있다는 미군의 판단이 있었을 것으로 보였다. 즉 '대못 박기' 차원으로 해석했다.

한편, 공영방송인 MBC 등에서 '북 미사일 발사' 관련 뉴스 등 '북풍 안보' 이슈를 의도적으로 부각시켰으며, 3월 13일 이후 진행되는 한미 군사합동훈련인 키리졸브 훈련 과정에서 미국의 전략자산이 한반도에

		KBS	MBC	SBS	JTBC	TV조선	채널A	MBN
북한 미사일		**8(톱)**	**10(톱)**	3	1	**10(톱)**	5	7
국정 농단	특검 최종수사결과	3	2	4(톱)	16(톱)	9	6(톱)	8(톱)
	현재 등 기타	2	1	5	5	2	1	2
	국정농단사태 소계	5	3	9	21	11	7	10

방송사별 북한 미사일 관련 보도 및 국정농단 사태 보도 분석(민주언론시민연합 제공).

전개되고 이에 대해 북한의 대응이 이어지면서 한반도의 위기가 고조될 수 있다는 식의 분위기를 조성하였다. 황교안 권한대행(국무총리)은 군 부대 방문, 안보 강연 등 외부행사를 부쩍 늘리며 안보 행각을 지속했으며 '북풍 안보' 이슈를 더욱 부각하려 안간힘을 쓰고 있었다.

북한 미사일 등 안보 이슈 띄우고, 특검 수사 결과 축소하는 방송사들

헌법재판소의 탄핵 심판을 앞두고 공영방송인 KBS와 MBC는 메인 뉴스에서 특검의 수사 결과를 외면한 채 단 한 꼭지만으로 축소 보도하는가 하면, 박근혜 대통령의 범죄 혐의 내용 등을 제대로 전달하지 않았다는 비판을 받았다.

언론시민단체인 민주언론시민연합(민언련)은 방송뉴스 모니터 보고 서를 내고 특검 수사 결과를 외면하고 북한 미사일 발사에만 집중한 두 공영방송의 보도 행태를 비판했다. 당시 민언련의 집계를 보면, 특검 수사 결과를 포함한 국정농단 사태에 대해 KBS는 5건, MBC는 3건의 리포트를 내보냈으나, SBS는 9건의 리포트를 내보냈다. 반면 특검 수사를 반박하는 대통령의 입장은, KBS는 6건, MBC가 7건으로 구구절절 보도

했다. 노골적인 박근혜 감싸기 보도였다.

또한 특검 수사 결과 대신 KBS 〈뉴스 9〉이 집중한 이슈는 북한의 미사일 발사였다. 톱뉴스를 포함해 모두 여덟 꼭지를 내보냈다. KBS 내의 민주노조는 "난데없는 핵무기 해설 꼭지들을 5분 30초가 넘도록 이어붙이는 등 당장 핵전쟁이 일어날 듯한 공포 분위기를 조성했다. 북한 미사일 발사를 기화로 안보 위기감을 고조시키려는 시커먼 속이 너무 뻔히 들여다보인다"라고 비판했다.

2월 탄핵정국에서 퇴진촛불의 대응기조와 계획

박근혜 측, 헌재 탄핵 심판 선고지연 전략

벼랑 끝으로 내몰린 박근혜 측은 박영수 특별검사팀과 정면으로 충돌하는 모양새였다.

박근혜는 1월 25일 청와대 상춘재에서 극우 성향의 인터넷 방송 '정규재 TV'와 인터뷰를 하면서 "최순실 게이트는 거짓말을 쌓아 올린 산"이라며 "오래전부터 이번 사태를 기획한 세력이 있다"라고 주장했다. 또 박근혜를 대리하는 변호사들은 "헌재 공정성이 의심스럽다"라며 전원 사퇴 등 '특단의 조치'를 취할 가능성도 내비쳤다.

박근혜 일당의 이런 행동은 이른바 '탄핵 반대 태극기 시위'로 대표되는 '아스팔트 극우파'의 결집을 노린 여론몰이를 시도하는 것으로 평가되었다. 법조계에서는 "특검 수사와 헌재 심리가 반환점을 돌아 종반으로 치달으며 불안해진 박 대통령 측 심리가 반영된 것"으로 분석했다. 특검은 2월 초순 청와대를 압수수색한 뒤 박 대통령을 대면조사하겠다는 일정표를 제시했지만, 청와대 압수수색도 못 하였고 또 박근혜 대면조사도 하지 못한 채 특검 수사 기간이 만료되었다.

탄핵 심판의 원고격인 국회 측(탄핵소추위원 측)에서는 헌재가 12차 변론 뒤 1~2주 안에 평의(재판관 회의)를 진행한 뒤 표결을 통해 최종 결정을 내릴 것으로 예상했다. 최종 선고 시기는 재판부가 결정문을 작성하는 시기를 고려해 3월 첫 주 정도가 될 것이라는 분석이 있었다.

2월과 헌재 파면 전까지의 퇴진행동의 사업 흐름

촛불시민들의 즉각 퇴진 요구에 응하지 않고 버티기에 들어간 박근혜 측은 헌재의 탄핵 결정을 지연시키려는 온갖 꼼수와 협박을 자행하였고, 또 황교안 권한대행은 특검 수사를 무력화하며 박근혜를 공공연히 비호하고 있었으며, 국정농단 공범인 이재용 등 재벌 총수에 대한 구속 처벌이 이루어지지 않는 비상한 상황이 되었다. 퇴진행동은 2월을 관통하는 촛불의 핵심 요구를 '박근혜의 즉각 퇴진과 조기 탄핵'으로 모았다. 또한 '황교안 권한대행(국무총리)의 사퇴 및 김기춘, 우병우 등 공범자 처벌, 적폐청산'을 '2월 촛불'의 주요 요구로 정했다.

- 2월 4일 제14차 촛불: "2월에는 탄핵하라"〔박근혜 2월 탄핵, 황교안 사퇴, 공범세력 구속, 촛불개혁 실현 14차 범국민행동〕
- 2월 11일 제15차 촛불: "천만 촛불 명령이다! 2월 탄핵, 특검 연장" 〔박근혜·황교안 즉각 퇴진 신속탄핵 촉구 15차 범국민행동〕
- 2월 16일~17일: 삼성 이재용 즉각 구속촉구 법원 앞 길거리 철야 집회. 2월 17일 이재용 부회장 구속
- 2월 18일 제16차 촛불: "탄핵 지연 어림없다"〔박근혜·황교안 즉각 퇴진! 특검연장! 공범자 구속을 위한 16차 범국민행동〕
- 2월 25일 제17차 촛불: "박근혜 4년, 이제는 끝내자!"〔2.25 전국 집중 17차 범국민행동〕. 민중총궐기투본 집중집회 먼저 진행, 2월 최대 집중
- 3월 1일 제18차 촛불:〔박근혜 구속 만세! 탄핵 인용 만세! 황교안 퇴진! 3.1절 맞이 박근혜 퇴진 18차 범국민행동〕
- 3월 4일 제19차 촛불:〔박근혜 없는 3월, 그래야 봄이다! 헌재 탄핵

인용! 박근혜 구속! 황교안 퇴진! 19차 범국민행동〕

- 3월 8일~9일: 헌재 탄핵 인용을 위한 긴급행동(헌재 탄핵심판 선고 전날, 선고 당일 집회 등)
- 3월 10일: 헌재 탄핵 인용 및 "대통령 박근혜 파면" 전원일치 선고
- 3월 11일 제20차 촛불: "촛불과 함께 한 모든 날이 좋았다"〔모이자! 광화문으로! 촛불 승리를 위한 20차 범국민행동〕

14차 촛불: 2월4일, [2월에는 탄핵하라]라는 슬로건으로 진행

설 연후로 1주를 쉬고 2주 만에 다시 이어진 퇴진촛불이었다.

1월 20일부터 2월 5일까지 이어졌던 법률가들의 '이재용 구속처벌 노숙농성'을 마무리하며 진행된 제14차 촛불은 국정농단 박근혜-최순실 게이트의 핵심공범인 삼성 이재용 부회장에 대한 구속과 처벌에 대한 요구가 높아지는 가운데 본 대회를 광화문광장이 아닌 서초동 서울중앙지검 앞에서 진행하자는 의견까지 제시되었다. 결국 충분한 토론 끝에 최종적으로 법원 앞에서 사전대회를 진행하고 광화문 본 대회에 합류하는 것으로 결정되었다.

박근혜 세력의 헌재 탄핵 심판 지연 책동과 황교안의 노골적인 박근혜 비호 국정농단이 지속되는 가운데 2월 내 탄핵을 요구하는 출발점이 되는 2월 첫 촛불이었다. 제14차 촛불에는 설 연휴 후 첫 주말 촛불임에도 불구하고 광화문광장에 40만 명 등 전국 60여 곳에서 43만 명의 시민이 촛불을 들었다. 제14차 촛불의 핵심 요구는 '박근혜 2월 탄핵·황교안 사퇴·공범세력 구속·촛불개혁 실현'이었다. 특히, 2월 5일이 2016년 10월 29일 처음 퇴진촛불을 든 날로부터 100일이 되는 날이라 특히 의

미가 있는 제14차 범국민행동의 날이었다.

　2월의 첫 촛불집회에서는 무엇보다 헌법재판소 탄핵심리가 중반을 넘기며 종반으로 가는 길목에서, 박근혜 측의 재판 지연 책동에 대한 단호한 대응과 2월 내 탄핵을 강력하게 요구했다. 또한 특검의 청와대 압수수색 영장 집행을 거부하고 또 역사교과서 국정화를 강행하는 등 박근혜와 청와대 비호에 나선 황교안 권한대행 퇴진도 강력하게 요구했다. 한편 이날 촛불집회에서는 퇴진행동 측에서 퇴진촛불 참가에 성의를 보이지 않는 야당들에 대한 강력한 경고의 메시지를 던졌다. 야당들이 대선 준비 국면으로 돌입하면서 촛불집회 참석을 게을리 하는 경향이 생긴 것을 지적하였다. 촛불이 약화되는데도 당신들이 대선에서 승리할 수 있을 것 같으냐면서 착각하지 말라고 엄중히 질책하였다. 그런 덕분인지 그 다음 주의 촛불집회 부터는 야당들도 성의 있게 참석하기 시작하였고, 촛불 참석 규모도 다시 커지기 시작하였다.

2월 11일, 15차 범국민행동의 날, 광화문광장에 어김없이 촛불이 밝혀졌다

　광화문광장에 75만 명 등 전국 각지에서 총 80만 명 이상이 제15차 범국민행동의 날에 함께했다. 제15차 촛불의 요구는 "천만 촛불의 명령이다. 2월 탄핵, 특검 연장! 박근혜·황교안 즉각 퇴진, 신속 탄핵 촉구 15차 범국민행동"이었다. 헌재의 탄핵 심판을 모면해보고자 발악하는 박근혜와 공범세력들, 특히 관제데모를 통해 '계엄령을 선포하라'고 주장하는 세력들, 거짓 뉴스를 생산하고 유포하는 세력들에게, 1,000만이 넘는 촛불민심의 이름으로 엄중하게 경고하고 헌재에서 2월 내에 탄핵을 인용할 것을 강력히 요구하는 촛불이었다.

특히 특검 수사기한이 2월 말로 종료되는 가운데, 여전히 발뺌하고 법망을 피해가고 있는 국정농단 적폐세력들에 대한 철저한 수사와 처벌을 위해서는 특검 수사기간을 연장해야 함을 강력하게 요구하는 촛불이었다. 또한 촛불이 반칙과 부패, 불의를 심판하는 거대한 민심임을 확인하고, 민주주의를 모욕하는 국정농단 세력에게 촛불이 민주주의임을 확인시키는 대회이기도 했다. 사전대회로 막바지 심리가 진행되는 헌법재판소 앞에서〔박근혜 탄핵 촉구 시민대회〕가 개최되었고, 공범인 재벌 총수 구속을 촉구하는 1박 2일 대행진이 법원과 서울 강남에 있는 삼성 본관을 거친 뒤 이튿날에는 국회 앞에서 광화문까지 행진하는 일정도 함께 진행되었다.

또 인상적인 촛불 퍼포먼스로, 마침 2월 11일 정월대보름을 맞아 박근혜 퇴진 라이트벌룬을 무대 뒤에서 띄워 올리고 진실은 침몰하지 않는다는 노래가 함께 진행되면서 제15차 범국민행동의 날, 본 대회를 환호 속에 마무리할 수 있었다.

2월 18일, 16차 범국민행동의 날 — '이재용은 시작이다 박근혜를 구속하라'

2월 18일, 날씨가 갑자기 추워졌다. 매서운 날씨에 시민들의 참여가 줄어들지 않을까 하는 우려와 달리 칼바람이 부는 쌀쌀한 날씨에도 불구하고 광화문광장을 찾은 시민들의 표정은 밝았다. 2월 17일 이재용 삼성재벌 부회장의 구속과 특검의 우병우 전 민정수석 소환 조사가 촛불의 기세를 더 끌어올리는 분위기를 조성하였다. 촛불집회 장소에서는 시민들이 자발적으로 핫팩을 나누어주는 등 함께 추위를 녹이며 광화문광장에 80만 명 등 전국에서 85만여 명이 촛불을 들었다.

16차 촛불의 슬로건과 요구는 "탄핵 지연 어림없다! 박근혜·황교안 즉각 퇴진, 특검 연장, 공범자 구속"이었다. 어떤 방해 책동에도 굴하지 말고 헌재가 탄핵 심판에 단호하게 나서라는 촛불민심의 결기가 넘쳐났다. 특히, 2월 17일 삼성 이재용 부회장에 대한 구속영장이 발부되었고, 바로 다음 날 제16차 촛불이 진행되면서 이날 대회는 이재용 구속에 대한 수많은 발언과 환호와 박수가 끊이질 않았다. 발언자들이 이재용 부회장의 구속 사실을 언급할 때마다 시민들의 함성이 터져 나왔다. 박근혜, 최순실은 물론 공범자에 대한 사법부의 공정하고 엄중한 처벌에 대한 시민들의 요구가 얼마나 컸는지 확인할 수 있는 대회였다. 퇴진행동은 "이재용 구속영장 발부를 환영하며, 이제는 법의 정의를 바로 세워야 한다"는 입장을 발표했다. 그동안 삼성의 총수들이 법을 우롱하고, 오히려 법 위에 군림해온 잘못된 역사를 준열히 규탄하고, 삼성 이재용 구속에 그치지 말고 이를 재벌 개혁의 신호탄으로 삼아, 정권과 결탁한 재벌 대기업 총수들의 전횡 때문에 희생을 강요당해 온 노동자와 중소상공인, 하청업체들의 권리와 생존이 우선 보호되고 보장되는 경제구조로 바꾸는 출발점이어야 함을 분명히 했다.

마지막으로 제16차 촛불에 참여한 시민들이 함께 '광화문 촛불 결의'를 낭독했는데, 광화문 촛불 결의는 "촛불을 내려놓지 않을 것"이며, "2월 25일, 3월 1일에 다시 촛불을 들고 모이겠다"라는 약속이었다. 본 대회 후 행진은 '박근혜 즉각 퇴진' 청와대 방면과 '헌재의 2월 탄핵 촉구' 헌법재판소 방면 그리고 '재벌도 공범, 재벌 총수 구속촉구' 재벌사 앞을 경유하는 도심 방면 등 세 방면 6개 코스로 진행한 후 광화문광장에 다시 모여 대동한마당을 진행한 후 마무리되었다.

특검 기한 종료 다가오며 특검 연장 요구

또한 이날 집회에서 시민들은 특검 수사기한 종료가 다가오면서 '특검 연장'을 강하게 요구했다. 주범 박근혜가 조사조차 받지 않았고 국정농단과 공작정치 공범들이 아직 남아 있는 상황에서 2월 28일에 특검이 종료되어서는 안 된다는 요구였다. 그러나 황교안은 특검 연장에 대해 입을 다물고 있고 국회 또한 특검 연장을 위해 적극적인 대책 마련을 하지 못하고 있는 상황에서 촛불시민의 힘으로 특검 연장을 관철시키기 위해, 2월 25일 '전국 집중촛불'을 앞두고 [박근혜 퇴진 48시간 비상행동]을 진행하기로 결의했다. 전국 100군데에서 선전전과 캠페인을 진행하고 2월 24일과 25일에는 서울 강남 및 도심지역에서 '1박 2일 대행진'을 진행하며, 특검 연장을 관철시키고자 하는 시민들의 힘을 모으기로 했다.

촛불권리선언 대토론회 개최

16차 촛불이 열리는 날 특히 의미 있는 행사가 열렸는데 바로 [촛불권리선언 대토론회]였다. 2월 18일 오후 1시부터 장충체육관에서는 촛불권리선언을 만드는 '2017 대한민국 꽃길을 부탁해!'라는 주제로 [촛불권리선언 시민대토론회]가 방송인 김제동 씨의 사회로 진행되었다. 시민대토론회에는 2,017명 이상의 시민이 참여 신청을 했고, 토론회 당일 1,500명 이상의 시민이 모여 대한민국이 나아가야 할 개혁의 방향과 정신 그리고 10개 분야별 개혁의 구체적인 방안을 토론하였다. 이날 토론은 참가자 중 추천된 약 50명의 '성안위원회'의 정리 절차를 거쳐 '촛불권리선언'으로 성안되어 3월 중 광화문 촛불집회에서 발표할 예정이었다. 10개 토론 분야는 ▲재벌체제 개혁 ▲좋은 일자리와 노동기본권 ▲사회복지·공공성, 생존권 ▲성 평등과 사회적 소수자 차별 ▲공안 통치 기구 개혁 ▲선거·정치제도 개혁 ▲남북관계와 외교 안보 정책 개혁 ▲위험사회 청산 ▲교육 불평등 개혁 ▲표현의 자유와 언론개혁 등이었다.

2월 25일 17차 촛불, 새해 들어 처음으로 광화문광장에 100만 인파 모이다
― 노동자, 농민, 빈민 등 '민중총궐기대회'에 이어서 100만 촛불 진행

애초 '집중촛불'로 추진되었던 2월 25일 제17차 촛불은 박근혜를 반드시 끌어내리자는 촛불시민들의 의지와 열망이었고, 전국에서 서울 광화문광장에 모두 모여 촛불의 요구를 단호하게 보여주자고 한 약속이 실현된 것이다.

제17차 범국민행동의 날은 여러모로 각별했고 특별했다. 촛불시민들의 열망과 요구를 담은 "박근혜 4년, 이제는 끝내자"가 2월 25일 전국 집중 17차 범국민행동의 날의 슬로건이다.

이날은 탄핵심판대에 올라선 박근혜가 취임 4년을 맞는 날이었다. 민주주의가 파괴되고, 헌법이 유린되고, 비선실세에 의해 국정이 농단되었으며, 민생이 파탄 난 고통스럽고 지긋지긋했던 4년의 시간이었다. 바로 이날, 100만 촛불의 함성으로 '박근혜 4년 이제는 끝내자'를 외쳤다.

또 이날 제17차 촛불은 전국에서 서울로 집중해 새해 들어 처음으로 100만 촛불을 밝힌 날이었다. 수도권 이외의 전국 각지에서 전세버스를 타고, 기차를 타고 광화문에 모인 것은 촛불민심이 얼마나 단단하고 무서운지 보여주었고, "끝날 때까지 끝나지 않았다"는 말처럼 박근혜 탄핵과 구속까지 촛불이 중단되지 않고 꺼지지 않는다는 것을 보여주었다.

그리고 새해 최대 규모의 촛불을 함께 만들기 위해, 2016년 11월 12일 100만 민중총궐기를 이끌어내며 1,000만 촛불을 열어젖혔던 노동자, 농민, 빈민 등 민중총궐기투쟁본부가 "박근혜 4년, 너희들의 세상은 끝났다"라는 주제로 '2017년 민중총궐기대회'를 광화문광장에서 진행하면서 촛불의 열기를 더 끌어올렸다. 민중총궐기대회에 앞서 교사, 공무원, 건설노동자들의 사전대회와 함께 빈민대회, 농민대회가 진행되었다. 특히, 민중총궐기대회에서 상영된 '박근혜 집권 4년의 피눈물'이란 영상은 많은 시민에게 호응을 받았다.

● '촛불권리선언' 발표

2월 25일 제17차 촛불은 박근혜 탄핵 심판과 특검 수사기한 종료를 앞두고 박영수 특별검사팀의 수사가 막바지로 치닫는 가운데 열린 2월 마지막 주말 촛불로 다양한 시민의 참여가 더욱 돋보였다. "가난 때문에 세상을 떠난 이웃을 잊지 않습니다"라는 마음으로〔송파 세 모녀 3주기 추모제〕를 진행하고, 참여한 시민들이 함께했다. 박근혜와 재벌 총수 구속을 요구하며 1박 2일, 48시간 동안 강남과 도심에서 '새로운 세상, 길을 걷자' 대행진단이 광장에 합류했으며, '박근혜 있는 개강 없다! 박근혜 정권 즉각 퇴진!'을 내걸고 대학생 시국회의가 주최한 대학생총궐기대회를 사전대회로 진행한 대학생들이 광장으로 모였다. 또 주말마다 광장을 지켜왔던 사드 철회를 요구하는 성주, 김천 주민들과 특히 광장 시민들로부터 열렬하게 환영받은 '박근혜 하야! 전국청소년비상행동' 소속의 청소년들이〔박근혜 구속촉구 시국대회〕를 마치고 광장으로 행진하며 들어왔다. 중요한 촛불의 주인공들이었다.

또 2월 18일 1,500명이 모여 함께 진행한 시민대토론회 결과가 성안회의를 거쳐 이날 '촛불권리선언'으로 발표되기도 했다.

● '박근혜 탄핵 · 구속! 특검 연장! 48시간 비상행동' 진행

2월 25일 제17차 촛불을 앞두고 퇴진행동은〔박근혜 탄핵 · 구속! 특검 연장! 48시간 비상행동〕을 진행했다. 전국 각지 100여 곳에서 선전전과 기자회견 등을 진행하고, 각 단체들의 시국선언이 이어졌다. 헌법재판소가 탄핵 심판의 최종변론을 2월 27일로 종결하겠다고 밝힘에 따라, 3월 13일 이정미 헌법재판관의 퇴임 전에 탄핵 가부가 결정될 것으로 예상되면서 탄핵 심판을 둘러싼 긴장이 고조되는 비상한 상황에 따른 대응이었다.

또 2월 28일로 종료 예정인 특검 수사가 연장되지 않고 있어 국정농단과 공작정치, 부정부패 공범세력에 대한 철저한 수사와 처벌을 열망하는 국민적 요구가 자칫 무산될 수 있는 위급상황에 대한 비상행동이기도 했다. 실제로 2월 22일 '법꾸라지 우병우'에 대한 구속영장이 법원에 의해 기각되었다. 구속 사유가 차고 넘치는 자가 법망을 피해가고, 거짓말을 하면서 국정농단, 헌정유린을 한 자를 오히려 법이 보호하는 현실의 끔찍함을 보면서 촛불의 분노는 더욱 타올랐다.

본 대회 집회의 마무리 퍼포먼스는 지난 제16차 촛불과 마찬가지로 다시 한번 참가자 모두가 소등을 한 후 '박근혜 퇴장' 레드카드 촛불을 밝히며 3월에도 모이자는 참가자 모두의 결의로 마무리되었다.

특히, 3월 촛불의 시작은 3월 1일, 처음으로 주말이 아닌 날에 제18

차 범국민행동의 날을 진행하자고 결의하며 약속했다. 그만큼 긴박하고 긴장을 늦출 수 없는 정국에 따른 결정이고 촛불의 약속이었다. 3월 1일은 98년 전 1919년 3월 1일 일본제국주의 식민지배 치하에서, 조선의 민중들이 '대한독립만세'를 외치며 만세운동을 시작한 날로 국경일로 지정된 날이어서 더욱 그 의미가 깊었다.

3월 1일, 박근혜 구속 만세! 탄핵 인용 만세! 황교안 퇴진! 3.1절 맞이 박근혜 퇴진 18차 범국민행동

3월 들어 본격적으로 헌재 평의가 시작되었다. 탄핵 인용과 박근혜 구속을 요구하는 여론이 압도적으로 높았지만 박근혜 측의 저항도 거세졌다. 특히 3.1절을 맞아 박근혜 측은 전국 집중을 예고하는 상황이었다. 한편, 최순실-박근혜 국정농단의 진상을 낱낱이 밝혀왔던 특검의 연장을 황교안 대통령권한대행이 거부하며 국민들의 공분도 높아졌다. 또한, 이정미 헌법재판관의 임기가 3월 13일로 만료되는 상황에서 그 이전에 박근혜에 대한 헌재 판결의 요구도 비상히 높여나가야 했다. 이런 맥락에서 퇴진행동은 주말이 아닌 공휴일인 3월 1일에 촛불을 들게 되었다. 일부 참가자는 태극기에 노란 리본을 달아 촛불에 참여했다.

특히 일제강점기 독립만세운동 기념일인 3월 1일을 맞이해 한·일 위안부합의 폐기와 한·일 군사정보협정 폐기가 주요 구호로 등장하였다. 부슬부슬 비가 내리는 가운데 오후 5시에 시작된 촛불집회에서 일본군 위안부 피해자인 이용수 할머니가 무대에 올랐다. "25년간 비가 오나 눈이 오나 일본의 사과를 요구하는 시위를 열었다. 이번 '한·일 위안부합의'를 이끈 박근혜 대통령을 탄핵시키고 윤병세 외교부 장관을 해임시켜

야 한다"라고 말한 구순의 할머니가 '아리랑'을 부르기 시작했다. 촛불집회에 참가한 수많은 시민이 울컥하며 함께 아리랑을 따라 불렀다.

한편 이때부터 경찰의 차벽은 더욱 공고해졌다. 박근혜 측 집회시위 대오와 분리한다는 명목이었지만 꽁꽁 둘러싼 경찰 차벽으로 30만 촛불의 목소리를 막으려는 의도도 깔려 있었다는 분석도 다수 있었다.

세종로사거리(광화문네거리) 메운 '탄핵 반대' 태극기

박근혜 대통령 대리인단의 김평우 변호사가 박근혜 측 탄핵반대 집회인 '태극기집회' 무대에 올랐다. "나를 늙고 병들고 당뇨병 걸린 미친 변호사로 매도하는데, 늙고 병든 게 죄입니까?" 그는 이어 말했다. "촛불은 어둠이 내리면 붉은 기를 흔드는 어둠의 자식들입니다. 저들이 태극기 드는 거 봤습니까? (…) 우리는 촛불에 눌리는 2등 국민이 아닙니다!"

광화문광장 북서쪽 세종로소공원에서 열린 '애국단체총협의회' 집회부터 광화문사거리의 서남쪽 모퉁이에 있는 동화면세점 앞 '한국기독교총연합회'의 3·1만세운동 구국기도회, 이어 열린 '대통령 탄핵 기각을 위한 국민총궐기운동본부' 집회까지 3월 1일 오후 시간, 세종로사거리 근처는 탄핵 반대 목소리와 태극기 물결로 메워졌다. 군가가 울려 퍼지는 집회장 옆에는 낮부터 대구·충북·전북 등 전국 각 지역의 번호판을 단 대형 관광버스가 정차했고 버스에서 배낭을 메고 내려 집회장에 집결했다. 태극기를 손에 든 사람들이 끝없이 내려섰다. 이날 박근혜 측은 집회에 백만 명이 집결했다고 과장했다.

한편, 박근혜 대통령 탄핵에 반대하는 이들이 박영수 특별검사와 손석희 JTBC 보도부문 사장의 집 앞까지 몰려가 주기적으로 시위를 벌이기도 했다. 일부는 이정미 헌법재판소장 권한대행 집 주소까지 공개하며 '집 앞 시위'를 부추기고 있었다. 박영수 특별검사팀의 수사가 종료된 2월 28일 자유청년연합 등은 서울 강남구 특검팀 사무실 앞에서 "박영수 구속, 탄핵 각하" 등의 구호를 외친 뒤 서초구 소재 박 특검의 집 앞까지 행진했다. 자유청년연합은 한 달 동안 박 특검의 집 앞에서 집회를 열겠다고 방배경찰서에 집회 신고를 했다. 2월 24일에는 박 특검 집 앞에서 '야구방망이 시위'를 벌여 물의를 빚었다. 이틀 뒤에도 같은 장소에서 야구방망이를 들고 집회를 개최하려다 경찰의 제지를 받았다.

'대한민국애국연합' 등도 2월 18일 서울 종로구에 있는 손석희 사장의 집 앞으로 몰려가 '손석희 규탄' 집회를 열었다고 한다. 한겨레신문에 따르면 이날 집회에서 그 단체 대표는 "'대한민국 탄핵의 주범 손석희 집을 쳐들어왔다. 대한민국에 역적질하고 있는 손석희를 규탄하러 왔다'라고 주장했다. 그러나 그들의 마지막 발악에도 불구하고 결국 박근혜는 탄핵당한다.

촛불정부 출범 후 밝혀진 군사 쿠데타 음모

퇴진촛불 초기부터 위수령 준비

퇴진촛불이 진행되는 동안 군사 쿠데타가 검토되고 또 준비되고 있었다는 충격적인 사실이, 박근혜 탄핵과 대선을 거쳐 새 정부가 출범하고 난 뒤에 알려졌다. 군인권센터에서 군 내부자료의 일부를 입수하여 폭로하였다. 그 이후 진상 규명 작업과 검찰과 군검찰이 합동으로 수사를 진행하여 그 진상의 일각이 드러났다.

제1차 퇴진촛불집회가 2016년 10월 29일 시작되자마자, 그 직후 시점인 2016년 11월 초경 군에서는 위수령 발동을 검토하였다. 시위대 규모가 커지고 격렬해지면서 경찰력으로 진압이 불가능해지면 군대를 동원해서 진압하는 준비를, 퇴진촛불 초기 단계에서부터 시작하였던 것이다. 그러나 퇴진촛불이 평화적 집회와 시위로 진행되고 또 법원에서 가처분 결정을 통해 차츰차츰 행진경로를 조금씩 열어주게 되면서, 청와대 100m 전방까지 행진 가능하다는 실정법 규정대로 퇴진촛불이 진행되었다. 이렇게 상황이 전개되고 군대 투입의 필요성이 없어짐으로써 위수령 발동 문제는 계속 수면 아래에 머물러 있었다.

계엄선포 모의 ― 친위 쿠데타 음모

국회에서 박근혜 탄핵소추안이 가결되고 헌재에서 탄핵 심판이 진행되자, 군내 정보기관인 기무사를 중심으로 계엄선포 문제를 본격적으로 검토하고 또 실제로 계엄령 준비까지 하게 된다. 기무사 등 군내 권력

핵심에 있던 자들이 아마도 박근혜와 그 측근들과 내통하여 쿠데타 음모를 꾸민 것으로 추정되지만, 쿠데타 음모를 주도했던 전 기무사령관 조현천의 미국 도피로 그 윗선으로 수사를 확대할 수 없게 되었다.

정권 교체 후 나중에 확인된 문건, '전시 계엄 및 합수 업무 수행방안' 과 그 '세부자료' 등을 보면 실제로 계엄선포 준비를 하고 있었음이 확인되었다. 그 문건들은 군내 정보기관인 국군기무사령부에서 작성한 것인데, 실로 충격적인 내용이었다.

비상계엄 선포문과 계엄 포고문이 작성되어 있었고, 계엄사령부 설치 위치도 정해져 있는 등 계엄령 선포 모의가 실무 준비 단계에 이르고 있었음이 확인되었다. 군사작전 계획도 세워져 있었는데, 계엄군으로 탱크 200대, 장갑차 550대, 특전사 1,400명 등 무장병력 4,800여 명을 동원하기로 했고, 심지어 저항하는 시민에 대한 발포까지 계획했다. 야음을 틈타 474개소 중요 시설과 광화문, 여의도 등 집회 예상 지역에 선제적으로 전차와 장갑차를 이용해 병력을 신속하게 투입하는 계획이었고, 또 국가정보원도 계엄사 아래에 포진시켜 통제할 뿐 아니라, 언론사도 점거 또는 통제하여 언론 검열을 실시하는 등 언론통제 계획도 구체적으로 세우는 등 전형적인 친위 쿠데타 계획이었다.

국회의원 검거 계획도

무엇보다 충격적인 것은 야당 국회의원 검거 계획이었다. 당시 국회가 여러 야당의 의석을 모두 합치면 집권여당의 의석보다 더 많은 이른바 '여소야대' 국회였기 때문에, 만일 국회에서 계엄 해제 결의를 하면 계엄을 해제해야 하는 상황이었는데, 이를 미리 예방하기 위하여 치밀한 계획을 세웠던 것이다. 먼저 계엄사가 '집회·시위 금지 및 반정부 정치활동 금지' 포고령을 선포하고 위반시 구속수사 등 엄정처리 방침을 알리는 경고문을 발표한 뒤, 집회에 참석하거나 계엄 선포에 반대하는 정치활동을 하는 국회의원들을 집중 검거하여 현행범 체포로 구속하면, 결국 계엄 해제 결의안을 통과시킬 수 있는 국회 의결정족수가 미달될 것을 노리고, 야당 국회의원 검거·구속 음모까지 꾸몄던 것이다.

심지어는 2017년 3월 박근혜 탄핵반대 태극기집회에서 '계엄령선포 촉구범국민연합'이란 단체가 등장하였고 또 "계엄령을 선포하라"는 구호가 외쳐지기도 했다. 그리고 탄핵 심판 결과가 선고되는 날인 2019년 3월 10일 헌재 인근에서 진행된 탄핵반대 집회장에서, 집회주최 측의 독려에 따라 경찰저지선으로 사용하던 경찰 차벽을 뚫는 과정에서 집회장 스피커가 떨어져서 고령의 집회 참가자가 사망하는 사고가 발생하기도 하였다. 심상찮은 사건 발생이었다.

당시 이러한 친위 쿠데타 음모를 꾸몄지만, 퇴진촛불이 시종일관 평화적으로 진행되었고 압도적인 국민들의 지지와 친박 세력의 지리멸렬 등으로 친위 쿠데타를 결행할 찬스를 잡지 못했다. 특히 헌재에서 전원일치로 박근혜 탄핵을 결정하였기 때문에 군부 내에 친위 쿠데타를 선동할 명분이 전혀 없어지게 되면서, 결국 친위 쿠데타 음모는 예비음모 또는 미수에 그치게 되었다.

국군기무사 해편

새 정부가 들어서고 난 다음해에 이러한 계엄 선포를 통한 친위 쿠데타 음모가 드러났는바, 일부 관련자들이 처벌 받는 등의 조치가 진행되었지만 핵심 주모자인 당시 기무사령관이었던 조현천이 미국에서 귀국하지 않는 바람에 추가적인 수사나 관련자 처벌은 그 선에서 멈추게 되었다.

친위 쿠데타 음모가 발각된 뒤, 2018년 8월 그 음모를 주도했던 악명 높았던 '국군기무사령부'는 해체시키고, 대신 인원을 30% 줄여서 '군사안보지원사령부'를 출범시켰다. 또 민간인 사찰이나 정치 개입을 더욱 엄하게 금지하는 조치가 마련되기도 하였다.

박근혜 파면

3월 4일 19차 촛불, [박근혜 없는 3월, 그래야 봄이다! 헌재 탄핵 인용! 박근혜 구속! 황교안 퇴진! 19차 범국민행동]

다시 100만 시위 — 헌재의 탄핵 인용 촉구

이날 퇴진행동은 오후 7시 30분 기준 광화문에 90만 명이 모였다고 밝혔다. 광화문광장 북단부터 동아일보사 앞까지 촛불을 든 시민들이 자리를 지켰다. 전국적으로는 105만 명이 촛불을 들었다.

헌재 평의가 시작된 국면에서 탄핵 인용을 강력히 촉구하며 2월 25일 18차 촛불에 이어 다시 전국적으로 100만 촛불을 점화한 것이다. 특히 3월 1일 탄핵반대 시위 이후 일부 보수언론들이 박근혜 탄핵에 대해 찬반 여론이 5대 5로 갈린다며 민심을 왜곡한 것에 대해, 국민들은 다시 긴장감을 가지고 촛불을 들었다. 여전히 촛불이 민심이고 탄핵이 민심임을 보여주었다. 3월 1일의 탄핵반대 시위에 대한 위기감이 대규모 촛불로 이어진 측면이 있다는 것이다.

이날 19차 촛불집회에서는, 2월 28일 특검 수사기한이 종료됨에 따라 '특검 연장' 요구를 외면한 황교안에 대한 강력한 규탄과 퇴진을 요구했고, 박근혜와 공범 구속을 다시 한번 요구하며 특검법 개정(특검 기간 연장)을 촉구하기도 했다.

박근혜 없는 3월, 그래야 봄이다!

"박근혜 없는 봄을 만들 준비 되셨습니까?"라는 사회자의 질문에 촛불을 든 시민들은 큰 함성으로 화답했다. 3·8세계여성의날을 앞두고 이날 사전행사를 진행한 여성단체 대표가 첫 순서로 무대에 올라 "여성들은 200년 전 피를 흘려 참정권을 얻었다"라며 "박근혜 정권도 여성들의 힘으로 끝장내겠다"라고 말했다. 또 "지난 10년 동안 삼성반도체 노동자들의 죽음은 멈추지 않고 있다. 72명의 죽음 앞에 이제는 삼성이 응답할 때"라며 직업병 피해 노동자들에 대한 삼성 쪽의 직업병 인정과 직업병 예방을 위한 작업환경 관리태도 변화를 촉구하는 발언도 있었다. 한편 퇴진행동 진료지원팀으로 활동한 인도주의실천의사협의회 사무국장은 "백만이 모인 광장은 평화로웠고 저희가 준비했던 약들은 거의 쓰이지 않았다"라며 "그동안 대한민국의 적폐를 청산하고 국가의 주인인 우리가 안전하고 평화롭게 사는 세상 등을 위해 대한민국을 새롭게 변화시키는 일은 이제 시작이다"라고 말했다. 4·16합창단은 "가만히 있지 않을 거야 우리 모두 행동할 거야 이마저 또 침묵한다면 더 이상의 미래는 없어 끝까지 다 밝혀낼 거야" 등의 가사를 담은 '약속해'라는 노래를 무대에서 불렀다. 촛불집회 참가자들은 7시 30분께 청와대, 헌재, 총리관저 방면으로 행진을 시작했다.

헌법재판소의 판단, "박근혜를 파면한다"

헌법재판소는 2017년 3월 10일 박근혜에 대한 탄핵심판 사건에 대해 선고하였는데, 박근혜 대통령의 탄핵소추 사유 중 단 한 가지만 인용하고는, 직무 집행에 있어 헌법과 법률을 위반했다고 판단했다. 그러나 이 한 가지만으로도 박 대통령의 파면을 정당화할 만큼 중대한 법 위반이라고 결정했다.

2017년 3월 10일 오전 헌법재판소에서 이정미 헌재소장 권한대행이 박근혜 탄핵심판 사건에 대해 선고하고 있다. ⓒ한겨레

　헌재는 모두 89쪽 분량의 '대통령 박근혜 탄핵' 결정문에서 5가지였던 탄핵소추 사유 중 뇌물수수 등 형사법 위반을 제외하고 ▲사인의 국정개입 허용과 대통령 권한 남용 ▲공무원 임면권 남용 ▲언론의 자유 침해 ▲생명권 보호 의무와 직책 성실수행 의무 위반으로 재구성해 판단했다. 이 가운데 공무원 임면권 남용, 언론의 자유 침해, 생명권 보호 의무 등과 같은 소추사유를 헌재는 인용하지 않았다. '생명권 보호 의무와 직책 성실수행 의무 위반' 사유로 되어 있던 세월호 참사 관련 소추사유도 인용하지 않은 것이다.

　사실 부족한 증거를 찾으려면 증인을 더 부르고 증거 제출도 요구하면 가능할 수도 있지만, 그러면 선고가 늦어질 수밖에 없게 되는 사정을 고려한 것이라는 분석이 있었다. 대신 다른 확실한 파면 사유가 있기 때문에 신속한 탄핵심판 선고를 위해 다른 사유를 모두 제외하고, 확실한 한가지 사유만 갖고 "대통령 파면"을 결정하게 된 것이라는 분석이 다수였다.

　헌재는 '사인의 국정개입 허용과 대통령 권한 남용' 사유를 인정하고

헌재 박근혜 대통령 5가지 탄핵소추 사유별 판단

탄핵소추 사유	위법여부	헌법재판소의 판단
사인의 국정개입 허용과 대통령의 권한 남용 여부	○	• 박근혜 대통령이 최서원 등의 이익을 위해 대통령으로서의 지위와 권한을 남용한 것은 공정한 직무수행이라 할 수 없다. 박 대통령은 공익실현 의무(헌법 제7조 제1항) 등을 위반했다. • 박 대통령은 직접 또는 경제수석비서관을 통해 대기업 임원 등에게 미르와 케이스포츠 출연과 현대자동차그룹에 최서원의 지인이 경영하는 케이디(KD)코퍼레이션 납품 계약 체결을 요구한 것 등은 기업의 자유와 재산권(헌법 제15조, 제23조 제1항)을 위반했다. • 박 대통령이 최서원에게 직무상 비밀에 해당하는 문건이 유출되도록 지시 또는 방치한 것은 국가공무원법 제60조의 비밀엄수 의무 위배에 해당한다.
공무원 임면권 남용 여부	✕	• 문화체육관광부 노태강 국장과 진재수 과장이 박 대통령의 지시에 따라 문책성 인사를 당한 것 등은 인정되나, 증거를 종합하더라도 박 대통령이 최서원의 사익 추구에 방해가 되어 인사했다고 인정하기 부족하다.
언론의 자유 침해 여부	✕	• 박 대통령이 정윤회 문건 유출을 비난한 사실은 인정되나, 증거를 종합하더라도 〈세계일보〉에 구체적으로 누가 압력을 행사하였는지 분명하지 않다.
생명권 보호 및 성실한 직책수행 의무	✕	• 세월호 사고는 참혹하기 그지없으나, 국민의 생명이 위협받는 재난상황이 발생했다고 박 대통령이 직접 구조활동에 참여하는 등 구체적이고 특정한 행위 의무까지 발생한다고 보기 어렵다. 참사 당일 직책을 성실히 수행하였는지 여부는 그 자체로 소추 사유가 될 수 없다.
뇌물수수 등 형사법 위반	△	• 판단하지 않음

• 박 대통령이 최서원의 국정개입을 허용하고 국민으로부터 위임받은 권한을 남용하여 최서원 등의 사익 추구를 도와주는 한편 이러한 사실을 철저히 은폐한 것은 대의민주제의 원리와 법치주의의 정신을 훼손한 행위로서 대통령으로서의 공익실현 의무를 중대하게 위반했다.

재판관 8명 전원일치 인용

• 박 대통령은 헌법과 법률 위배 행위에 대해 국민을 상대로 진실성 없는 사과를 하고 국민에게 한 약속도 지키지 않았는데, 이러한 언행을 보면 박 대통령의 헌법수호 의지가 분명하게 드러나지 않는다.

헌재의 박근혜 대통령 5가지 탄핵소추 사유별 판단. ⓒ한겨레

대통령이 헌법과 법률을 위반했다고 밝혔다. 그리고 박 대통령의 헌법과 법률 위반 정도는, 파면당할 만큼 중대한 법 위반을 했다고 결론 내렸다. 헌재는 "피청구인(박근혜 대통령)이 최서원(최순실)의 국정개입을 허용하고 국민으로부터 위임받은 권한을 남용하여 최 씨 등의 사익 추구를 도와주는 한편 이러한 사실을 철저히 은폐한 것은 대의민주제의 원리와 법치주의의 정신을 훼손한 행위로서 대통령으로서의 공익실현 의

무를 중대하게 위반했다"라고 밝혔다. 이어 헌재는 "헌법과 법률 위배 행위에 대해 국민의 신뢰를 회복하고자 노력하는 대신 국민을 상대로 진실성 없는 사과를 하고 국민에게 한 약속도 지키지 않아 헌법수호 의지가 분명하게 드러나지 않는다"라고 매듭지었다. 이를 종합해 헌재는 "피청구인의 헌법과 법률 위배 행위는 국민의 신임을 배반한 행위로서 헌법수호의 관점에서 용납될 수 없는 중대한 법 위반 행위"라며 "피청구인을 파면함으로써 얻는 헌법수호의 이익이 대통령 파면에 따르는 국가적 손실을 압도할 정도로 크다"라고 지적했다.

헌법재판관 전원일치인 '8:0'으로 파면을 결정한 것이었다. 단 한 명의 이탈표도 없었다. 박근혜 전 대통령이 대통령으로서 국정을 지휘하는 것을 용납할 수 없을 만큼 법 위반의 정도가 컸다는 데 재판관 모두 뜻을 같이한 것이다. 심지어는 박 전 대통령이 지명했던 서기석, 조용호 재판관이나 집권여당 몫으로 지명·선출된 안창호 재판관도 예외가 되지 않았다. 재판관들의 정치적 성향은 전혀 문제가 되지 않았던 것이다.

퇴진촛불항쟁 마무리 시기

퇴진촛불항쟁의 제4단계

퇴진촛불의 승리

3월 11일 20차 촛불 ["촛불과 함께 한 모든 날이 좋았다" 모이자! 광화문으로!]

"국민이 승리했다. 우리가 해냈다!"

촛불이 주인공이었다.

2016년 10월 29일 처음 시작해 탄핵소추안이 헌법재판소에서 인용되어 박근혜 탄핵이 결정된 2017년 3월 10일까지 모두 19차례의 촛불집회에 연인원 1,600만 명이 참가하였다. 2016년 12월 3일에 한반도 역사상 최대 규모인 232만 명이 참가한 퇴진촛불은 탄핵에 미적대던 국회를 움직여 12월 9일 탄핵소추안을 가결시켰고, 해를 넘겨 2017년 3월 10일에는 마침내 헌재가 박근혜 파면이라는 마침표를 찍을 수 있도록 민의를 모았다. 촛불을 시작한 지 134일 만에 이룬 성과였다. 2016년 가을부터 시작된 촛불은 추운 겨울을 지나 다음해 봄 긴긴 여정 끝에 마침내 박근혜를 파면시킬 수 있었다.

다음 날인 3월 11일 서울 광화문광장에선 '진짜 봄'을 여는 제20차 촛불집회가 열렸다.

박근혜 전 대통령 탄핵 이후 열린 촛불집회는 전국에서 70만 명이 모여 '촛불의 승리'를 자축하는 축제의 장이 되었다. '박근혜 없는 첫 주말'을 맞은 시민들은 "국민이 승리했다"라고 외치며 동시에 "박근혜를 구속하라", "황교안은 퇴진하라"라고 외쳤다.

집회에 참여한 시민들은 서로 "수고했다", "함께 해줘서 고맙다"라며 격려를 주고받았다. 시민들은 "이제 막 1라운드가 끝난 것"이라며 '새로

3월 11일 오후 서울 광화문광장에서 박근혜 파면을 기념하며 촛불집회를 마친 시민들이 폭죽을 쏘고 있다. ⓒ한겨레

운 시작'을 다짐했다. '촛불의 승리'를 자축하는 폭죽이 하늘을 수놓았다. 시민들은 촛불집회장에서 함께 폭죽을 하늘을 향해 터뜨리면서 마음껏 기세를 올렸다.

이날 행진은 박근혜 전 대통령이 아직 퇴거하지 않고 남아 있는 청와 대와 황교안 대통령권한대행의 국무총리 관저 등 세 방면으로 진행됐 다. 이후 저녁 8시께 유명 가수들이 참여하는 '촛불승리 축하 콘서트'가 열렸다.

호흡조절하는 촛불광장

이날 집회를 마지막으로, 퇴진행동은 매 주말마다 집회를 개최하는 것을 일단 중단하기로 했다. 다만, 상황이 어찌 변화할지 걱정이 남아 있는 점 등을 고려하여, 퇴진행동은 다가오는 3월 25일, 4월 15일 두 차례와 혹시 필요할 때 추가로 촛불집회를 개최할 계획이었다.

사드 저지 및 세월호 참사 진상 규명, 적폐 청산의 날(2017.04.01.)

제23차 마지막 촛불집회. "광장의 경고, 촛불민심을 들어라." (2017.04.29.)

대선까지의 정세 흐름

피의자 박근혜 구속, 황교안 대통령 권한대행의 박근혜 감싸기 행보

박근혜는 검찰 조사를 거쳐 2017년 3월 31일 구속되었다. 차기 대통령을 선출하는 대통령 선거일이 5월 9일로 공고되었다. 박근혜가 헌재에서 파면되었지만 박근혜 정권의 2인자였던 황교안 대통령권한대행은 박근혜 감싸기에 여념이 없었다.

공교롭게도 박근혜가 구속된 바로 그날, 3년 전 침몰했던 세월호가 목포신항으로 돌아왔는데, 이날 세월호는 바다 속 수장 기간까지 포함하는 3년간의 긴 항해, 매우 슬픈 항해를 마치게 되었다.

한편, 대선을 앞두고 미군은 한국 대선 이후 사드 배치가 더 어려워질 수 있다는 판단에 따라 사드 배치를 서둘렀다. 3월 말까지 사드포대 장비 일체를 한국에 반입했다고 공표하더니 4월 20일 경북 성주 롯데골프장에 대한 군사보호시설 지정에 대한 한미 간의 합의가 이뤄지고, 불과 6일 만인 4월 26일 새벽, 한·미 양국은 레이더와 발사대 2기를 경북 성주의 롯데골프장에 반입했다. 대선을 불과 2주 남겨 놓은 시점, 사드 배치 문제가 대선의 주요 쟁점으로 부각된 상황임에도 장비 반입이 강행된 것이다. 사드 배치에 대해 되돌리기 어려운 '알박기' 시도이자, 차기 정부 및 국민의 선택권을 박탈하는 결과가 되었다.

또한 한반도에는 전쟁의 먹구름이 드리우기 시작했다. 미국 대통령 트럼프는 갑자기 4월 초 시리아에 공습을 강행했고 또 북한에 대해서도 선제 타격을 포함하여 군사적 대응 수위도 높이겠다고 했다. 이에 따라 한반도의 군사적 긴장이 매우 높아졌다.

대선을 향한 후보 간 각축전

차기 대통령 선거를 앞두고 대선 후보들 간의 각축이 본격적으로 시작되었다. 문재인 후보가 중도-개혁 성향의 제1야당 더불어민주당의 대선 후보로 선출되었고, 집권여당인 강경보수(극우) 성향의 자유한국당(새누리당이 당명 개정)의 후보로는 홍준표 전 대표가 선출되었다. 중도-온건보수 성향인 제2야당 국민의당의 후보로는 안철수 전 대표가 선출되었다. 여기에 집권여당의 비주류인 비박계 정치인들이 탈당하여 만든 신당인 바른미래당의 대선후보로는 보수 성향의 유승민 전 새누리당 원내대표가 선출되었다. 진보정당인 정의당 후보로는 심상정 대표가 선출되었다.

본격적인 대선 국면이 진행되는 상황에서 안보 이슈가 겹치면서, 제2야당 후보인 안철수 후보의 정책이 급속도로 우경화되었다. 안철수 후보는 종전의 '사드 배치 반대' 당론을 바꿔 사실상 찬성 입장을 표명했다. 안철수 후보는 몇 년 전에는 중도-개혁 성향인 제1야당의 공동대표를 맡았다가 탈당하고 2016년 국회의원 총선거를 앞두고는 중도-온건보수 성향의 신당인 국민의당을 창당하여 선거에서 돌풍을 일으키면서 원내 12.6%의 의석을 획득한 제2야당의 대선 후보였다. 박근혜 대통령이 탄핵되면서 집권여당에서 유망한 대선 후보를 찾기가 사실상 쉽지 않았던 상황에서, 집권여당을 지지하던 보수 성향 유권자들의 표를 의식한 정치적 선택으로 해석되었다. 강력한 제1야당 후보와 경쟁하기 위해, 마땅한 지지 후보를 찾지 못하고 있던 보수 성향 유권자들 표를 획득하기 위한 선거 전략이었다. 실제 안철수 후보가 우경화 노선을 택하자, 기득권층인 보수세력이 일시적으로 안 후보에게 힘을 실어주면서 안 후보의 지지율이 중도-개혁 성향의 제1야당인 민주당 문재인 후보의 턱밑까지 치고 올라왔다.

퇴진행동은 적폐청산과 촛불개혁을 강력히 촉구하고 대선 후보들의 우경화 경쟁에 경고를 보내기 위하여, 3월 25일, 4월 15일, 4월 29일에 각각 촛불집회를 열어 촛불시민들의 의지를 모으기로 하였다.

쇄도하는 후원금

한편, 언론을 통해 퇴진행동이 그 사이 촛불집회를 진행하는 비용으로 빚이 1억 원 이상 생겼다는 사실이 알려지자, 시민들의 후원이 이어져 불과 2~3일 만에 12억 원에 달하는 후원금이 쇄도하였다. 퇴진행동은 더 이상의 후원금이 입금되지 않도록 바로 계좌를 닫았다. '촛불의 주인은 바로 국민이다'라는 사실을 다시 한번 확인한 것이었다.

박근혜, 검찰에 출석 ― 박근혜 "국민께 송구", 검찰 질문에는 모르쇠로 일관

검찰 특별수사본부는 박근혜를 피의자로 규정하며 3월 21일 오전 9시 30분 출석하라고 통보했다. 박근혜 파면 이후 여론조사에 따르면 박근혜 구속 수사에 70%의 국민이 동의하고 있는 것으로 나오면서, 이런 여론의 압박에 따라 검찰은 조기 수사에 착수한 것이다. 박근혜는 3월 21일 검찰에 출석하며 "국민께 송구하다"라고 했으나 검찰 질문에는 아예 모르쇠로 일관했다.

한편, 박근혜는 헌재의 파면 선고 이후 청와대를 떠났지만, 지난 4년

여 동안의 대통령 기록물이 그대로 청와대에서 남아 있는 상황에서 행정자치부가 3월 13일부터 대통령 기록물 이관 작업에 들어갔다고 밝혔다. 청와대가 임의로 폐기하거나 대통령 기록물로 지정해, 이후 최장 30년간 열어볼 수 없도록 지정해버리는 게 아니냐는 의구심이 확대되었다. 특검의 청와대 압수수색이 무산된 상황에서 제반 국정농단의 실체적 진실 규명도 어려워질 수밖에 없는 것이었다. 그 정점에는 황교안 권한대행이 있어서 더욱 의혹이 확대되었다.

황 대행 대선출마 포기, 보수 후보 다각화

황교안 권한대행이 국무회의에서 대선 선거일 확정 관련 논의를 진행하지 않으면서 그 저의에 대한 여러 의혹이 제기되고 있었다. 특히 대선 사무를 관장하고 있는 중앙선거관리위원회에서 선거일 확정이 시급하다는 입장을 표명하였음에도, 선거일 확정을 미루고 있어 의혹은 짙어졌다. 여러 분석 가운데 다수는 황교안 본인의 대선 출마와 관련되어 있는 것 아니냐는 관측이었다. 그러나 얼마 되지 않아 황교안은 세가 불리하다고 판단하고 대선 후보 출마를 포기한다. 이로써 대선 후보는 중도-개혁 성향의 제1야당 민주당의 문재인 후보 외에, 보수 성향 후보로는 국민의당 안철수(중도-보수), 바른정당의 유승민(보수), 자유한국당의 홍준표(극우) 후보가, 진보정당 후보로는 정의당의 심상정 후보가 확정되었다. 그 외 여러 정당의 대선 후보가 등장하였지만 선거 판도에 별 영향력이 없는 후보들이었다.

이런 상황에서 4월 초순부터 우경화된 안철수 후보의 지지율이 급격히 상승하고 있었다.

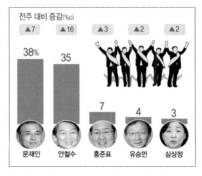

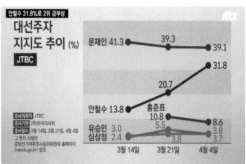

2017년 4월 초순 한국갤럽여론사 결과: 대선 후 보지지율, 문재인과 안철수 후보 격차 3%

JTBC에서 실시한 3월부터 4월까지의 지지도 조사. 안철수 후보가 지속적으로 상승하고 있다. ⓒJTBC

안철수 후보의 지지율 상승과 사드 배치 찬성 등 우경화

― 문재인 후보도 오른쪽으로

2017년 4월 초순 여론조사에 따르면 안철수 후보의 지지율이 급상승하면서 문재인 후보와 안철수 후보의 격차가 줄어들고 있었다. 유승민과 홍준표 등 보수 후보들이 대선에서 승리할 가능성이 낮아지자 보수층이 안철수 후보에게 몰리기 때문에 나타나는 현상으로 분석되었다. 특히 전통적으로 보수세가 강한 지역인 대구·경북 지역에서는 여론조사 결과 문재인 후보보다 안철수 후보가 앞서는 것으로 나타났다. 안철수 후보는 보수층을 끌어당기기 위해 우경화 흐름을 더욱 강화했다.

이러한 변화를 읽으며 보수 세력이 안철수 후보에게로 더욱 집결하는 모양새였다. 일부 유력한 보수논객들은 '보수의 고민, 홍준표냐? 안철수냐?'를 견줘 보면서, "이번에 좌파가 안 되고 안철수가 당선돼 중도 정권이 탄생하면 반쪽 정도의 선방, 반쪽의 성공은 된다"라며 안 후보를 사실상 지지하는 의사를 드러내었다.

이렇게 되자 제1야당인 민주당의 문재인 후보도 허겁지겁 우경화 정책방향을 선보이기도 하였다. 대표적 예가 국가미래연구원장인 김광두 씨를 문재인 캠프의 브레인 역할을 하는 '새로운 대한민국 위원회'의 위원장으로 선임한 것이다. 김광두 씨는 4년 전 박근혜가 당선될 때 박근혜 캠프의 줄푸세(세금을 줄이고, 규제를 풀고, 법과 질서는 세우고) 정책공약의 입안자로, 극단적 시장주의자였다. 또한 이에 앞서 사드 배치 문제 관련해 미국이 요구하면 문재인 후보가 받아들일 수밖에 없는 것 아니냐는 발언을 하여 비판이 제기되기도 하였다.

한편 집권여당이었던 자유한국당의 홍준표 후보는 선거운동 과정에서 더욱 선명한 보수정책을 주장하여 전통적 보수층의 지지를 모으게 되면서, 안철수 후보로 쏠리던 보수 성향 지지세를 나눠 갖게 되었다. 그 결과 안철수 후보와 홍준표 후보의 지지율이 비슷해지면서, 선두주자인 문재인 후보와는 지지율 격차가 더욱 벌어졌다. 실제 선거결과는 홍준표 후보가 2위로, 안철수 후보가 크지 않은 차이로 3위가 되는 결과로 나타났다.

검찰, 재벌 수사 확대 및 청와대의 보수단체 지원도 수사

● 검찰 'SK · 롯데' 재벌 수사

검찰이 '박근혜-최순실 국정농단' 사건과 관련, SK · 롯데 등 일부 재벌그룹에 대해 수사를 본격적으로 진행하기 시작했다.

SK의 경우 미르 · K스포츠재단에 각각 111억을 출연했는데 당시 총수인 최태원 회장의 특별사면 문제가 걸려 있었다. 실제로 최태원은 횡령 등 혐의로 실형을 선고받고 복역하다가 2015년 8월에 특별사면을 받았다. 검찰에 따르면 김창근 SK이노베이션 회장은 2015년 8월 13일 박근혜-최순실과 재벌그룹 사이에서 실무창구 역할을 한 안종범 전 청와대 경제수석에게 "SK 김창근입니다. 하늘 같은 이 은혜를 영원히 잊지 않고 최태원 회장 사면시켜 주신 것에 대해 감사감사"라고 문자를 보냈다는 것이다. 롯데그룹은 미르·K스포츠재단에 돈을 댄 것 외에 2016년 5월, K스포츠재단의 경기도 하남 체육시설 건립 사업에 70억 원을 추가로 기부했다가 자사에 대한 검찰의 본격 수사 직전에 그 돈을 돌려받아 의심을 키우고 있었다. 검찰은 롯데의 이런 움직임이 면세점 인허가 문제와 무관하지 않다고 보고 수사를 진행할 조짐이었다.

● 보수단체 관제시위·특혜지원 수사 본격 착수

박근혜 대통령 시절 청와대가 대기업들에 지시해 친정부 성향을 띠는 보수단체들에 거액의 자금을 지원하도록 했다는 이른바 '화이트 리스트' 의혹 사건에 대해서도 수사가 진행되었다. 특검팀은 최종 수사 결과를 발표하면서 청와대가 정무수석실 주도로 2014년부터 2016년 10월까지 대기업들의 이익단체인 전국경제인연합회를 통해 대기업으로부터 총 68억 원을 걷어 관제시위를 일삼는 특정 보수단체에 지원했다고 공개했다. 수혜 대상이 된 단체에는 대한민국어버이연합 등 친정부 관제시위를 주도해온 단체들이 대거 포함되었다.

● 법꾸라지 우병우 또 구속영장 기각 ─ 법원 "우 전 수석의 행위가 불법인지 여부는 다툼의 여지 크다" 판단

우병우 전 청와대 민정수석에 대한 검찰의 구속영장이 법원에 의해

또 기각되었다. 두 번째 기각이었다. 최순실 국정농단 사태와 연루된 주요 피의자 중 구속을 피해간 것은 우 전 수석이 유일했다. 검찰은 우 전 수석에 대한 두 번째 구속영장을 청구하기에 앞서 50명 가까운 참고인을 소환해 조사하는 등 모양새를 갖추었지만 여전히 조사가 미흡했던 것으로 드러났다. 우병우는 여전히 검찰과 사법부에 실질적 영향력을 끼칠 수 있는 실세였던 것이다. 당시 검찰 핵심 실세들에 안태근 검찰국장 등 우병우 라인이 포진해 있었기 때문이라는 관측이 지배적이었다.

박근혜가 구속되는 날, 세월호는 목포신항으로 돌아오다

박근혜가 파면되고 6일 만인 3월 16일 해양수산부는 세월호 인양을 미적거리던 종전 태도를 바꿔 "세월호를 이르면 4월 초에 인양"하겠다고 발표했다. 그리고 박근혜가 구속수감된 날인 3월 31일에 세월호가 목포신항으로 돌아와 세월호의 긴 항해를 마쳤다. 이어서 4월 11일 세월호 참사 1,091일 만에 세월호를 완전히 육상에 거치하며 '인양 끝'을 선언했다. 이에 따라 미수습자 수색도 본격적으로 진행되었다.

대선 전 사드 배치 강행, 트럼프의 북한 선제공격론, 한반도 긴장 높아져

미군은 한국 대선 이후 사드 배치가 더 어려워질 수 있다는 판단에 따라서 사드 배치를 서둘렀다. 대선을 목전에 앞둔 2017년 4월 26일 새벽, 한·미 당국은 레이더와 발사대 2기를 롯데골프장에 반입했다. 대선 투표일을 불과 2주 남겨 놓은 시점, 사드 배치 문제가 대선의 주요 쟁점으로 부각된 상황에서 장비 반입이 강행된 것이다. 불법적인 사드 반입 과정에서 정부는 경찰 8,000명을 동원해 고속도로에서부터 롯데골프장이 있는 소성리로 들어가는 길목을 틀어막았고, 기도회 중이던 원불교도들과 종교인, 주민들을 끌어내는 등 폭력을 서슴지 않았다. 특히 한 주한미군 병사가 경찰이 한국 국민을 폭력 진압하는 그 현장을 비웃으며 지나가는 장면이 사진으로 찍혀 보도되면서 국민적 분노를 샀다.

중국은 이에 대해 한국을 상대로 경제 보복을 시작했다. 중국 내 롯데마트 90%(87개)가 영업정지 등 휴업 상태가 되었고 한국 여행 금지도 확대되고 있었다. 이로 인해 한국을 방문하던 중국 관광객이 급감했고 이에 의존하던 한국 내 관광산업 경기와 소비 경기가 급락하는 등 꽤 심한 경제적 타격을 받았다.

한편 미국의 트럼프 대통령은 4월 들어 북핵·미사일 문제에 대해 미국이 이전까지 볼 수 없었던 다층적이고 강도 높은 압박을 하겠다고 발표했다. 심지어 트럼프는 선제 타격까지 포함하여 북한에 대한 군사적 대응 수위도 높이겠다고 했다. 이에 따라 한반도의 군사적 긴장이 매우 높아졌다. 미국의 핵 추진 항공모함, 칼빈슨 호가 한반도 주변 서태평양 해역으로 이동 중인 것으로 확인되자 중국도 미국의 북한 공격 가능성에 대비하기 위해 중국 항공모함 랴오닝 호를 움직이면서 한반도 상황을 주시했다. 트럼프 미국 대통령의 기존 스타일에 미뤄 볼 때 칼빈슨호 파견도 시리아 공습처럼 북한을 타격하려는 움직임일 수 있다고 판단한 것으로 보였다. 트럼프는 4월 초 시리아에 공습을 강행했다.

승리한 촛불은 결코 멈추지 않는다

박근혜 없는 박근혜 체제의 수장, 황교안 퇴진 요구

퇴진행동은 박근혜 파면 이후에도 지속적으로 촛불을 내릴 수 없었다. 여전히 황교안 권한대행 등 적폐세력이 실권을 가지고 있으면서 적폐 청산과 사회대개혁 등 촛불의 요구를 가로막고 있었기 때문이었다. 퇴진행동은 운영위와 대표자회의를 통해 3월 25일 대회의 명칭을 〔승리한 촛불은 멈추지 않는다! 박근혜 구속! 황교안 퇴진! 적폐 청산! 제21차 범국민행동의 날〕로 정하고, 승리를 거둔 촛불이 남은 과제들을 해결하기 위해 끝나지 않고 계속됨을 이 대회를 통해 보여주고, 박근혜 등이 '진실' 운운하며 탄핵민심과 촛불민심을 거부하며 진상 은폐를 시도하고 있는 상황에서 박근혜의 구속을 요구하기로 했다. 박근혜 없는 박근혜 체제의 수장 황교안 권한대행(국무총리)의 퇴진 요구도 전면에 걸었다.

한편, 세월호 참사 3주기가 가까워 오고 있는 상황에서 세월호 참사 진상 규명과 책임자 처벌을 요구하며 또 당면한 핵심 사안으로 사드 배치강행 반대 입장도 명확히 하기로 했다. 그러면서 4월 15일 세월호 3주기 대규모 촛불에 함께해줄 것을 국민들에게 호소하기로 했다.

21차 촛불, 멈출 수 없는 10만 촛불 ─ 세월호 유가족 "우리 엄마·아빠들은 끝까지 진실을 밝히고 책임자 처벌하겠다고 304명과 약속했다"

3월 25일 저녁 서울 광화문광장에서 〔승리한 촛불은 멈추지 않는다〕는 이름을 내건 제21차 촛불집회가 열렸다. '박근혜 구속', '황교안 퇴진'

등 아직 멈출 수 없는 수많은 이유를 담은 손팻말과 구호 가운데 가장 많았던 것은 '세월호 미수습자의 온전한 수습'과 '세월호 진상 규명'이었다. 10만의 촛불이 아직 세월호에 남겨진 미수습자 9명의 이름을 외쳤다. 촛불이 모두 꺼진 광장에서 다시 촛불을 밝히는 순간 "진실은 침몰하지 않습니다"라고 적힌 펼침막을 걸고 노란 풍선이 무대 뒤로 떠올랐다.

이날 무대 위에는 지난 2015년 민중총궐기에서 경찰 물대포에 맞아서 숨진 백남기 농민의 딸 백도라지 씨도 올라왔다. 3월 27일은 백남기 농민이 물대포를 맞고 쓰러진 지 500일이 되는 날이었다. 백도라지 씨는 "박근혜를 탄핵시켰고 세월호도 3년 만에 올라왔다. 너무나도 늦은 감이 있지만 모든 것이 제자리를 찾아가는 것 같다"라며 "아직 (아버지를 죽인) 강신명 전 경찰청장과 살인 경찰들은 아무도 기소되지 않았지만 민주주의와 정의가 바로 설 것이라고 저는 믿는다"라며 눈물을 훔쳤다.

세월호 참사 미수습자 수습과 철저한 선체 조사, 책임자 처벌! 철저한 박근혜 수사와 처벌! 공범자 구속! 적폐 청산! 세월호 3주기 22차 범국민행동의 날 — 잊지 않겠다는 10만의 촛불

세월호 참사 3주기를 하루 앞둔 4월 15일 오후 7시께, 서울 종로구 광화문광장에서 열린〔4월 16일의 약속, 함께 여는 봄〕본 대회에는 10만여 명의 시민이 참여해 다시 촛불을 들었다. 퇴진행동은 이날 집회에서 세월호 참사 미수습자 수습 및 철저한 선체조사와 책임자 엄중 처벌, 우병우 구속, 적폐청산, 촛불 정신을 망각하고 외면하는 대선 후보와 정치권 흐름을 규탄했다. 본 대회에는 박원순 서울시장이 무대에 올라 첫 발언을 하며 세월호 참사 진상 규명을 위해 힘쓰겠다고 약속했다. 유명 가수들도 무대에 올라 시민들과 추모의 마음을 나눴다.

4월 29일 23차 범국민대회 ― 마지막 퇴진촛불

대선을 바로 앞둔 시점인 4월 29일, 퇴진행동의 마지막 촛불이 바로 〔광장의 경고! 촛불민심을 들어라 23차 범국민행동의 날〕이었다. 사드 배치가 강행되고 한반도에 전쟁의 먹구름이 드리워지고 정치권도 우경 화되는 상황에 대해 촛불이 경고의 메시지를 보낸 것이다. 하지만 대선 으로 모든 초점이 옮겨진 상황이어서 대규모 촛불 집중은 어려운 상황 이었다. 언론의 관심도 상대적으로 떨어졌지만 적지 않은 규모인 5만 명 이 모여 정국 상황에 대한 우려를 표명했다. 대선 과정에서 촛불들의 염 원이 실종되어가는 것에 대해 비판했으며, 특히 유력 대선 후보들의 공 약 후퇴에 대해 비판의 목소리를 높였다. 대선 전 마지막 집회로 언론에 보도됐고 한반도 평화와 관련된 내용이 집회의 또 다른 중심이었다. 특 히 사드 배치 강행에 대한 강력한 비판의 목소리도 나왔다. 그러면서 대 선 직후인 5월 13일 사드 배치 강행을 막기 위해 경북 성주 소성리로 4차 평화버스에 함께하자는 제안도 있었다.

대선과 촛불정부 출범

**19대 대선, 문재인 41.08% 당선 ― 2위 후보와 557만 표 차, 역대 최대 표
차: 촛불의 성과이자 적폐세력에 대한 심판**

2017년 5월 9일 치러진 대선에서 문재인 민주당 후보가 제19대 대통
령으로 당선됐다. 전국 득표율 41.08%로 고른 지지를 얻었다. 전국 17
개 권역 중 경북·경남·대구광역시를 제외한 모든 지역에서 1위를 차지
했다. 24.03%(785만 2846표)를 얻어 2위를 한 자유한국당의 홍준표 후
보를 557만 938표 차로 이겼다. 역대 대선 가운데 최다 득표 차이다. 안

전국 개표율 100%			
1	문재인 더불어민주당	41.1%	13,423,800
		표차	5,570,951
2	홍준표 자유한국당	24.0%	7,852,849
3	안철수 국민의당	21.4%	6,998,342
4	유승민 바른정당	6.8%	2,208,771
5	심상정 정의당	6.2%	2,017,458
6	조원진 새누리당	0.1%	42,949
7	김민찬 무소속	0.1%	33,990
8	김선동 민중연합당	0.1%	27,229

19대 대선 후보별 지지율

철수 후보는 21.4%를 득표해 3위를 기록했다. 4위와 5위는 유승민 바른정당 후보와 심상정 정의당 후보였고 두 사람은 각각 6.76%, 6.17% 득표율을 보였다.

국회에 40% 의석뿐인 새 집권여당 ─ 여소야대 국회, 어떻게 되나

대선 승리로 더불어민주당은 10년 만에 집권여당이 되었지만 국회에 전체 의석의 40%인 120석만 가진, 과반에 훨씬 못 미치는 작은 여당이 되었다. 중도·보수 성향인 국민의당 40석(제2야당), 또 다른 보수 정당인 바른정당 20석(제3야당), 진보정당 정의당 6석(제4야당)과 친여 성향의 무소속 4석을 포함해도 170석밖에 안 된다는 점에서 중점 법안을 통과하려면 이들 제2야당, 제3야당과 제4야당과의 연대를 적극적으로 모

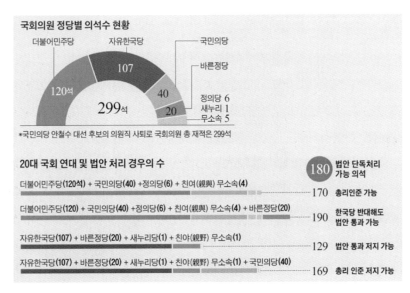

국회의원 정당별 의석수 현황 및 법안 처리 경우의 수

색해야 하는 상황이었다. 제1야당인 자유한국당이 107석이라는 점을 고려하면 국회 내에서 법안 처리가 쉽지 않을 것으로 전망되었기 때문이었다. 다시 말해 적폐청산과 사회대개혁도 국민적 힘을 결집하지 않으면 어려울 것이라고 판단할 수 있었다.

새로 당선된 문재인 대통령은 새 정부를 '촛불정부'라 스스로 부르며, 초기에 개혁 행보를 펼쳤다. 그러나 얼마 지나지 않아 새 정부는 제1야당과 제2야당, 제3야당 등 보수정당들의 입체적인 개혁입법 방해 책동에 가로막히면서, 적폐청산과 사회대개혁 조치는 정체되었다. 촛불항쟁의 승리에도 불구하고 청산되지 않은 채 기존 국회의원들이 유지된 국회가 적폐세력, 반개혁세력의 온상이 되어 있는 장면을 마주치게 된다.

또한 '촛불정부'가 국민적 힘을 결집하는 데에도 일정한 균열이 생기기 시작하였다.

퇴진행동 이후 진로 관련 논의

대선 종료 후 퇴진행동의 이후 진로에 대한 논의가 본격화됨

우선 퇴진행동 진로와 관련해 박근혜 파면 직전인 3월 6일 퇴진행동 내부 워크숍과 3월 8일 운영위를 통해 각 단체별 의견을 듣는 과정이 있었다. 논의 지형을 크게 나눠서 보면, 우선 퇴진행동을 해산해야 한다는 의견이 있었다. 박근혜가 파면된 만큼 즉시 해산한다는 의견과 국민들의 의견을 듣고 추가적인 대응을 해나가면서 해산하자는 의견이 제출되었다. 또한 퇴진행동을 유지해야 한다는 의견도 제출되었다. 유지에 대해서도 박근혜가 파면되었기 때문에 퇴진행동의 명칭 등 체계를 변화시켜 퇴진행동 조직을 유지하자는 의견과 변경 없이 유지하자는 의견도 제출되었다.

3월 10일 대표자회의 결정 사항

(1) 퇴진행동의 (탄핵인용 후) 즉각 해산이 물리적으로 어렵다는 데 공감하며, 명칭과 체계는 변경 없이 퇴진행동을 대선시기까지 유지한다.

(2) 과제: 조직적 정리과제, 비상한 대응이 필요한 과제를 기본으로 놓고, 그 외에 합의한 과제를 공동으로 실천한다. 퇴진행동의 과제로는 기록 작업, 기념 활동, 법적 대응, 적폐청산 및 개혁과제 추진 등 조직적 정리과제, 비상한 대응이 필요한 과제를 기본으로 놓고, 그

외에 합의한 과제를 공동으로 실천해나가기로 했다.

(3) 집회 관련해 매주 집회는 어렵다는 점을 공감하며, 3월 25일, 4월 15일 두 차례 집회 개최를 확정하고, 5월까지 참가 단체가 동의하는 중대한 사안 발생시 필요에 따라 집회를 여는 것으로 한다.

위와 같은 결정 사항에 따라서 퇴진행동은 촛불을 통해 '적폐청산 사회대개혁' 사업을 진행하며 '조직적 정리작업'을 동시에 진행하기로 했다. 또한, 4월 10일 대표자회의를 통해 퇴진행동의 평가 및 조직적 정리 작업을 위해 '(가칭) 2017촛불혁명 기록·기념위원회'를 구성하기로 했다.

촛불혁명 기록·기념위원회(가칭) 구성

촛불혁명 기록·기념위원회(약칭 기록기념위) 구성의 목표로 ▲2016년 10월 29일부터 시작된 2017촛불혁명의 역사적 기록을 남기고 ▲2017촛불혁명의 기록들을 영구보관하고 시민들이 접근해 자료를 열람할 수 있도록 하며 ▲2017촛불혁명을 기념하는 사업을 기획하고 역사와 경험, 가치와 과제를 널리 알려나가기로 했다. 그리고 기록·기념위 역할을 ▲기록·기념을 위한 기획, 자료 축적, 사업 집행 등으로 하고, ▲이를 위해 서울시 등 관련 기관과 협의하며 ▲보관, 열람에 대한 기획 및 집행이 필요하다면, 조례 제정 등의 제도화 활동도 진행하기로 했다.

사업 내용으로는 ① 촛불백서 작성, ② 영상 기록, ③ 2017촛불혁명 1주년 대회(가) 추진, ④ 기념조형물 제작, ⑤ 기념관 등 기록물 보관 공간을 확보해 시민들의 접근이 가능할 수 있도록 하자고 의견을 모았다.

이러한 사업을 추진하기 위해서 퇴진행동 기록·기념위원회를 구성하기로 했다. 기록·기념위원회 위원장은 공동으로 두는 것으로 했고, 기록·기념위원회 산하에 백서팀을 두고, 백서팀장을 박진 공동상황실장과 주제준 공동정책기획팀장이 맡기로 했다.

재정위원회(가칭) 구성

4월 10일 대표자회의를 통해서 남아 있는 모금액 사용에 대해서 철저한 감사와 투명한 공개를 진행하기로 했고, 이후 현장 모금은 없다는 점도 명확히 했다. 또한 촛불 진행 중에서 참가자에 대한 소환, 기소 등에 대한 법적 대응을 퇴진행동에서 책임지기로 했다.

재정 사용처와 관련해 ① 공식 집회 비용, ② 적폐청산/개혁과제 등 후속과제 관련 비용, ③ 백서 등 기록 작업 비용, ④ 기념물 비용, ⑤ 법률지원 비용, ⑥ 기타 사업 등으로 하기로 했으며, 재정운용 등을 위해 재정위원회를 구성하기로 했다.

퇴진행동 평가 진행

4월부터 연속 토론회를 진행하기로 하고, 4월 19일 오후 3시, 전교조 대회의실에서 퇴진행동 1차 평가워크숍을 진행했다. 이 자리에서는 적폐청산특위, 시민참여특위, 재벌특위 등 3개 특위 및 각 단체 평가 발표를 발표한 바 있다. 2차 평가 워크숍은 4월 26일 오후 2시 민주노총 회의실에서 진행했으며, 이 자리에서는 ▲평가안 관련 쟁점 토론 ▲이후 공동 대응 모색 등에 대해 논의가 진행되었다. 5월 17일 14시 금속노조 회의실에서 평가워크숍을 진행해 퇴진행동 평가를 마무리했다. 이 자리에서는 몇 가지 쟁점에 대해 논의했다.

범죄를 부인하고 버티던 박근혜는 1,700만 촛불 앞에 끝내 파면당하고 구속되었습니다. 분노한 민심, 정의를 열망하는 민심이 최고의 권력임을 유감없이 보여준 역사였습니다.

23차에 이르는 범국민행동의 날까지 반납한 주말이었지만 광장을 향한 발걸음은 언제나 설렜습니다. 늦가을에 시작해 매서운 한파를 뚫고 새 봄이 올 때까지 촛불을 꺼트리지 않은 시민들이야말로 위대한 촛불항쟁, 촛불혁명의 주인공들입니다.

돈 한 푼 없이 시작했지만 광장의 모금함은 언제나 넘쳐났습니다.

발 디딜 틈 없이 유례없는 인파가 모여도 걱정하지 않았습니다.

지난 6개월 우리는 모두가 주인이고 모두가 하나였던 촛불의 바다를 만들어왔습니다.

"어둠은 빛을 이길 수 없다."라고 한 세월호 가족들이 촛불의 버팀목이 되어주었습니다.

중도반단하지 않았기에 촛불은 항쟁이 되고 혁명이 되어 박근혜 정권을 퇴진시켰습니다.

최순실, 김기춘, 이재용 등 주요 범죄자들과 공범들을 구속시켰으며, 역사를 되돌려온 지긋지긋한 수구세력들을 역사의 뒤안길로 밀어내고 새 정부를 출범시켰습니다.

이 위대한 일을 가진 건 몸뚱이밖에 없는 국민들이 해냈습니다.

퇴진행동은 촛불시민과 함께한 모든 날이 행복했습니다.

퇴진행동의 수많은 일꾼들도 촛불의 동반자로, 안내자로 일할 수 있어서 영광이었습니다.

저희들은 이제 퇴진행동을 해소하고, 다시 제자리로 돌아갑니다.

그러나 끝이 아니고 다시 시작입니다.

적폐 청산과 사회대개혁은 포기되거나 타협해서는 안 될 촛불의 명령이고 요구입니다.

퇴진행동에 함께 했던 모든 일꾼들과 단체들은 촛불이 남긴 과제를 실현하는 데 앞장서겠다는 약속을 드립니다. 민주주의와 민생, 평화와 노동의 권리가 파괴되는 삶의 현장에서 언제나 국민과 함께 촛불을 들겠습니다.

불의한 권력을 단죄했듯이 더 좋은 세상을 만들기 위한 촛불은 계속되어야 합니다.

박근혜 정권을 퇴진시킨 촛불항쟁 만세! 촛불혁명 만세!

촛불은 계속된다! 적폐를 청산하자!

촛불은 꺼지지 않는다! 사회대개혁 실현하자!

2017년 5월 24일

박근혜 정권 퇴진 비상국민행동

퇴진행동 구성 및 운영

퇴진행동의 위상과 역할_(2016년 12월 1일 대표자회의)

- 위상: 본 기구는 현재 ① 박근혜 퇴진을 위한 범국민투쟁체이며, ② 투쟁의 고양과 발전에 따라 조직의 발전을 모색해간다.
- 역할: 국정농단 헌정 파괴에 대한 국민적 분노를 모아내고, 민주주의와 주권 회복을 위한 국민들의 행동을 지원하고 지지, 협력, 또한 한발 앞서 투쟁을 책임지고 안내하는 역할을 자임했다.
- 현재의 기구 구성은 완결되었다기보다는 정세 변화와 운동 발전에 따라 추가적 논의를 진행하여 고양 발전시켜 나가기로 했다.

명칭 및 초기 체계와 운영

1) 명칭: 박근혜정권퇴진 비상국민행동(약칭 퇴진행동)

2) 초기 체계와 운영 논의

(1) 공동대표 및 대표자회의

- 모든 단체 대표자를 공동대표로 함.
- 대표자회의: 공동대표로 구성된 회의
- 대표자회의는 최고의결기구임.

(2) 운영위원회 / 전국운영위

- 운영위원회: 각 단체 / 부문(학계, 법조, 문화예술, 청년학생, 여성 등) / 지역대책위 집행책임자 참가
- 일상적 의결기구로써 운영위를 두고 비상시국인 만큼 운영위원회를 주 1회 이상 개최, 열린 운영위원회로 진행하되 운영위원회는 각 부문 및 단체로 구성
- 전국운영위는 각 단체 및 부문 그리고 지역조직들이 반드시 참여하는 회의로 하고, 매월 1회 이상 진행

(3) 상황실 구성

- 공동상황실장을 두었으며 상황실에는 사무국 / 조직팀 / 정책기획팀 / 선전홍보팀 / 언론팀 / 대외협력 / 집회 기획팀 / 시민행동팀 / 법률팀 등을 두는 것으로 함.

퇴진행동 참가 단체 및 지역 퇴진행동 구성 현황

1) 전국에서 2,382개 단체 가입

2) 지역 퇴진행동 구성 현황

– 퇴진행동 발족 후 17개 광역시·도별 지역 퇴진행동이 구성됨

박근혜 정권 퇴진 부산운동본부

박근혜 정권 퇴진 비상강원행동

박근혜 정권 퇴진 서울행동

박근혜 정권 퇴진 울산시민행동

박근혜 정권 퇴진을 위한 전북비상시국회의

박근혜 정권 퇴진 전남운동본부

박근혜 정권 퇴진 제주행동

박근혜 정권 퇴진 충남비상국민행동

박근혜 정권 퇴진 충북비상국민행동

박근혜 퇴진 경기운동본부

박근혜 퇴진 경남운동본부

박근혜 퇴진 경북민중연대시국회의

박근혜 퇴진 광주시민운동본부

박근혜 퇴진 대구비상시국회의

박근혜 퇴진 대전운동본부

박근혜 퇴진 세종비상국민행동

박근혜 퇴진 인천시국회의

전국대표자회의 구성 뒤의 퇴진행동 조직 체계

1) 전국대표자회의

• 단체의 발족 및 해산, 박근혜 탄핵 등 중요한 시기에서 큰 틀의 결정을 내리기 위해 소집되었다. 최고의결기구로 2,382개 단체의 대표자를 참석 대상으로 했다. 자유롭게 참석하되, 논의를 통해 거의 만장일치로 안건을 결정했다.

2) 운영위원회

• 매주 개최. 일상적 의결·집행기구. 퇴진행동 주요 집회를 비롯한 제반활동 결정과 집행 역할. 각 팀별 보고 후 순서에 따라 안건 논의함. 전국 단체 중 서울 및 수도권 본부를 둔 중앙조직 중심으로 참여했으며, 보통 50명 규모, 많을 때는 80여 명 참여한 가운데 운영위원회가 진행되기도 했다.

• 사안별로 시기별로 다양한 의견이 제출되었는데, 다양한 의견이 하나로 모이지 않았을 때는 전국운영위원회나 대표자회의 개최를 요구했다.

• 또한 한두 가지 집중토론, 심층토론이 필요한 의제를 갖고 참여 단체 집행책임자 또는 대표자가 참여하는 워크숍 등을 수시로 진행하였다. 이를 통해 의견을 심층적으로 교환하고, 이렇게 형성된 공동의 합의안을 바탕으로 책임 있게 집행해 나갈 수 있었다.

3) 전국운영위원회

• 퇴진촛불이 전국으로 확산되고 지역 촛불이 안정적으로 진행되면서 전국 단위의 소통이 필요한 상황이었다. 비록 퇴진행동이 박근혜 정권 퇴진까지의 한시적 연대체이긴 하지만, 결정과 집행이 전국 체계를 갖고 대표단을 두고 운영해야 한다는 의견이 지배적이었다. 이에 2016년 12월을 경과하며 전국운영위원회를 격주로 운영했고, 광역 단위로 촛불이 열리는 17개 광역시·도 퇴진행동 집행책임자들도 함께 참석하는 회의를 열었다.

4) 퇴진행동 공동대표

• 2017년 1월 11일 5차 전국대표자회의에서 '상임운영위단체 대표, 광역 단위 대표, 대표자회의 추천 대표로 구성'된 공동대표를 선임하기로 하여, 총 37명의 공동대표를 선임하였다.

• 공동대표단은 퇴진행동의 논의조정기구로서의 위상을 갖기로 하였다.

5) 퇴진행동 기록·기념위원회

• 퇴진행동 해산 이후 〈퇴진행동 기록·기념위원회〉를 구성해 5인 공동대표단을 두고 활동하기로 했다. 5인 공동대표단은 시민사회단체연대회의 권태선 공동대표, 참여연대 정강자 공동대표, 민주노총 최종진 위원장직무대행, 한국진보연대 박석운 상임공동대표, 4.16연대 박래군 공동대표로 구성됨

퇴진행동 운영체계 변화 과정

1) 퇴진행동에 부여된 역할

퇴진행동의 역할은 대체로 세 가지였다고 할 수 있다.

① 주말 촛불집회를 준비하는 기획자이자 대회를 관장하는 진행자의 역할이었다. 구체적으로 사전집회와 본 집회를 통해 대중들의 의견 결집을 위한 산실 역할을 했다면, 행진을 통해서는 대중들의 분노와 역동적인 힘을 적극적으로 표출시키는 역할을 했다.

촛불이 퇴진행동을 탄생시켰지만 퇴진행동 없는 퇴진촛불 역시 상상할 수 없을 것이다. 광장을 열어 촛불이 타오를 수 있는 공간을 만들었다는 것을 자임했던 퇴진행동의 주요 단체들은 100여 명의 활동가들을 상황실로 파견해 주말 촛불집회를 중심으로 하는 다양한 활동의 실무를 책임졌다.

② 퇴진 투쟁의 안내자 역할도 부여되었다. 기조와 방향은 퇴진행동 차원의 치열한 논의를 통해 의견을 모아낸 결과였으며, 이것이 퇴진촛불 기조연설 등으로 그대로 반영되었다. 이러한 기조연설은 촛불이 나아갈 방향을 뚜렷하게 했으며 퇴진촛불의 큰 흐름을 만들어낼 수 있었다. 때로는 요지부동이던 청와대와 새누리당, 갈팡질팡하던 야당을 촛불민심의 힘으로 압박했고, 탄핵안 의결을 머뭇거리거나 '질서 있는 퇴진' 등을 운운할 때나 혹은 사법부가 이재용 구속영장을 기각하며 뒷걸음칠 때 촛불은 더 활활 타오르며 '주권자의 명령'을 내렸다.

③ 언제나 예상되는 탄압에도 촛불을 지켜내고 "이게 나라냐"라고 분

노한 촛불에 앞서 돌파자 역할을 자임하기도 했다. 실제로 박근혜와 일부 검찰들은 박근혜 비호 촛불을 바탕으로 힘을 모으고, 나아가 기회를 노려 촛불을 어떻게 해서든 약화시키고자 했다. 퇴진촛불을 약화시키기 위한 첫 번째 카드는 퇴진행동에 대한 탄압이었을 텐데, 이러한 탄압시도에도 촛불을 지켜나가는 역할이 퇴진행동에 부여되었다고 할 수 있었다. 그러나 다행히 퇴진촛불이 진행되는 동안 탄압이 가시화되지는 않았다.

2) 부여된 역할에 맞는 운영 과정

퇴진행동은 매주 진행되는 촛불집회를 기획하고 준비하고 실행해야 했다. 다른 한편 퇴진투쟁의 안내자의 역할을 해야 했다. 11월 퇴진행동이 구성되고 바로 상황실이 구성되었고, 운영위와 대표자회의가 열려 체계를 구체화했다.

몇백만 명이 참여하는 집회는 수많은 준비가 필요했다. 매주 촛불 기조 방향 그리고 촛불집회 명칭, 출연자, 무대 앰프 준비, 촛불집회 기획, 행진로 확보 및 신고, 촛불 홍보 웹자보, 자원봉사단 조직화, 보도요청 및 보도자료 준비, 이를 확정할 회의 준비 등 100여 명이 상황실 활동가들이 하루는 25시간으로 쪼개어 일을 해야 감당할 수 있는 일들이었다.

매주 진행된 촛불을 대체로 이렇게 준비되었다. 우선 월요일 상황실 각 팀별 회의를 진행했다. 지난주 촛불과 행진 그리고 각종 행사에 대한 평가, 전국상황을 취합하고 주객관적 정세 종합 및 이에 대응하는 촛불집회의 기조 방향을 초벌적으로 논의한다. 그리고 이를 종합해서 화요일에는 운영위를 개최한다.

운영위원회에서 전 주 촛불집회의 평가를 완료하고, 미비한 점을 보완하며, 다가올 촛불의 기조 방향 명칭 등을 확정한다. 그리고 운영위원회가 마치자마자 각 팀에서 운영위 결정 사항에 따라 명칭과 기조에 맞는 촛불 웹자보 제작해서 배포하고, 조직팀에서 이를 전국 촛불로 전달한다.

목요일 금요일을 촛불과 행사의 모든 준비를 완료해야 한다. 초를 구입해야 하고, 모금 준비도 해야 한다. 그리고 피켓을 제작하고, 기조에 맞는 연설자를 섭외하고, 문예 공연하는 분들도 섭외한다.

그리고 토요일 촛불이 열리는 당일엔 새벽 5시부터 광화문에서 무대를 쌓기 시작했다. 13시부터는 각종 사전 집회를 진행하고 촛불이 행진까지 모두 마치고 정리까지 하면 밤 12시. 그때부터 모금함을 정리해 새벽 5~6시쯤 모든 촛불의 마무리가 되었다.

운영위에서 논점이 생기면 전국운영위원회를 개최해야 했고, 전국대표자회의도 진행해야 했다.

3) 퇴진행동 운영체계 변화 과정 — 퇴진행동에 부여된 역할을 효과적으로 진행할 수 있는 체계 역할 변화

퇴진행동의 역할을 충실하고 효과적으로 수행하기 위한 조직 체계 문제나 조직운영 문제는 퇴진행동 활동의 가장 논쟁적인 지점이었다. 특히 전국조직 건설과 대표단 구성에 대해서는 여러 가지 의견이 제출되었고, 하나로 모아내기 매우 어려운 과정이었던 것도 사실이다. 퇴진행동의 진로에 대한 논쟁은 정세와 맞물려 매우 유동적인 상황에서 퇴진행동에 부여된 역할 중 어디에 방점을 두느냐에 대한 각 단체의 다양한 의견이 제출되면서 발생한 것이었다.

퇴진행동의 조직운영체계는 대표자회의—운영위(상임운영위)—상황실—실무집행팀 구조로 이루어졌다. 대표자회의는 최고 의사결정기구였으나 다분히 상징적 측면이 강했으며 운영위와 상황실이 일상적인 결정 단위로 역할을 했다.

애초에 퇴진행동을 구성할 당시에는 촛불을 준비해야 하고 나아가 수시로 변하는 상황에 대해 능동적이고 즉각적으로 대응해야 하는 상황을 반영해 상황실 중심으로 신속한 사업체계를 구축했다.

하지만 촛불이 이어지고 지역별 촛불도 거대하게 확대되어가는 상황, 그리고 퇴진행동의 결정이 정세에 상당한 영향을 미치는 것을 고려해 참여단체의 대표와 지역의 대표가 실질적인 논의 의결기구로 만들어내려고 노력했다. 결국 '대표성을 띠지 않는 논의조정기구'로서 공동대표단을 두는 것으로 절충되었다.

이러한 맥락에서 퇴진행동은 전국대표자회의 및 전국운영위원회를 강화하고, 논의조정기구로 약 30~50여 명의 공동대표단을 두며, 상임운영위원회에 지역참가를 확대해 전국적 대표성과 인적 대표성을 강화하는 방안으로 정리되었다. 결국 공동대표단은 17개 광역 대표자와 부문 및 전국 단체 대표들 37명으로 구성하였다.

한편, 효과적인 기획과 집행을 일치시키기 위해 운영위에서 상임운영위를 분리해 집행에 대한 효과적 내용을 확보하고자 했으나 취지와 달리 그 규모가 방대해지면서 상임운영위는 옥상옥의 구조가 되었고, 운영위 회의와 별다른 차별성을 갖지 못한 채 후반기에 들어설수록 유명무실해졌다.

전국대표자회의―(상임)운영위원회―상황실(각 팀)로 이어지는 체계는 큰 무리 없이 작동되었다. 이는 수많은 단체와 활동가들의 헌신에 따른 결과라고 할 수 있다.

또한 다양한 조직 간의 소통과 합의를 위해 여러 차례 내부 토론회를 개최하며, 차이를 인정하면서 최대한 합의를 이루어 내면서 공동투쟁을 전개하려고 각 단체는 끊임없이 노력했다.

전국 촛불 보고

전국에서 불타오른 촛불의 기록

광화문광장의 촛불은 거대한 정치운동이자 하나의 사회문화적 현상으로서 기록적인 것이었다. 하지만 촛불은 광화문광장에만 갇히지 않았다. 퇴진행동에 의해 집계된 전국 촛불 참가자는 총 1,700여만 명에 달하였는데, 그중 지역 촛불(광화문 제외) 참가자 수만 260만 명이 넘었고 광화문 집회에 참가자 중 상당수가 지역에서 서울로 와서 참가한 사람들이었음을 감안하면 퇴진촛불은 명실상부 전국적인 것이었다.

2012년 만들어진 세종특별자치시를 포함해 전국의 광역단위 시·도 지역은 현재 17개로 구분된다. 2016년 10월 24일 최순실 태블릿PC 보도 및 각종 비리 의혹이 봇물 터지듯 쏟아져 나오면서 전국 각지에서 촛불집회가 열리기 시작했다. 10월 말부터 11월 중순까지 전국의 광역 시·도 단위, 시·군·구별 대응기구가 속속 구성되었다.

각 지역에서의 체계적이고 발 빠른 대응은 그 이전 시기까지 박근혜 정권의 실정과 폭정에 저항해온 지역연대운동의 힘이 뒷받침되었다는 공통점을 갖는다. 민주노총 지역본부나 농민회 지역조직을 비롯한 시민 사회단체나 풀뿌리단체의 역할도 컸다. 또 각지 활동가들의 헌신이 밑불이 되었다. 국가정보원 등 국가기관에 의해 저질러진 대선 부정선거 진상규명을 위한 각 지역별 공동투쟁에서, 또 박근혜 정부의 고속철도 분할민영화 저지를 위한 연대투쟁 과정에서 지역연대운동이 활성화되었다. 특히 기업의 이윤보장을 위해 최소한의 안전을 뒷전으로 한 채 침몰하는 국민을 '구조하지 않은' 세월호 참사에 대한 공분이 사그라지 않았고 노동개악, 농정파탄, 빈곤과 불평등에 허덕이는 구조적 현실을 바꿔보자는 의지는 꾸준했다. 2015년 민중총궐기 집회에서 경찰 물대포에 맞아 사경을 헤매던 백남기 농민의 죽음 이후 전국 각지에 분향소가 차려졌다. 여기에 박근혜 정권의 비리와 전횡이 수면 위로 떠오르자 전국 각지, 각계각층의 시국선언, 긴급행동이 잇따랐다.

퇴진행동이 틀을 갖출 무렵 전국적인 힘을 모으는 동시에, 촛불을 지역으로 확산하기 위한 지역별 대응기구가 꾸려지기 시작했다. 많은 사람이 각자의 공간에서 자신의 삶의 문제를 들고 일어났다. 차별적 행정을 일삼는 행정기관이나 불의한 권력에 부역하는 지역 보수정당을 규탄하기도 했고, 부당한 노동행위를 관행으로 이어오는 일터를 향해 울분을 터트리기도 했다. 핵발전소, 사드, 해군기지 등 주민 생존을 위협하는 지역 현안에 대한 비판의 목소리도 커졌다. 지역주민들은 주말마다 서울로 향하기도 하고 동네 어귀에 삼삼오오 촛불을 들고 모이거나 지역에서 거리행진을 조직하기도 했다. 대통령으로 상징되는 국가권력에 저항하는 동시에 지역의 현안을 놓지 않고 함께 토론했다. 정권이 바뀌어도 남게 될 삶의 문제를 제기한 끈질긴 각지의 촛불은 촛불 이후의 한국 사회를 상상하는 힘이 되었다.

각각의 다른 '지역'의 촛불에 대해 획일적인 평가 기준을 적용하거나 '중앙'의 하위개념으로 바라보는 시각으로는 지난 6개월간 전국을 밝혔던 촛불의 역동성을 파악하기 어려울 것이다.

지역 촛불의 개괄적 특징

촛불의 흐름 ― 단호한 정치적 의사 표현

박근혜 정부의 국정농단 실체가 드러나면서 국민적 분노는 곳곳에서 터져 나왔다. 박근혜 전 대통령은 2016년 10월 25일 '대통령 대국민 사과' 이후 첫 공식 일정으로 10월 27일 오전 11시 부산 벡스코에서 열린 제4회 대한민국 지방자치박람회 기념식장에 참석했다. 행사장 인근에서 부산 지역 대학생 6명이 "최순실의 꼭두각시, 박근혜는 하야하라"라고 적힌 펼침막을 펼치며 기습시위를 벌이고 같은 날 저녁 시내에서 거리행진을 했다.

전국 각지의 대학생과 교수들, 시민사회단체들은 시국선언을 발표하며 거리로 나섰다.* 촛불도 곳곳에서 밝혀지기 시작했다. 촛불집회는 서울 광화문을 중심으로 진행되었다. 10월 27일 동화면세점과 파이낸스빌딩 앞에서 평일 촛불집회가 열리기 시작한 데 이어, 제1차 퇴진촛불이 2019년 10월 29일 청계광장에서〔모이자! 분노하자! 내려와라 박근혜! 시민촛불〕이 민중총궐기투쟁본부의 주최로 열렸고, 그로부터 2017년 4월 29일까지 매 주말마다 퇴진촛불을 열었고, 총 23회의 범국민행동이 개최되었다.

촛불은 특검, 국회 탄핵소추 의결, 헌재의 탄핵심판 등 주요 사건에 앞서 국민의 의사를 분명히 결집하는 정치적 의미를 띠었다. 집회 참여

---

* 「기습시위 · 시국선언…전국서 번지는 '박 대통령 사퇴' 목소리」, 한겨레신문, 2016. 10. 27.

인원 통계가 그것을 방증한다. 청와대에 인접한 광화문 촛불뿐만 아니라 전국 각지 다양한 규모의 촛불은 정세에 따른 정치적 의사의 표현임이 분명해 보인다. 전국에서 동시다발적으로 진행된 각종 촛불이 전부 반영된 것은 아니지만 표와 그림을 살펴보면 그 흐름을 짐작할 수 있다. 지역 대책기구 구성이 이루어지고 전국적 대응이 체계를 갖추기 시작하면서 11월 중순경 전국의 촛불이 본격적으로 밝혀지기 시작했다. 국회에 탄핵소추안이 발의된 직후인 12월 3일에는 전국 232만 1,000명(각 지역 62만 1,000명 포함)이라는 어마어마한 사람이 모였다. 국회에서 박근혜에 대한 탄핵소추안이 가결된 이후 조금 주춤하던 촛불의 규모는 특검수사 종료가 임박한 시점인 2017년 2월 25일 다시 100만 명을 넘겼고 지역 참여 인원도 7만 8,130명을 기록했다. 또 헌재의 탄핵심판 막바지 즈음인 3월 4일에는 지역별 참여 인원 10만 890명을 포함하여 전국적으로 105만 890명이 퇴진촛불에 참가하였다.

　서울 참가자에 국한된 조사이기는 하지만 〈내일신문〉과 현대정치연구소가 시행한 조사 결과에 따르면 촛불행동 참가자의 정치효능감(자신의 행동이 정치에 미치는 영향력)은 2016년 6월 평균 29%에서 2016년 12월 53.3%로 가파르게 상승했다.* 한편 즉각적인 정치적 효과로 연결되지 않더라도 향후의 사회변화에 중요한 영향을 미칠 것이라는 인식이 각지에서 꾸준한 촛불을 가능케 한 요소라고 할 수 있을 것이다. 충북지방자치포럼이 실시한 '국정농단 사건에 대한 도민 여론조사' 결과에 따르면 '촛불집회 이후 한국사회가 변화될 것이라고 생각하느냐?'라는 질

---

* 이지호·이현우·서복경, 『탄핵 광장의 안과 밖』, 책담, 2017, 174쪽.

문에 대해 71%가 변화될 것이라고 답했고, 변화되지 않을 것이란 부정적 답변은 14%로 나타났다.* 현실 정치에 실질적인 영향력을 발휘할 것이라는 기대, 향후 사회의 발전적인 변화에 긍정적인 영향을 미칠 것이라는 기대를 품게 한 촛불은 지난 6개월 동안 전국을 밝혔다.

서울 및 전국(지역) 동시다발 집회 참여 인원: 퇴진행동 언론팀 집계

구분	1차 10.29	2차 11.5	3차 11.12	4차 11.19	5차 11.26	6차 12.3	7차 12.10	8차 12.17
광화문	30,000	200,000	1,000,000	600,000	1,500,000	1,700,000	800,000	650,000
지역	미집계	100,000	100,000	360,000	400,000	621,000	243,400	122,500
최종집계	30,000	300,000	1,100,000	960,000	1,900,000	2,321,000	1,043,400	772,500
구분	9차 12.24	10차 12.31	11차 1.7	12차 1.14	13차 1.21	14차 2.4	15차 2.11	16차 2.18
광화문	600,000	1,000,000	600,000	130,000	320,000	400,000	750,000	800,000
지역	101,800	104,000	43,880	16,700	33,400	25,500	56,000	45,000
최종집계	701,800	1,104,000	643,880	146,700	353,400	425,500	806,000	845,000
구분	17차 2.25	18차 3.1	19차 3.4	20차 3.11	21차 3.25	22차 4.11	23차 4.29	계
광화문	1,000,000	300,000	950,000	650,000	100,000	105,000	50,000	14,235,000
지역	78,130	미집계	100,890	58,160	2,400	4,600	미집계	2,617,360
최종집계	1,078,130	300,000	1,050,890	708,160	102,400	109,600	50,000	16,852,360

지역 참여 인원은 일부만 취합(단위: 명)

---

* 「"촛불집회 이후 우리 사회 변화될 것" 71.2%」, 충북in뉴스, 2017. 02. 10.

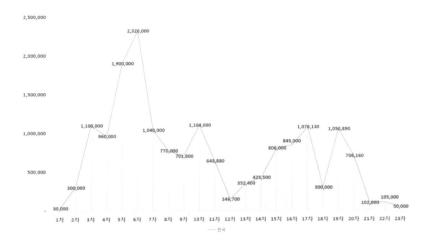

전국 집회 참여 인원수 추이(2016.10.29 ~ 2017.4.29)

지역별 촛불 ― 비상한 시국의 숨 가쁜 여정

　17개 광역 시·도 지역별 대응은 각기 달랐다. 서울·수도권의 경우 주말 광화문 촛불에 집중하면서 평일 선전전, 기초지역 촛불 등의 다양한 행동을 벌인 것이 특징이며, 그 외 광역도시 단위는 대부분 주요 거점 주말 촛불집회를 기본 활동으로 삼아 조직되었으며, 도 단위 지역의 경우 주요 도심 거점 촛불과 시·군·구 지역별 촛불이나 선전활동을 병행하는 양상을 보였다. 아래에 게재한 그림은 퇴진행동이 퇴진촛불 초기, 지역별 촛불진행상황을 파악해 제작·배포한 '대동하야지도'이다. 퇴진행동은 지역별 집회 참가인원을 집계해 발표했다. 아직 파악되지 못한 지역이 일부 있기는 하지만 전국적 촛불운동의 흐름을 한눈에 살펴볼 수 있는 중요한 자료다.

대동하야지도

전국이 활활 타오른다!
8년 이후최대 규모 결집!

11.19 광화문 말고도 전국50만 촛불

서울 11월 19일(토) 18시 광화문광장
4차 범국민행동 7시30분 행진

경기
성남 15시, 모란시장
시흥 16시, 시흥청소년수련관
오산 19일(토) 17시 롯데마트
화성봉담 19일 오후 6시, 봉담호수공원

강원
강릉 : 오후 5시 (대학로 안)
동해삼척 : 오후 5시 (천곡동 복개천광장)
속초 : 오후 4시 (황소광장-시전)
원주 : 오후 4시 (중앙시장 농협 앞)
춘천 : 오후 5시 (롯데오거리)
철원 : 오후 5시 (동송 철원감리교회)
홍천 : 오후 5시 (꽃와공원)
태백 : 오후 5시 (황지연못)

충북 19일(토) 오후5시, 충북도청앞
'박근혜 퇴진 충북 범도민 시국대회'

대전 11월 19일(토) 오후5시
둔산동 타임월드 앞
대전 10만 시국대회

11/19(토) 오후 5시 30분
호수공원
세종

아산, 오후 5시, 온양온천역
충남

경북
경주 : 오후 6시 경주역
포항 : 오후 4시 북포항우체국
안동 : 오후 5시 안동문화의거리
영주 : 저녁 7시 영주역
김천 : 저녁 7시 김천역
상주 : 저녁 7시 상주군청
상주 : 오후 5시, 왕산 역사공원
문경 : 오후 5시, 모전공원
영천 : 오후 6시, 영천시청 앞
울진 : 오후 6시 30분, 울진군청

대구 19일(토) 오후 5시
중앙네거리 반월당 '10만촛불'

전북
전주 : 오후 5시, 관동로사거리, 1만 도민대회
남원 : 오후 4시 (남문시거리)
김제 : 오후 6시30분 (신협)
정읍 : 오후 4시 (정읍원예농협 앞 · 명동약국 맞은편)

울산 19일(토) 오후 4시 삼산롯데백화점
'박근혜정권퇴진 2차 울산시민대회'
19일(토) 오후 3시 삼산롯데백화점
'울산청소년대학생시국대회'

부산 19일(토) 저녁 7시 30분
서면쥬디스태화 옆 사거리
'박근혜 하야 10만 부산 시국대회'

광주 11월 19일(토) 오후6시 518광장
광주 10만 시국촛불

전남
여수 : 오후 3시 (이순신광장)
광양 : 오후 5시 (중마동 23호 광장)
나주 : 오후 5시 (남고문 행진) / 오후 6시 (대호동수변공원)
영광 : 오후 6시30분 (군청 앞)
목포산마 : 오후 6시 (평화광장)
진도 : 오후 6시 (철마광장)
함평 : 오후 군청 앞
보성 : 오후 6시 보성역

순천 : 오후 6시 (국민은행 앞)
구례 : 오후 6시 (경찰서로터리)
무안 : 오후 6시30분 (불무공원)
고흥 : 오후 6시 (군청 안)
담양 : 오후 6시 (읍성당)
해남 : 오후 6시 해남군민광장
강진 : 오후 7시 (강진아트홀)

경남
창원 : 오후 5시, 시청광장
양산 : 오후 5시 이마트후문
진주 : 오후 3시 차없는거리
김해 : 오후 5시 내외동 거북공원
거창 : 오후 5시 군청앞
창녕 : 오후 7시 읍농협앞
사천 : 오후 5시 삼천포농협 앞
합천 : 11월 18일(금) 18시 30분, 합천축협 앞(합천읍)

제주
제주 오후 6시 제주시청앞,
박근혜 하야 촉구 5차 제주도민 촛불집회

facebook.com/bisang2016 또는 facebook.com/raiseup1114
후원계좌 농협 302-1066-1087-11 이승철

박근혜정권퇴진 비상국민행동

2016년 11월 19일 4차 범국민행동에 앞서 배포된 대동하야지도 퇴진행동의 집계에 따르면 2016년 11월 19일 서울 광화문에는 약 60만 명, 각 지역에서는 약 36만 명이 촛불집회에 참여했다. 일주일 전인 11월 12일 광화문 약 100만, 각 지역 약 10만 명이 모인 것에 비하면 지역별 집회 참가인원이 급격히 늘었다는 것을 알 수 있다. 각 지역별 대응기구가 구성되는 등 촛불의 바람이 전국으로 번져나갔던 시기다. 이후 11월 26일 서울 약 150만 명, 지역 촛불 약 40만 명, 12월 3일 서울 약 170만 명, 지역 촛불 약 62만 1,000명으로 국회 탄핵소추안 의결까지 촛불은 전국적으로 점점 더 크게 번져나갔다.

● 광화문 촛불의 핵심 동력 서울·수도권

중앙행정부서가 대거 세종특별자치시로 이전하기는 했지만 서울·수도권 지역의 인구·정치·경제·행정 전반의 집중도는 여전히 높다. 국민적 수준의 정치행동 역시 서울 도심에 집중되는 경우가 많다. 탄핵 국면의 퇴진촛불 역시 마찬가지였다. 퇴진촛불이 진행되던 6개월간 광화문광장에는 주말마다 1백만을 오르내리는 대규모 인파가 모였다. 서울·수도권 시민들이 기본 동력이지만 원거리에서 매주말마다 상경하는 지역주민도 꽤 있었다. 광화문 촛불은 정치적, 문화적 체험의 장으로써 상징성을 갖기 시작했다. 서울·수도권 지역의 실천활동은 광화문 촛불을 중심으로 이루어졌으며 동시에 자신이 속한 기초단위 공간에서 크고 작은 실천행동들이 조직되었다.

● 연대운동 기획의 장이 된 광역시(대도시) 지역

전국 광역시 단위에서도 대응기구들이 속속 꾸려졌다. 대다수 지역에서 기존 연대운동의 경험을 토대로 다양한 풀뿌리 자치조직들이 광범위하게 소통하고 청소년 등 새로운 주체가 부각되면서 박근혜 정권 탄핵 국면은 광범위한 연대운동과 정치적 경험의 장이 되기도 했다. 이 과정에서 세월호 참사, 민중총궐기와 백남기 농민의 죽음에 대한 대응 등 박근혜 정부의 실정에 꾸준히 비판의 목소리를 내왔던 지역별 연대운동의 역할이 컸다는 점은 다시 주목될 필요가 있다.

● 크고 작은 다양한 촛불을 엮어낸 도 단위 실천과 시군구 단위 실천

기초지역인 시·군 단위 활동을 기본으로 광역단위인 도 단위의 대책기구도 구성되어 수개월 동안 운영되었다. 정치의 관심이 서울·수도권에 쏠려 있는 조건에서 지역 내 정치운동의 경험을 창출하는 지역운동의 과정은 더욱 숨 가빴다. 광화문을 중심으로 한 전국 집회 참가, 도 내 거점을 중심으로 한 도 단위의 집중행동, 기초지역 현안과 맞물린 시·군 단위 활동 등 중첩된 과제는 지역운동의 부담으로 작용하기도 했지만, 지역에 기반을 둔 전국운동의 나아갈 방향에 대한 시사점을 제시하는 계기가 되기도 했다.

도 단위 촛불은 인구가 행정기반 등이 몰려 있는 지역 거점도시로 집중되거나 인접한 광역시 촛불 등에 쏠림 현상이 발생하기도 했는데 그러한 조건 속에서도 시·군·구 단위의 다양한 실천을 조직하기 위한 끈질긴 노력의 사례가 발견된다. 각 지역들은 제약조건이나 한계를 어떻게 돌파해나가며 촛불운동을 형성해나갔는지, 함께 풀어야 할 숙제는 무엇인지 등 향후 연대운동의 전망 모색을 위해 반드시 들여다봐야 할 문제일 것이다.

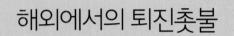

해외에서의 퇴진촛불

해외 26개국 70개 도시에서 울린 "박근혜 퇴진" 촛불

2016년 10월 말, 서울 광화문에서 박근혜 대통령 퇴진을 촉구하는 대규모 촛불집회가 열리는 동안, 미국, 유럽 등 세계 각국에서도 동포들을 중심으로 촛불집회가 열렸다. '박근혜 대통령 퇴진과 민주주의 회복을 위한 재외동포 행동'에 따르면, 이미 10월부터 5개 대륙에 걸쳐 27개국 71개 도시에서 재외동포 촛불집회가 열렸다. 재외동포들의 '박근혜 하야' 운동은 10월에도 있었다. 10월 26일 재외동포들이 "박근혜 정권 비선 실세 국정 농단 규탄 재외동포 시국성명서"를 발표한 이후 전 세계 58개국에서 1만여 명이 서명에 동참했다. 고 장준하 선생의 삼남 장호준 목사는 해외동포들의 의지를 모아 11월 5일 한겨레와 경향신문에 "재외동포들의 굳은 의지를 모아 강력히 촉구한다. 박근혜는 하야하라!"는 광고를 게재했다.

해외 촛불집회는 미국 워싱턴 백악관 앞과 프랑스 파리 에펠탑 부근을 비롯해 미국의 뉴욕·로스앤젤레스·시카고·애틀랜타, 독일 베를린·프랑크푸르트, 영국 런던, 프랑스 스트라스부르, 이탈리아 로마, 벨기에 브뤼셀, 인도 델리, 일본 도쿄·후쿠오카, 중국 선전, 캐나다 밴쿠버·오타와·토론토, 오스트레일리아 브리스번·시드니 등에서 열렸다.

10월 29일 주말, 온라인에서는 꼭두각시 박근혜를 그린 2014년 뉴욕타임스 광고 초안이 등장한데 이어, '박근혜는 하야하라' 인증샷 찍기와 프로필 바꾸기 또는 피켓 인증샷 올리기 운동도 진행되었다.

10월 30일, 시카고에서 박근혜 퇴진 시국집회가 열렸고, '최순실 게이트'가 사실로 드러나면서 "이게 나라냐" 구호와 함께 "하야하라 박근혜", "퇴진하라 박근혜"를 요구하는 전 세계 동포들이 거리로 나왔다.

이와 함께 11월 1일부터 유학생 및 대학생들의 시국선언이 대규모로 진행되었다. 미국의 UC버클리를 비롯해 하버드, MIT, UCLA, 스탠퍼드, 일리노이대, 미시간주립대, 미시간대, 영국의 옥스퍼드대, 호주 시드니대 등 세계 각국에 퍼진 유학생 사회에서 시국선언이 이어졌다. 또 해외에서 활동하고 있는 1,009명의 교수 및 학자도 11월 25일 박 대통령의 즉각 사퇴와 국회 탄핵 절차 개시, 박 대통령 및 '공범'들에 대한 엄중한 처벌 등을 요구하는 시국 성명서를 발표했다.

11월 12일, 한국에서 열린 박근혜 정권 퇴진 민중총궐기 집회에 연대하여 프랑스 파리 800여 명, 독일 베를린과 프랑크푸르트 등에서 1,200여 명, 캐나다 토론토 550여 명, 미국 로스앤젤레스 500여 명, 북가주 200여 명, 애틀랜타 150여 명, 호주 시드니 500여 명 등이 참여하는 역대 규모의 집회가 16개국 45개 지역에서 있었다.

독일에서는 최순실 국정농단사건이 불거지면서 9월과 10월 한국에서 다녀가는 기자들이 프랑크푸르트를 자주 드나들어 뒤숭숭하였던 터, 11월 5일 백남기 선생의 발인식을 앞두고 첫 연대집회를 조직하게 되었다. 당시 집회를 조직한 〈풍경신문〉은 월 1,000부를 발행하며 독일 전역에 배포되고 있었으며 세월호와 통합진보당 해산 사건, 통일문제 등 다양한 시사문제와 현지 문화 소식을 다루고 있었다. '빨갱이' 신문이라는 소리를 듣고 있었으나 6년이 지나면서 한국 식품점에서 자발적으로 광고를 내기로 하는 등 대중성을 확보한 터였다. 미주 활동가들이 기고문을 통해 재외동포 연대의 틀을 다지고 있었다.

신문사의 네트워크가 가동되어 11월 12일에 첫 집회가 열렸다. 독일 민주주의의 성지 바울 교회 앞에서 오후 3시에 100여 명이 시작한 집회는 저녁 무렵이 되어서는 500명의 행진이 되어 알테 오페라 앞에서 '임을 위한 행진곡'을 부르고 해산했다. 프랑크푸르트 대학교 한인유학생들 뿐 아니라 근교 다름슈타트 공대 학생, 프랑크푸르트와 다름슈타트의 음대 학생, 마인츠, 뷔르츠부르크, 하이델베르크 등지에서도 프랑크푸르트로 모였다. 오펜바흐 산업디자인 대학교 학생들은 피켓, 플래카드, 비디오 제작, 인쇄물 디자인 등에서 최고의 전문성으로 참여하였으며, 음향 분야 또한 음악 전문인이 맡았다. 한국 기업이 몰려 있는 도시인지라, 현지에서 크고 작은 한국 기업에 취직한 직장인들과 주재원들까지 대거 참여하였다. 4·19세대를 비롯해서 해외 민주화운동의 이력이 있는 어르신들이 집회 당일 진행에 적극 참여하였다.

독일 루르 지역과 베를린, 뮌헨에서는 꾸준히 활동해오던 세월호 진상 규명을 위한 모임을 중심으로 집회가 구성되었다. 베를린에서는 젊은 세월호 활동가들이 모인 세사모와 주권연대, 주로 1세대 인사들이 모인 유럽연대, 통일운동가들이 있는 재도이칠란트 동포협력회 대표급 인사들이 함께 참여하였다. 프랑크푸르트에선 매주 집회가 이어지는 등 최장기 연속 집회를 이어갔다.

파리에서는 박근혜 파리 방문 당시 '박근혜는 대통령이 아니다'는 집회로 유명해진 에펠탑 앞에서 집회가 이어졌다.

11월 17일 2차, 26일 3차 집회에 이어 12월 3일 4차 집회를 열었다. 괴테 동상 아래에는 '몽땅 처벌, 독립 특검, 조기 대선'이란 현수막이 붙었다. '민주, 평화, 투명성을 지향하는 프랑크푸르트 한인들'이라는 촛불시민 네트워크를 만들기도 했다. 핀란드 헬싱키 캄피 광장에서도 두 번째 촛불집회가 열렸다. 집회 참가자들은 "박근혜는 즉시 퇴진하라", "공범 새누리당 해체하라" 등의 구호를 외쳤다.

재외동포들은 11월 중순, '박근혜 게이트에 대한 정의롭고 신속한 심판을 촉구한다'는 성명서에서 ▲박 대통령 사퇴 ▲세월호 참사 당시 박 대통령의 7시간을 수사할 수 있는 독립된 특별검사 보장 ▲세월호 특조위 활동 재개 ▲박 대통령 구속수사 등을 요구했다.

한국의 촛불과 함께 확대되는 해외 촛불

12월 3일 한국 내 촛불이 232만 규모로 촛불로 확대되면서, 해외에서도 연대의 촛불을 더 크게 들었다. 해외와 국내 촛불이 주거니 받거니 시너지를 발휘한 것이다.

12월 3일과 4일 독일(NRW, 프랑크푸르트), 덴마크(코펜하겐), 미국(뉴욕, 뉴저지, 로스앤젤레스, 미시간, 산호세, 샬럿, 샌디에이고, 시카고, 애틀란타, 워싱턴 디시, 필라델피아, 하와이), 스웨덴(스톡홀름), 아르헨티나(코도바), 아일랜드(더블린), 영국(런던, 맨체스터), 오스트리아(비엔나), 이탈리아(로마), 일본(후쿠오카), 중국(선전, 홍콩), 캐나다(밴쿠버, 빅토리아), 핀란드(헬싱키), 호주(멜번) 등 14개국 30여 개 지역에서 시국 집회 또는 행사가 개최되었다.

12월 3일, 오스트리아 비엔나 오페라하우스 앞 광장에선 동포 사회 역사상 최초의 촛불집회가 열렸다. 첫 집회인데도 청소년 등 100여 명이 모였다. 참가자들은 자발적으로 선언문을 낭독하고, 구호와 노래, 자유발언을 이어갔다. 집회 참가자들은 '박근혜 퇴진'과 '박근혜-최순실게이트 부역자 처벌'을 요구했다.

12월 3일 로마에서 열린 3차 시국집회 약 80여 명이 참석한 가운데 Piazza della Madonna di Loreto(Piazza Venezia)에서 박근혜 퇴진을 촉구하는 로마 한인들의 3차 촛불집회가 있었다. 11월 중순 첫 시국집회가 열렸던 로마에서는 '박근혜 대통령의 3차 담화문'에 대한 반박 성명서가 발표되었다. 시에나에서 로마까지 버스를 타고 집회에 참석한 사람도 있고 세계 배낭여행 중에 참석한 이도 있었다. 집회 참석자들은 자유발언으로 서로를 격려했고 지속적으로 행동할 것을 다짐했다.

같은 날 아일랜드 더블린, 영국 런던과 맨체스터에서도 유학생 등 동포들이 모여 '박근혜 정권 퇴진'을 촉구했다. 더블린 동포들은 '즉각 사퇴, 즉각 탄핵, 구속수사, 새누리당 해체' 등의 구호를 외쳤으며 "앞으로도 가만히 있지 않겠다"고 다짐했다. 영국 런던에서 열린 시국집회 런던재영한인시국선언이 12월 4일 Piccadilly Circus(Eros Statue)에서 있었다.

호주에서도 세월호 참사 이후 지속적으로 집회를 해 온 시드니나 브리즈번뿐만 아니라 멜버른, 캔버라, 애들레이드, 퍼스 등의 도시에서 연대 시국집회가 열렸다. 호주, 뉴질랜드를 아우르는 오세아니아 지역 동포들은 뉴질랜드 오클랜드 동포들과 함께 '오세아니아 횃불연대'를 만들었다.

11월 26일 첫 촛불집회를 시작한 일본 후쿠오카에서도 12월 3일 2차 촛불집회가 열렸고, 동경, 나고야 등에서 촛불집회, 유학생 시국선언도 있었다.

미국에서는 12월 2일 150여 명의 하와이 동포들이 6차 촛불집회에 힘을 실었으며, 6개 대도시에서 영화 〈자백〉 공동체 상영회가 진행됐다. 3일 산호세, 샌디에이고, 애틀랜타, 필라델피아, 4일 로스앤젤레스, 시카고 등에서 영화 상영 및 촛불집회, 피켓 시위가 있었다. 뉴욕, 노스캐롤라이나 샬럿과 필라델피아, 워싱턴디시에서는 주말마다, 시카고에서는 격주로 시국집회가 개최되었다.

12월 3일, 미국 로스앤젤레스에서 열린 집회에는 500여 명이 참여했다. 이날 집회는 구호, 시국선언서 낭독, 참여자들의 합창, 자유발언, 풍물놀이, 가두행진 순으로 진행됐다. 집회 구호는 '박근혜 퇴진'에서 '박근혜 탄핵'으로 바뀌었다.

12월 3일 캐나다 밴쿠버에서는 비가 왔음에도 150여 명이 시국집회에 참여했다. 몬트리올, 오타와, 토론토와 빅토리아에서도 시국집회 소식을 전했다.

세월호 참사가 집회 경험이 없는 이들에게 사회에 대한 눈을 뜨게 한 사건이라면, 재외동포 사회에 번진 박근혜 퇴진집회의 열기는 말 그대로 뜨겁게 번졌다. 혼자 무작정 피켓을 들고 광장으로 나선 이도 있다. 한 가족에서 900여 명까지, 숫자도 제각각이고 연령도 직업도 다양했다. 촛불을 드는 게 한국에서만큼 수월하지 않았다. 인근에 집회를 여는 데가 없어서 다섯 시간 동안 운전을 하거나 기차를 타고 가서 합류한 경우도 있었다. 그 근저에는 조국이 나라다운 나라가 되기를 바라는 각계각층의 열렬한 갈망이 깃들어 있었다.

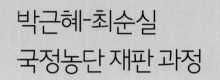

박근혜-최순실
국정농단 재판 과정

2016년 10월 26일, JTBC 방송의 최순실 태블릿PC 보도로, 박근혜 당시 대통령이 대통령 연설문을 사적인 친분 관계인 최순실에게 사전 유출하고 검토받았다는 사실이 드러났고, 이에 대한 국민들의 분노가 치솟았다. 그러나 이는 이미 예견된 사태였다고 할 수 있다.

민간인인 최순실 등 주변인이 정부의 주요 정책결정과 사업에 권한 없이 관여하고, 국가행정에 권한 없이 직·간접적으로 관여하였다는 점, 재단법인 미르, 재단법인 K스포츠를 설립하고 이를 통해 사익을 취하였다는 점 등의 의혹이 제기되었다.

이뿐만 아니라 특검 활동기간 중 문화계 블랙리스트 등 관련 사건들에 대한 고발과, 이에 대한 수사 및 기소가 진행되었다. 관계자들에 대한 수사와 기소가 진행됨과 동시에 국회에서 박근혜에 대한 탄핵소추안이 의결되었고, 헌재에서 3개월에 걸친 탄핵심판심리 끝에 2017년 3월 10일 대통령 박근혜는 파면되었다.

구체적인 사건들의 진행 경과

삼성전자 이재용 부회장 뇌물공여 등 사건

검찰은 이 사건을 "삼성전자 부회장 이재용이 미래전략실 최지성 실장 등과 공모하여 자신의 경영권 승계 과정에서 도움을 받을 목적으로 삼성전자 등 계열사 회사 자금을 횡령하여 박근혜와 최순실에게 뇌물을 공여하고, 그 과정에서 외환거래법을 위반하여 삼성전자 자금을 국외로 반출하고, 뇌물수수 및 업무상 횡령으로 인한 범죄수익의 발생원인 및 처분에 관한 사실을 위장하고, 최순실은 박근혜와 공모하여 이재용 등으로부터 뇌물을 수수한 사건"으로 규정하였다.

이후 1심 재판이 진행되었고, 총 56회에 걸친 재판 끝에 1심 선고가 있었다. 1심 법원은 정유라에 대한 승마 지원이 경영권 승계 작업에서 박근혜의 도움을 바라고 제공한 뇌물이라고 보는 한편, 미르재단과 K스포츠재단에 출연한 총 204억 원은 뇌물로 보기 어렵다고 보았다. 그 외에 횡령과 재산 국외도피, 위증 혐의도 유죄로 판단하였으나, "이 사건의 본질은 정치권력과 자본권력의 밀접한 유착"이고 "대통령과 대규모 기업집단의 정경유착이 과거사가 아닌 현실에서 있었다는 점에서 국민의 상실감은 회복하기 어려워 보인다"면서도 양형에서 법정 최저형(징역 5년 선고)을 선고하였다.

이어 항소심에서는 징역 2년 6개월, 집행유예 4년을 선고받아, 이재용은 구속된 이후 353일 만에 석방되었다. 항소심은 정유라에 대한 승마 지원을 무죄로 인정하고 박근혜 전 대통령이 이재용에게 뇌물을 요구하고 최순실은 뇌물을 받은 공모관계에 있다는 점은 인정했다.

2019년 8월 29일 대법원에서는 항소심에서 '일부 무죄'를 선고했던 사안을 유죄 취지로 파기환송했다. 정유라의 말 구입비 34억 원, 영재센터 건립 지원 16억 원도 뇌물로 봐야 한다는 것이었다.

이어 2121년 1월 18일 선고된 파기환송심에서는 총 86억 7천만 원을 뇌물 공여를 인정하며 "박 전 대통령의 뇌물 요구에 편승해 적극적으로 뇌물을 제공했고 묵시적이긴 하나 승계 작업을 돕기 위해 대통령의 권한을 사용해달라는 취지의 부정한 청탁을 했다"며 이재용 삼성전자 부회장에게 징역 2년 6개월의 실형을 선고하고 법정구속했다.

재판부가 재판 초기 "양형사유로 반영하겠다"며 삼성 쪽에 권고한 준법감시제도에 대해서도, "앞으로 발생 가능한 새로운 유형의 위험에 대한 선제적 위험 예방과 감시까지는 이르고 있지 않은 것으로 보인다"며 "새로운 삼성준법감시제도가 그 실효성 기준을 충족하지 못하는 이상 이 사건에서 양형 조건으로 참작하는 것은 적절하지 않다는 결론에 이르렀다"고 덧붙였다.

이재용 국정농단 사건의 혐의별 재판

재판 (선고일, 형량) 사건	1심 2017년 8월 25일 징역 5년	2심 2018년 2월 5일 징역 2년 6개월 집행유예 4년	대법원 2019년 8월 29일 파기 환송	파기환송심 2020년 1월 18일 징역 2년 6개월
용역 대금 36억원	유죄	유죄	유죄	
말 구입비 34억원	유죄	무죄	유죄 취지	유죄
말 보험료 2억 4천만원	유죄	무죄	무죄 확정	
영재센터 16억원	유죄	무죄	유죄 취지	유죄
미르, K재단 뇌물	무죄	무죄	무죄 확정	
뇌물 횡령액	89억원	36억원	36억+50억	86.8억원

그러나 이재용 삼성전자 부회장이 2021년 8월 13일 가석방으로 풀려났다. 문재인 정부가 2021년 8월 초순 형기 80% 이상을 채워야 가석방이 가능한 기준을 60%로 하향 조정하면서 이재용 부회장의 가석방을 위한 것 아니냐는 의혹이 확산되었는데, 결국 이 조정된 기준에 따라 이재용이 가석방된 것이다.

이재용 부회장이 가석방되는 날 문재인 대통령은 "국익을 위한 불가피한 선택"이라며 "양해를 바란다"고 했으나, 같은 날 삼성전자의 주가는 2019년 9월 수준으로 폭락했다.

문화계 블랙리스트 재판

검찰은 노태강 전 문화체육관광부 체육국장에 대한 사직 강요 등 문체부 관련 의혹에 대해 검토하던 중, '문화계 블랙리스트'와 관련한 진술을 듣고 관련 자료를 제출받아 수사에 착수하게 되었다. 검찰은 이 사건에 대하여 "헌법과 법률에서 규정하는 대통령 등 고위공직자들의 문화·예술 분야 책무와 권한에 착안하여, 문체부 차원을 넘어 청와대 최고위층의 지시에 따라 조직적으로 이루어진 범행이라는 점을 확인"한 한편, "시장 원리만으로는 달성하기 어려운 문화·예술의 다양성 구현을 위한 핵심 정책수단으로서, 공공재의 성격을 가지는 연간 약 2,000억 원 규모의 문예기금 등 국가 문화 보조금을 정파적 지지자에게만 공급하고, 견해가 다르다는 이유만으로 지원을 배제하여 예술의 본질적 영역인 창작의 자유를 침해하는 한편, 문화적 다양성을 잃게 함으로써 문화예술인뿐만 아니라 문화예술 소비자인 국민들에게 피해를 입힌 사안"이라고 보았다.

문화계 블랙리스트란 박근혜 정부에서 야당 후보인 문재인이나 박원순을 지지한 예술인과 세월호 침몰 사고에 대해 정부 시행령 폐기 촉구를 하거나 시국선언을 한 문화예술인에 대해, 정부의 지원을 끊거나 검열 및 불이익을 줄 목적으로 비밀리에 작성한 명부(리스트)를 말한다.

　　블랙리스트 명단에는 총 9,473명이 올랐으며, 특검의 조사과정 중 조윤선 문화체육관광부 장관과 김기춘 전 청와대 비서실장이 박근혜 대통령의 지시를 받아 문화예술계 블랙리스트 작성을 주도한 혐의(직권남용죄)로 구속기소되었다.

　　김기춘 청와대 비서실장은 혐의가 인정되어 징역 1년을 선고받았고, 조윤선 전 장관은 징역 10월에 집행유예 2년을 선고받았다.

　　한편 블랙리스트와 정반대로 다른 의미의 명부(리스트)인, 전국경제인연합회를 통해 친정부 단체를 적극 지원하거나 추천하는 이른바 '화이트리스트'를 작성·관리한 혐의로, 허현준 전 청와대 행정관은 징역 10월, 현기환 전 정무수석은 징역 1년 6월을 선고받았고, 박준우 전 정무수석과 신동철, 오도성, 정관주 전 비서관은 모두 징역 10월에 집행유예 2년을 선고받았다.

박근혜에 대한 탄핵심판

헌정사상 첫 탄핵 대통령이 된 박근혜에 대한 탄핵소추 사유는 크게 헌법위반 행위와 법률위반 행위였다. 구체적인 내용은 아래와 같다.

헌법 위반: 대의민주주의 위반(최순실을 비롯한 측근들이 정책에 개입하고 국무회의에 영향력을 행사하도록 함), **직업공무원제도 위반**(공무원들의 인사에 민간인들이 개입), **국민의 재산권 보장 및 시장경제질서·헌법수호 의무 위반**(사기업에 금품 출연을 강요하고 뇌물을 수수함), **국민의 생명보장의무 위반**(세월호 참사 대응 실패)

법률위반: 뇌물죄(재단법인 미르와 재단법인 K 스포츠에 삼성, SK, 롯데 등의 기업이 360억 원을 출연하도록 함), **직권남용 및 강요**(롯데의 70억 원 추가 출연), **최순실 등에 대한 특혜 제공 관련 범죄**(뇌물, 직권남용, 강요 등), **문서 유출 및 공무상 비밀누설 관련 범죄**(공무상 비밀누설)

박근혜·최순실 재판

검찰은 수사를 종료하면서 박근혜를 뇌물수수 피의자로 입건하였다. 파면 결정 이후 2기 검찰 특수본의 박근혜에 대한 피의자 조사가 진행되었고, 2017년 3월 27일 검찰은 구속영장을 청구했고, 같은 달 31일 박근혜는 구속되었다. 파면된 지 20여 일 만에 구속된 박근혜는 4월 17일 구속 상태로 기소되었는데, 직권남용·권리행사 방해·강요 혐의, 공무상 비밀누설 혐의, 뇌물·제3자 뇌물수수 혐의 등 총 18개의 혐의로 재판을 받게 되었다.

2018년 4월 6일 박근혜에 대해 1심 선고가 있었으며 박근혜 징역 24년형·벌금 180억 원이 선고되었다. 박근혜에 대한 1심은 이재용 삼성전자 부회장의 '경영권 승계 작업'이 인정되지 않는다고 보고 이에 대한 청탁을 대가로 한 뇌물수수 혐의에 대하여 무죄로 판단하였다.

그러나 항소심은 이재용과 박근혜 사이에 삼성그룹의 승계 작업 등에 대한 묵시적 청탁이 인정된다고 보았고, 영재센터에 대한 경제적 지원(후원금)을 뇌물로 인정하였다. 1심과 달리 항소심은 이재용의 승계 작업이 원활하게 이루어질 수 있도록 '묵시적'으로 청탁한 사실을 인정한 것이다. 항소심에서는 징역 25년, 벌금 200억 원이 선고되었다.

한편, 2019년 8월 29일 대법원은 박근혜와 최순실, 삼성 부회장 이재용의 관한 상고심 선고에서 세 사람의 대한 재판을 전원일치 판결로 모두 파기환송하고 서울고법으로 돌려보냈다.

이재용 삼성 부회장의 뇌물 혐의에서 쟁점이 되었던 최순실의 딸 정유라에게 준 말의 소유권이 삼성에 있다는 판결을 사실상 소유권이 최순실에게 넘어갔다며 뒤집었다.

또한 국정농단 재판을 받는 도중 국가정보원으로부터 특수활동비를 받은 혐의, 국회의원 공천에 개입한 혐의로 추가 기소되었고, 모두 유죄로 인정돼 각 사건의 1심에서 징역 6년 및 33억 원 추징, 징역 2년을 선고받았다.

박근혜와 최순실에 대한 재판 과정에서 박근혜가 국정농단의 몸통을 자처했고 그 실체가 무엇이었는지 자세히 밝혀졌다. 박근혜가 최순실과 공모하여, 기업들에게 수백억 원에 달하는 자금 출연을 강요하고, 인사 청탁과 광고 발주 등 구체적인 개입을 통해 사적 이익을 챙겨왔으며, 이 모든 과정에 '대통령'이라는 헌법적 지위를 적극적으로 남용해왔다는 사실이 드러났다. 그러나 당시 청와대 핵심 보좌진의 진술과 관련 증거들로 이미 범죄 사실이 드러났음에도 불구하고, 박근혜는 사법부를 믿을 수 없다며 재판을 거부하면서 민주주의 질서와 사법부, 국민들을 무시하는 오만함을 견지했다.

2021년 1월 15일 대법원은 '특정범죄가중처벌 등에 관한 법률' 위반(뇌물) 등 혐의로 기소된 박 전 대통령 재상고심에서 징역 20년을 선고한 원심을 확정했다. 2016년 10월 최순실의 태블릿PC 공개로 국정농단 사건이 촉발된 지 4년 3개월 만이었다. 2018년 옛 새누리당 공천 개입 혐의로 징역 2년이 확정된 데 이어, 징역 20년이 더해져 총 22년의 징역이 확정되었다.

2017년 3월에 구속된 박 전 대통령이 가석방이나 특별사면 없이 형을 모두 채운다고 가정하면 87세가 되는 2039년이 되어야 출소할 수 있다는 뜻이다.

'국정농단'을 주도한 혐의로 기소된 최서원(전 최순실) 씨는 2020년 6월 열린 재상고심에서 징역 18년에 벌금 200억 원, 추징금 63억 3,676만 원을 선고한 원심이 확정됐다. 안종범 전 청와대 경제수석도 징역 4년이 확정됐다.

또한 국정농단 사건과 롯데재벌의 사주(오너)가 비리 사건으로 재판에 넘겨진 신동빈 롯데그룹 회장은 2019년 10월 열린 상고심에서 징역 2년 6월에 집행유예 4년을 선고한 원심이 확정되었다.

한편, 청와대 문건을 유출해서 최순실에 넘긴 혐의로 기소된 정호성 전 비서관은 2018년 상고심에서 징역 1년 6월이 확정됐다.

촛불항쟁에 대한 외신의 보도

박근혜 탄핵 이전

"학생들과 유모차를 끌고 나온 젊은 부부들이 곳곳에서 보였다. 이전 시대의 양상과는 달랐다."

영국 〈로이터〉 2016.11.12.(전국 110만 명이 모인 제3차 촛불집회 당일)

"청와대에 있다면 벗어날 수 없는 함성을 듣게 될 것"

영국 〈BBC〉 2016.11.12.(전국 110만 명이 모인 제3차 촛불집회 당일)

"집회의 어느 순간에 이르러서는 참가자 수를 측정하는 것이 불가능할 정도였다. 규모는 엄청났지만 질서정연했다."

카타르 〈알 자지라〉 2016.11.12.(전국 110만 명이 모인 제3차 촛불집회 당일)

"퇴진을 외치는 시위대가 서울을 뒤흔들었다."

미국 〈CNN〉 2016.11.13.(전국 110만 명이 모인 제3차 촛불집회 이후)

"한국인들이 시위문화의 새 장을 열었다."

중국 〈신화통신〉 2016.11.26.(전국 190만 명이 모인 제5차 촛불집회 당일)

"100만 명의 민중이 흩날리는 눈발에도 불구하고 박근혜 정부를 향해 포효했다."

중국 〈인민망〉 2016.11.27.(전국 190만 명이 모인 제5차 촛불집회 이후)

"고궁 앞 어두운 밤거리가 빛의 바다가 되었다."

미국 〈AP〉 2016.11.28.(전국 190만 명이 모인 제5차 촛불집회 이후)

"퇴보하는 한국정부, 전진하는 한국사회"

미국 〈블룸버그〉 2016.12.1.(전국 190만 명이 모인 제5차 촛불집회 이후)

"촛불집회는 김치만큼이나 한국적 식민지에서 군사독재를 거쳐 불완전한 민주주의로 이행해온 과정에는 평범한 사람들이 중심에 있었다."

미국 〈포린 폴리시〉 2016.12.2.(전국 190만 명이 모인 제5차 촛불집회 이후)

"한국인들은 대중의 시위가 강력하고 평화적이며 심지어 정중하지만 여전히 효과적일 수 있음을 보여주었다."

미국 〈워싱턴포스트〉 2016.12.8.(전국 232만 명이 모인 제6차 촛불집회 이후)

"시민들은 자부심이 넘쳤고 매주 대규모 집회를 통해 망가진 민주주의를 손수 바로잡았다고 믿는 모습이었다."

프랑스 〈AFP〉 2016.12

"민주주의 역사가 긴 유럽과 미국이 오히려 배워야 한다."

독일 〈프랑크푸르터 알게마이네 차이퉁〉 2016.12

박근혜 탄핵 이후

민주주의에 대한 하나의 예시

독일 〈디 자이트〉 국제부 편집국장 마티아스 나스 2016.12.14.

감격적인 것을 보았다. 만약 한 시민이 부정과 무능에 대항해 싸워야 할 때, 민주주의가 심각한 위기에 놓여있을 때, 국민과 국회는 어떻게 국가의 꼭 대기를 바로 잡을 수 있을 것인가에 대한 사례가 바로 한국에 있다. 유럽과 미국인들은 서울의 용감한 그리고 열정적인 민주주의자들을 배워야 할 것 이다. 그들의 투쟁은 오직 찬미해야 한다.

한국 대통령 박근혜를 탄핵하다

South Korea Removes President Park Geun-Hye

미국 〈뉴욕타임스〉 한국 특파원 최상훈 2017.3.9.

한국 대통령이 대중의 압력으로 지위를 상실했던 것은 1960년, 당시 경찰은 이승만 대통령의 하야를 촉구하는 대중을 향해 총을 겨누었다. 한국의 민주주의가 대단히 발전했다는 증거로써, 박근혜 대통령 탄핵은 단 한 건의 폭력 사태도 없이 몇 개월간 대규모 평화시위가 진행된 후 이루어졌다. 시민들은 단지 임기가 1년 남은 대통령의 퇴진만을 요구하는 것이 아니었다. 수십 년간 한국을 지배해온 정치적 질서에 저항한 것이고, 그 질서는 이제 국내외적 압박으로 인해 깨지고 있다. 문재인 대통령 후보는 "국가적 청산이 필요하다. 낡은 체제를 버리고 새로운 대한민국을 건설해야 한다. 그래야만 촛불시민들이 시작한 혁명을 완결할 수 있다"라고 말했다.

사설 '위기에서 빛난 한국의 민주주의'

영국 〈파이낸셜 타임스〉 2017.3.13.

지난해 말 충격적인 부패 스캔들에 한국인들은 부끄러워했지만 이제 그들은 자랑스러움을 느껴야 한다. 헌법수호의 의무를 저버린 대통령의 파면을 결정한 것은 한국을 넘어 더 광범위한 지역에 중요성을 지닌다. 한국은 전 세계에서 민주주의가 가장 번창하는 나라라는 신뢰를 강화했으며 세계에서 위협받고 있는 자유 민주주의에 힘을 불어넣었다. 이제 한국은 전환점에 서 있다. 이번 일을 계기로 재벌이 주도하는 허약한 경제뿐만 아니라 정치와 문화와 외교정책에 이르기까지 광범위하게 중요한 개혁을 추진해갈 기회를 얻게 됐다. 지난 50년간 비약적 발전을 이뤄 경제 선구자의 명성을 얻은 한국이 이제 세계 신생 민주주의 국가의 정치 모델이자 지역 내 지정학적 핵심 플레이어가 되려는 순간과 마주 섰다. 차기 대통령에게 많은 것이 달려 있다.

'한국은 민주주의가 어떠해야 하는지 세계에 보여주고 있다.'

미국 〈워싱턴 포스트〉 에디터 크리스찬 카릴 2017.3.10.

한국은 민주주의 체제의 가장 까다로운 과업을 수행했다. 극도의 압박 속에서 법치를 통해 권력을 이양한 것이다. 유혈 쿠데타 없이 정권을 이양하는 것은 민주주의를 독재와 구별하게 만드는 신호다. 특히 지난 몇 달간 거리를 가득 메운 시민들의 비폭력 시위가 많은 기여를 했다. (헌법재판소의 판결에서) 국민과 헌법이 전부였다. 헌법재판소의 결정이 더욱 큰 반향을 낳은 것은 박근혜 전 대통령과 이재용 삼성그룹 부회장의 운명이 함께 엮였기 때문이다. 숱한 위기와 도전에도 불구하고 한국은 민주적 제도들을 진화시키면서 확대해나갈 것이다.

'한국의 민주주의 옳은 일을 했지만 모든 것을 해결하지는 못한다.'

미국 〈워싱턴 포스트〉 사설 2017.3.11.

'변화의 기회를 맞은 한국'

프랑스 〈르 몽드〉 특파원 필립 퐁즈, 서울 특파원 필립 메스머 2017.3.14.

헌법재판소의 박근혜 탄핵 인용과 거대기업 삼성의 후계자 이재용 체포, 한 달 이내에 일어난 두 사건은 정경유착으로 유지되어온 한국의 권력 체계를 뒤흔들었다. 이 시스템은 박근혜 대통령의 아버지이자 독재자였던 박정희의 유산으로 한국이 아시아의 경제대국으로 발돋움하는 기반이 된 반면 대다수의 국민들은 그 시스템을 지탱하기 위해 수반되는 고통과 부작용을 짊어져야 했다. 탄핵을 반대하는 노인 세대는 "한강의 기적" 그 눈부신 도약을 기억하고 있지만, 다른 노인들과 젊은이들에게 이 시대는 다르게 기억된다. 반정부 인사에 대한 체포와 고문 납치 그리고 또 다른 독재자인 전두환이 벌인 1980년5월 광주학살 등이다.

미국인들은 대통령을 어떻게 탄핵시킬지 한국인들에게 배우면 된다.

South koreans to americans: we'll teach you how to impeach a president.

미국 〈워싱턴 포스트〉 동아시아 지국장 안나 파이필드, 기자 서윤정 2017.5.19.

한국인들의 평화시위는 부패 스캔들의 정점에 있는 박근혜 대통령을 탄핵시켰다. 5월 초 박근혜와는 완전히 다른 건실한 진보주의자인 문재인 대통령이 높은 득표율로 당선되었고 취임 둘째 주 설문조사에서 국민 87%가 '국정수행을 잘 해낼 것'이라고 응답하며 어마어마한 지지율을 기록하고 있다. 이제 한국인들은 워싱턴의 극적인 정치 상황으로 눈을 돌리고 있다. 온라인상의 수많은 한국 청년들은 미국인들도 대통령을 탄핵시킬 수 있도록 돕자며 여러 제안을 하고 있다. "탄핵 노하우을 미국에 수출할 수 있지 않을까?"(네티즌 Fatima20), "한국의 촛불집회를 처음으로 수입하는 나라가 미국이길 바란다"(트위터 @TC_thunder), "박근혜 탄핵의 돌이킬 수 없는 물결을 만들어낸 것은 17주간 이어진 거대한 민중들의 집회, 바로 그 유명한 촛불집회였다"(블로거 Ask a Korean). 한국의 수도 서울 한중심의 광장에서 벌어진 촛불집회는 유모차를 끌고 나온 가족들이 함께하는 축제였다. 그동안 미국이 스스로를 민주주의의 전형으로 여겨왔고, 한국이 민주화를 이룬 지 불과 30년이라는 걸 생각하면 정말 경이로운 진보다.

퇴진촛불항쟁 일지

퇴진촛불 이전의 관련 정세 흐름

2012.12.19.   제19대 대통령 선거, 박근혜 후보 당선.
                           — 선거일 직전인 2012.12.11. 저녁 국가정보원 요원들이
댓글공작을 하고 있는 사실이 야당과 경찰에 의해 발각됨.

2013.6.21.   국정원 등 국가기관에 의한 관권부정선거 규탄 촛불집회가
시작됨.

2014.04.16.   세월호 참사가 발생함. 국가가 응당의 구조의무를 사실상 방
기한 상황에서 한 사람도 구조하지 못한 채 304명이 모두
사망함. 진상 은폐·조작 등에 대해 국민적 분노 비등함. 이후
진상규명특별법 제정을 위한 범국민 서명운동에 총 600여만
명의 국민들 동참함. 세월호 참사 특별조사위 구성, 그러나
조직적이고 체계적인 정부·여당의 방해로 특조위 제대로
조사 못 함.

2014.11.28.   세계일보 보도, "정윤회 '국정개입'은 사실", "비선실세그룹
'십상시' 국정정보 교류·고위직 인사 간여".

2015.1.21.	서울지방국세청, 세계일보 소유주인 통일교 계열의 '주식회사 청심'과 '주식회사 진흥레저파인리스' 등에 세무조사 착수.
	— 세계일보에 대한 박근혜 정권의 체계적인 탄압 위협으로 해석되었음.
2015.2.27.	통일교 그룹이 박근혜 정권의 압력에 굴복하여 세계일보 조한규 사장 해임함.
	— 이후 청와대 비선실세 관련 보도 상황은 세계일보에서 수면 아래로 내려감.
2015.8.6.	박근혜대통령 '경제대도약 위한 대국민담화' 발표
	— 노동·공공·교육·금융, 4대 구조개혁 추진, "창조경제와 문화융성'이 경제도약의 해답" 주장.
	— 노동계, "더 많은 비정규직, 더 낮은 임금, 더 쉬운 해고" 추진이라고 반발.
	— 나중에 수백억 뇌물을 바친 재벌들의 청탁에 의한 정책추진이었음이 확인됨.
2015.11.14.	민주노총·전국농민회총연합 등 기층민중단체와 진보적 정치·사회단체들로 구성된 민중총궐기투쟁본부 주최의 민중총궐기투쟁 전개됨. "못살겠다 갈아엎자" "박근혜 퇴진" 등을 주장하는 약 14만 명의 노동자·농민 등이 참가한 집회에서 백남기 농민이 경찰의 직사 물대포에 맞아서 의식불명 상태에 빠짐. 한상균 민주노총 위원장 등 민주노총 간부들을 대규모로 구속됨.
2016.4.13.	20대 국회의원 총선, 야당들이 승리하여 여소야대 정국 도래.
2016.7.26.	TV조선 보도, "청와대 안종범 수석 '문화재단 미르' 500억 지원".
	— 국정농단 사태에 대한 직접적인 보도로는 최초의 사례로 평가됨.
2016.8.2.	TV조선 보도, "K스포츠재단 400억 모아", "900억 모금한 기

	업들 … 팔 비틀렸나" 등으로 국정농단 사례를 후속 보도함.
2016.8.29.	집권여당인 새누리당 김진태의원, 조선일보 송희영 주필이 대우조선으로부터 2억 원대의 초호화 유럽여행 등 접대를 받았다고 폭로.
	— TV조선의 모회사인 조선일보그룹(극우 보수 성향)에 대한 정권 차원의 강력한 압박이 시작된 것으로 해석되었음.
2016.8.30.	청와대 관계자, 조선일보 송희영 주필이 대우조선 사장 연임을 위한 로비를 했다고 언론에 익명으로 흘림. 언론보도, 그날 저녁 조선일보는 송희영 주필의 사표를 수리함.
	— 이후 미르·K스포츠재단 비리 관련 보도상황, TV조선에서 수면 아래로 내려감. 조선일보 그룹 측에서 박근혜정권의 강압에 굴복하여 관련 보도를 중단한 것으로 평가되었음.
2016.9.20.	한겨레신문 보도, "대기업돈 288억 걷은 K스포츠재단 이사장은 최순실(최태민 목사 딸) 단골 마사지센터장", "박근혜 대통령 비선측근 지목받는 최씨 재단설립 깊게 개입한 정황", "정동춘 이사장, '전경련서 제안'",
	— K스포츠재단 이사장 인선과 운영에 대통령 측근인 최순실 씨가 연루됐다고 보도함.
	— 최순실 이름이 공개적으로 보도된 첫 번째 사례로 평가됨. 한겨레신문이 국민주 방식으로 설립·운영되기에 권력과 자본에서 상대적으로 자유로운 언론이어서 박근혜 정권 차원에서는 효과적인 강압 수단을 사용하기 어려운 상황이었고, 이후 한겨레신문은 원칙대로 보도를 연속적으로 이어 나감.
2016.9.20.	민주당, 다방면으로 최순실 의혹에 대해 문제제기하기 시작함. 원내대책회의에서 미르재단과 K스포츠재단의 설립허가 과정과 기부금 조성 경위에 대해 의혹 제기함, 또 국회 본회의 석상에서 민주당 조응천 의원, 두 재단 설립에 최순실 씨 개입했다고 지적하는 한편, 최순실이 대통령의 고가 한복과 액세

서리 등을 구입해 전달했고 심야에 청와대 출입 상황을 폭로함. 그리고 민주당과 국민의당 국회의원들, '미르재단 불법모금 의혹 등 증인채택 촉구 기자회견'을 진행함.

2016.9.22. 한겨레 보도, "이석수 특감, '재단 강제모금' 안종범 수석 내사했다."

— 해당 내사는 이석수 특별감찰관의 사표 제출로 중단되었음. 대통령 측근 등의 비리를 감찰하기 위해 임명한 특별감찰관인데, 그가 국정농단 사태에 대한 특별감찰을 시작할 조짐을 보이자, 대통령 등 정권 실세가 압박하여 사표를 제출하게 한 것으로 해석되었음.

2016.9.23. 황교안 총리 국회 답변, "유언비어 중 불법에 해당하는 것은 의법조치도 가능".

— 국정농단 관련된 적극적인 보도에 대해 경고하며 겁박한 것으로 해석되었음.

2016.9.25. 경찰 직사 물대포에 의식불명 상태였던 백남기 농민, 10개월 11일만에 사망함, 이후 1달 이상 서울대병원 장례식장에서 농민들과 시민들이 검·경의 강제부검(이를 통한 사인 은폐·조작 위험) 시도에 저항하는 농성투쟁을 전개함. 전국 140여 곳에 시민분향소 설치, 추모문화제 연이어 개최.

2016.9.26. 이정현 새누리당(집권당) 대표, 국회 당대표실에서 정세균 국회의장 사퇴를 요구하며 단식농성 돌입, 새누리당은 그날부터 시작되는 국정감사 보이콧.

— 야당에서 최순실, 안종범을 국정감사 증인 채택하자는 요구가 있자, 이를 방해하기 위한 국정감사 거부와 단식농성이 아닌가라는 의혹 제기됨.

2016.9.27. 국회 국정감사, 야당들 공조로 국감 거부하는 여당을 제치고 일부 상임위에서 국정감사 진행함. 교육문화체육관광위, 농림축산식품해양수산위, 환경노동위 등의 국정감사에서 국

정농단 관련 비리 사실들이 터져 나오기 시작함.

2016.9.29.   한겨레 보도, "이대, 최순실 딸 위해 학칙 뜯어고쳤다".
              ─ 이후 이화여대 학생들과 동문들에 의한 강력한 항의투쟁
              전개됨.

2016.9.30.   세월호 참사 특별조사위, 정부여당의 방해공작으로 강제 종
              료 당함.

2016.9.30.   전국경제인연합회, 미르재단, K스포츠재단 해산 발표함.

2016.10.2.   새누리당 이정현 당대표 단식 중단.

2016.10.3.   여야 3당(새누리당, 민주당, 국민의당), 국정감사 정상화 일
              정 합의함. 다음날부터 새누리당, 국정감사에 복귀함.

2016.10.5.   검찰, 미르재단과 K스포츠재단 의혹 수사 착수함.

2016.10.12.   한겨레 보도, "최순실 딸, 이번엔 이대 계절학기 '학점특혜'
              의혹".

2016.10.20.   박근혜 대통령 수석비서관 회의에서, "비상시국에 난무하는
              비방과 확인되지 않은 폭로성 발언들은 우리 사회를 뒤흔들
              고 혼란을 가중시키는 결과를 초래하게 될 것."
              ─ K스포츠재단 설립 배경과 성과 강조, 그러나 검찰의 철저
              한 수사 지시 없었음.
              ─ 국정농단 관련한 적극적인 보도에 대해 경고하며 겁박함.

퇴진촛불항쟁 점화 · 폭발 시기: 제1단계

2016.10.24.   낮, 박근혜 대통령 국회 예산안 시정연설, 임기 내 개헌 추진
              을 위해 정부 내 조직 설치해서 개헌안 마련할 방침을 밝히고,
              국회도 개헌특위 구성해달라고 요청함.
              ─ 연초까지도 개헌논의는 블랙홀이라며 개헌 거부하다가
              갑자기 제안한 것은 '정권비리 은폐 위한 국면전환용'이라는

의구심이 있었음.

2016.10.24.	저녁, JTBC 방송 보도, "최순실 PC파일 입수… 대통령 연설 전 연설문 받았다."
	— 최순실 국정농단 사태 관련해 스모킹 건이 되었다는 평가.
2016.10.25.	낮, 박근혜 대통령 제1차 대국민 사과 담화문 발표함, 대선 선거운동 때나 취임 이후 일정기간 동안 의견 들은 적 있으나, 청와대 보좌체계가 완비된 이후에는 그만두었다고 함. "이유 여하를 막론하고… 송구스럽게 생각합니다."
2016.10.25.	한국진보연대 등에서 내부 구수회의 열고, 10/27(목)부터 광화문 동화면세점 앞에서 소규모 매일 촛불집회 신고함. 또 10/29(토) 저녁, 청계광장에서 집중 촛불집회 하는 것으로 집회와 행진을 경찰당국에 신고함.
2016.10.25.	저녁, JTBC 방송 보도, 최순실이 정권 초창기뿐 아니라 정권 출범 3년 반이나 지난 당시까지 국정에 깊숙이 개입한 사실이 생생하게 드러나는 추가 파일 내용 공개함.
	— 당일 오전에 행한 대통령의 해명이 거짓이었음이 폭로된 셈.
2016.10.25.	민중총궐기투쟁본부 긴급집행위원회, 10/29 청계광장에서 박근혜 퇴진을 요구하는 규모 있는 집중 촛불을 민중총궐기 투본 주최로 시작하기로 결정.
2016.10.26.	국정농단을 규탄하고 박근혜 사퇴 등을 요구하는 대학가 시국선언이 시작됨. 이날 건국대, 경희대 서울캠퍼스, 이화여대, 중앙대 서울캠퍼스, 한국외대 서울캠퍼스, 서울신학대, 부산대에서 대학생 시국선언 하였고, 다음 날(10월 27일)은 18개 대학에서, 10월 28일에는 17개 대학에서 학생들의 시국선언이 발표되어, 12월 초순경까지 전국 각지의 총153개 대학에서 학생들의 시국선언이 전개됨.
2016.10.26.	청주대 교수들이 시국선언을 시작한 이래, 11월 말경까지

모두 50여 개 대학의 교수들이 국정농단을 규탄하고 박근혜 하야 등을 요구하는 시국선언을 발표하였음.

2016.10.26.	저녁, TV조선 보도, 청와대 2부속실 행정관들 최순실을 상전 모시듯 하는 영상을 공개함. — 8월 초에 보도 중단한 이후, JTBC에서 최순실 국정농단 사실을 연이어 보도하자, 취재해놓고도 보도하지 않고 묵혀 놓았던 해당 영상을 뒤늦게 보도한 것임.
2016.10.26.	제1야당의 유력 대선주자인 문재인 전 민주당 대표, 박근혜 대통령에게 "검찰수사를 자청하라" "당적을 버리고 국회와 협의하여 거국중립내각을 구성하라. 국민들이 신뢰할 수 있는 강직한 분을 국무총리로 임명하여 국정의 컨트롤타워 역할을 맡겨라"고 공개 요구함. 하야나 퇴진 요구 없었음.
2016.10.26.	저녁, 백남기 농민 빈소가 차려진 서울대병원 장례식장에서 한국진보연대 활동가들이 시민사회단체연대회의 일부 활동가들을 초청하여 공동투쟁을 논의하는 구수회의 개최함. 구수회의 결과 10월 28일(금) 오전에 대응책 논의를 위한 주요 단위 간담회를 개최하기로 함.
2016.10.26.	부산 지역 50여 개 단체가 모여 '박근혜 하야촉구 긴급기자회견' 개최함.
2016.10.27.	검찰, 최순실 국정농단 사건 관련 특별수사본부 구성, 본부장에 이영렬 서울중앙지검장 지정함.
2016.10.27.	저녁 광화문사거리 동화면세점 앞에서 최초의 '매일촛불' 집회 개최, 분할 민영화를 반대하며 파업 중이던 철도노동자 등 1,000여 명의 시민이 동참함.
2016.10.27.	부산 서면 쥬디스 백화점 앞에서 매일 시국집회가 개최됨(총 94회).
2016.10.27.	울산에서 '박근혜하야 울산지역 사회시민노동단체' 기자회견 개최하여 박근혜 하야를 요구하고, 주말인 10월 29일 개

	최될 울산시민총궐기대회에 적극적 참여를 호소함.
2016.10.27.	충남지역 73개 단체와 정당이 모여 박근혜 정권 퇴진을 촉구하는 시국선언 발표함.
2016.10.28.	오전, 민주노총 회의실에서 주요 단위(민중총궐기투본, 민주노총, 한국진보연대, 시민사회단체연대회의, 416연대, 참여연대)가 참여하여 시민사회간담회 개최함. 10월 29일에 민중총궐기투본 주최의 시민촛불집회가 추진되고 있는 상황 공유, 11월 2일에 제 연대체 공동으로 시국회의 개최하고 시국선언 추진키로 결정, 새로운 연대투쟁조직 구성 문제는 추이를 살펴보며 재논의하기로 의논됨.
2016.10.28.	제2야당인 국민의당 박지원 비대위원장, "중립적 거국내각을 논의할 때"라고 언급함.
2016.10.28.	박근혜 대통령, 집권여당인 새누리당 이정현 대표와 정진석 원내대표 면담하고 대책논의.
2016.10.28.	광화문사거리 동화면세점 앞에서 '매일촛불' 진행.
2016.10.28.	전주에서 '박근혜정권퇴진 전북지역 촛불집회 개최.
2016.10.28.	경북 경주에서 '2016 경북대구민중대회'가 개최되어 박근혜 대통령 하야와 사드, 핵발전소 폐기 등을 요구함.
2016.10.28.	밤, 청와대 참모진(민정·정책조정·정무·홍보수석, 문고리3인방) 사퇴서 제출.
2016.10.29.	낮, 박근혜 대통령, 새누리당(집권여당) 상임고문 8인을 면담하고 민심수습책 논의함.
2016.10.29.	검찰, 정호성 비서관 등 압수수색, 박근혜 대통령의 지시사항이 육성으로 녹음된 스마트폰 압수됨. — 제2의 스모킹 건이 되었음. 이삿짐 속에서 발견된 핸드폰인데 당사자는 그 핸드폰이 거기에 있는 줄도 모르고 있었다는 후문.
2016.10.29.(토)	저녁, 청계광장에서 범국민촛불집회 개최, [모이자! 분노하

자! #내려와라 박근혜 시민촛불)에 총 3만 명의 시민들 참가. 당시 촛불집회 연단에서 노회찬 의원과 이재명 성남시장도 박근혜 대통령의 국정농단과 헌정유린을 규탄하고 하야를 촉구하는 연설을 하였는데, 참석한 촛불시민들이 열렬하게 호응하기도 하였음. 분노한 민심의 대폭발 상황에서 촛불집회를 마친 후 촛불대오가 청계광장-보신각-종로2가-인사동까지로 예정된 행진 코스를 행진하던 도중, 보신각 앞에서 예정된 행진 코스를 벗어나 광화문광장으로 기습진입한 후 평화적으로 광화문광장 점거함. 이후 자진 해산함.

― 당시에는 '1차'라고 말하지 않았는데, 제2차 범국민촛불을 개최하면서부터 차수를 붙이기 시작하였음.

2016.10.29. 서울에서 '1차 청소년 시국선언 발표 및 민주주의 행동' 이후 전국 각 지역에서 청소년 시국선언과 청소년 촛불이 진행되었음.

2016.10.29. 광주에서 '국정농단 박근혜 퇴진 촉구 광주시국대회'가 개최됨. 이후 매주말 대규모 시국대회가 진행됨.

2016.10.29. 울산에서 2016년 민중총궐기 울산시민대회 개최됨.

2016.10.29. 제주에서 '박근혜 하야 촉구 1차 제주도민 촛불집회' 개최됨.

2016.10.29. 캐나다 토론토에서 교민들이 촛불집회 진행함.

2016.10.30.(일) 최순실 유럽에서 귀국.

― 그러나 공항에서 체포하여 즉각 조사에 착수해야 함에도 불구하고 검찰은 그의 귀국 후 31시간 동안 방치하여, 그들이 증거 인멸하고 말 맞추기 할 시간을 주고 난 뒤에 비로소 소환하여 구속영장 신청함.

2016.10.30. 검찰, 청와대 압수수색 나감. 그러나 청와대 압수수색 거부함.

2016.10.30. 집권여당인 새누리당, 대통령에게 여야가 동의하는 거국중립내각 구성을 촉구하고. 또 최순실을 긴급 체포하여 엄정수

사를 통해 엄벌할 것을 촉구함.

2016.10.30.	제1야당 민주당 추미애 대표, "새누리당이 오늘 거국내각을 언급했다는데, 듣고 싶지도 않고 중요하지도 않다"며 여당의 제안을 거부함. 제2야당 국민의당 박지원 비대위원장, 거국내각은 "최순실 씨가 귀국하기 전 얘기"라며 여당의 제안을 일축함.
2016.10.30.	오후, 대통령이 전직 총리 등 정계원로 12인을 면담하고 국정농단사태 수습책 관련 의견 청취함.
2016.10.30.	청와대 인적개편(비서실장, 민정 · 정책조정 · 정무 · 홍보수석, 문고리 3인방 모두 교체) 발표함.
2016.10.30.	저녁, 시민사회단체 시국모임, 박근혜 '퇴진'을 공식용어로 사용하되, 상황에 맞게 사퇴 또는 하야 등도 자유롭게 사용하기로 함. 또 '박근혜-최순실 게이트'로 공식 명명하기로 의견 합치, 거국중립내각 반대 성명 발표하기로 함.
2016.10.31.	전북지역 61개 단체가 참여하여 '박근혜정권퇴진 전북 비상시국회의' 발족함. 11월 5일에 '박근혜정권퇴진 제1차 전북도민총궐기' 집회를 개최한 이후 3월 10일까지 총 17차례에 걸쳐 전북도민총궐기 집회를 진행함. 또한 도내 13개 시군에서 촛불집회를 진행함.
2016.10.31.	'2016 민중총궐기 부산준비위' 주최로 박근혜하야 시국집회 진행함.
2016.10.31.	서울 태평로 파이낸스 빌딩 앞에서 파업 중이던 철도노조원 등 1,000여 명의 시민이 참여한 가운데 '매일촛불' 진행됨. 이후 평일에 '매일촛불' 진행됨.
2016.10.31.	검찰, 청와대 압수수색을 2차로 시도함. 청와대는 국가기밀 이유로 압수수색 거부하여 임의 제출한 자료만 받고 돌아옴.
2016.10.31.	집권여당인 새누리당 소속 50여 명의 비주류 국회의원이 회동, 이정현 당대표 및 지도부의 즉각 사퇴와 당의 전면 쇄신을

	요구함. 그런데 이정현 대표는 "사태를 수습해야 하니 지도부에서 물러날 수 없다" "난국 수습에 최선을 다하겠다"며 사퇴 거부함.
2016.10.31.	문재인 전 민주당 대표, "최순실게이트가 아니라 박근혜게이트" "국회 추천 총리에 전권 맡기고 대통령은 국정에서 손 떼야 함."
2016.10.31.	추미애 민주당 대표, "국면 가리기용, 면피용 허수아비 거국내각은 거부함" "진상규명할 수 있는 특별법에 의한 특검이 도입될 때 거국내각 논의 가능."
2016.10.31.	박지원 국민의당 비대위원장, "거국중립내각의 선결 조건은 박근혜의 탈당."
2016.10.31.	5개 시민사회연대체(민중총궐기투쟁본부, 416연대, 민주주의국민행동, 백남기투쟁본부, 시민사회단체연대회의)가 공동으로 성명서 발표함.
	─ 물타기용 거국중립내각 반대 및 진실 은폐와 꼬리 자르기 의혹 있는 검찰을 규탄하는 등의 내용.
2016.10.말.	박근혜 대통령 지지율 10.4%로 추락, 11월 첫째 주에는 5%로 추락함(10월 3째 주 25% ⇒ 10월 4째 주 17%).
2116.11.1.	3차 시민사회 시국모임, 11/5의 2차 집회 논의하고, 집회를 시국회의 명의 주최로 하고 시국회의 제안한 5개 단위(민중총궐기투본, 시민사회단체연대회의, 416연대, 백남기투본, 민주주의국민행동)가 공동주관하기로 의견을 모음. 아울러 당면현안 4~5개 함께 제안하기로 함.
	─ 시민사회단체연대회의 측에서 아직 내부 논의가 끝나지 않았다며, 1차 비상시국회의에서는 범국민적 투쟁본부를 구성하지 말고 그 다음 주에 2차 비상시국회의를 개최하여 범국민적 투쟁본부를 구성하자고 제안하였기 때문.
2016.11.1.	최순실 긴급 체포.

	— 귀국 후 31시간 지난 시점임. 2일 뒤인 11월 3일에 구속됨.
2016.11.1.	야 3당(민주당, 국민의당, 정의당) 원내대표 회동.
	— 박근혜-최순실 게이트로 명명, 국정조사 및 특별법에 의한 별도특검 추진 등에 의견 일치.
2016.11.1.	대전에서 박근혜 하야 캠페인 및 제1차 촛불행동 시작함.
2016.11.1. - 11.11.	청계광장에서 민주노총과 민중총궐기투쟁본부가 매일촛불 진행함.
2016.11.2.	공공운수노조 총파업 투쟁대회 진행함.
2016.11.2.	전국의 1,553개 시민사회단체가 연명하여 '박근혜-최순실 국정농단 사태에 즈음한 비상시국회의' 개최함.
	— 박근혜 퇴진, 박근혜-최순실 국정농단 사태에 대한 철저한 진상 규명, 책임자 처벌을 투쟁 기조로 합의함.
	— 퇴진을 공식 용어로 사용하면서 상황에 맞게 자유롭게 사용하기로(하야나 내려와라 등).
	— 11월 5일에 '제2차 범국민행동' 촛불집회를 광화문광장에서 개최키로 함(동일 2시에 광화문광장에서 예정된 고 백남기 농민 영결식에 이어서 개최키로 함).
	— 세월호특검, 백남기특검, 성과퇴출제 및 공공부문 민영화 저지 등 당면 현안 해결을 요구하는 특별결의문 채택함.
2016.11.2.	박근혜 대통령, 김병준 전 교육부총리(10년 전인 민주당 노무현 정권 시절)를 국무총리로 지명함. 경제부총리와 행정안전처 장관도 교체 발표함(격동하는 정세 속에서 국회에서 인준절차 등이 진행되지 않은 채 개각은 실행되지 못함).
	— 야당과도 사전협의하지 않았고, 심지어는 집권여당과도 사전협의 하지 않았다고 함. 당시 여당이나 야당 모두가 사태 수습책으로 거국중립내각을 요구하고 있었는데, 박근혜 대통령이 일방통행식으로 국무총리 지명을 강행했기 때문에 누가 보더라도 이는 거국중립내각 수립을 추진하는 것이라

고 평가할 수가 없었음.

— 야 3당, 즉각 김병준 총리지명자 거부하기로 의견 모음.

2016.11.2.　안철수 전 국민의당(제2야당) 대표, 박근혜 대통령은 더 이상 우리나라 대통령 아니다. 하야할 것을 요구하는 기자회견.

— 같은 날 박원순 서울시장, 박근혜 대통령 하야 요구하는 성명 발표.

2016.11.3.　박근혜 대통령, 한광옥 전 대통령비서실장(17년 전인 민주당 김대중 정권 시절)을 대통령 비서실장으로 임명하는 등 청와대 수석비서관 인선.

— 국무총리와 대통령비서실장에 야당 출신 인사들을 기용함으로써 여·야당 모두 아우르는 인사를 실시하는 모양을 만들면서 명분을 얻고, 또 야당의 협조를 일정 정도 받을 수도 있을 것이라고 기대한 것 같으나, 이들은 야당으로부터 이른바 '배신자' 취급받는 사람들이어서 그런 효과는 없었음.

2016.11.3.　제1야당인 민주당 의원총회 개최, 박근혜 하야를 요구해야 한다는 의견과 명실상부한 거국중립내각 요구해야 한다는 의견이 대립됨.

2016.11.3.　대구시민단체연대회의, 대구경북여성단체연합, 민중총궐기 대구투쟁본부의 제안으로 대구지역 비상시국회의 개최하여 박근혜 대통령 퇴진을 주장함. 11월 5일에 '내려와라 박근혜 제1차 대구시국대회 및 시민행진'을 진행한 이래 11월 11일에 제2차 시국대회 진행, 그 후 지속적으로 대구시국대회 개최함.

2016.11.4.　박근혜 대통령 두 번째 대국민 담화 발표, "내가 이러려고 대통령을 했나 자괴감이 들 정도로 괴롭기만 하다.""필요하다면 검찰조사, 특검도 수용."

— 그러나 박 대통령은 탄핵당하기 전까지는 검찰 조사나 특검 조사를 모두 거부했음.

2016.11월 초	군에서 위수령 발령 등을 검토하였다는 사실이 촛불항쟁 승리 후 출범한 촛불정부에서 밝혀짐. 그러나 촛불집회가 실제로는 평화적인 집회와 행진으로 진행되기도 하였고, 또 이런저런 요인으로 더 이상 본격적인 군의 움직임은 확인되지 않았음.
2016.11.4.	광화문광장에서 문화·예술계 인사들이 주축이 되어 박근혜 퇴진을 요구하는 광화문 문화·예술 텐트촌을 열고 노숙 농성에 들어감. 이후 텐트가 60여 개로 확대되었고, 박근혜 퇴진 시까지 노숙농성을 계속하였음.
2016.11.4.	경북지역 15개 단체가 참여하여 '국정농단 헌법유린 박근혜 퇴진! 경북민중연대 비상시국선언' 발표함. 이후 경북도 내 13개 시군 지역에서 촛불집회 진행됨.
2016.11.4.	경남 창원, 진주, 김해, 양산, 통영, 거창 등지에서 동시다발로 '제1차 경남시국대회' 개최됨.
2016.11.4.	대전지역 각계원로 대표자들, '박근혜 대통령 즉각 물러나시오!' 기자회견 개최.
2016.11.4.	미국 뉴욕, 영국 맨체스터에서 교민들 촛불집회 개최함. 독일 베를린에서 교민들이 비상시국토론회 개최함.
2016.11.5.	고 백남기 농민 장례, 8시 발인, 9시 명동성당 장례미사, 1시 종로구청 입구 사거리 노제, 2시 광화문중앙광장 영결식, 이후 영구는 광주로 내려가고, 남은 시민들 2차 범국민행동에 참가함.
2016.11.5.	11월 5일의 가두행진 신고에 대해 경찰당국은 금지통고를 하였고, 이에 민중총궐기투쟁본부에서 서울행정법원에 '행진금지통고 집행정지 가처분신청'을 하였는데, 행진 시간 직전인 11월 5일 오후 4시경 법원에서 가처분신청을 인용하는 결정을 내림. 집행정지 가처분 결정을 하면서도 종각사거리에서 조계사, 안국동 쪽으로의 행진은 인용하지 않고 계속

금지통고를 유지시켰음.

2016.11.5.	〔모이자! 분노하자! #내려와라 박근혜! 2차 범국민행동〕오후 4시, 제2차 촛불집회(12만 명 참가), 6시부터 종로통을 돌아 을지로를 거쳐 광화문광장으로 돌아오는 범국민촛불행진 진행(20만 명 참가). 부산, 대구, 광주 등 전국 10여 개 지역에서 총 10만 명이 참여한 촛불집회 진행됨.
	— 경찰과의 충돌 없이, 평화집회와 평화행진으로 마무리됨
2016.11.5.	서울에서 '중고생혁명 1차 집회, 5%는 하야하라'(중고생혁명추진위), 제2차 청소년시국선언 발표 및 집회, '박근혜 담화, 청소년들의 응답은 하야하라입니다'(21세기청소년공동체 희망) 등 집회가 진행되었고, 특히 청소년들의 촛불참여를 위한 '하야버스' 비용 모금이 촛불광장에서 진행되어 모두 4천 8백여만 원이 모금되었음.
2016.11.5.	광주에서 '백남기 농민 추모와 박근혜 퇴진 촉구 광주 시국촛불대회'가 개최됨.
2016.11.5.	부산 지역 110개 단체가 참가하여 '박근혜정권퇴진 부산운동본부' 출범 선언, 제1차 시국대회 개최. 이후 총 24차에 걸쳐 시국대회를 진행함.
2016.11.5.	대구에서 #내려와라 박근혜! 박근혜퇴진 1차 시국대회 개최됨.
2016.11.5.	경주에서 제1차 경주시국대회 진행됨.
2016.11.5.	대전에서 박근혜하야 제5차 촛불행동이 진행됨.
2016.11.5.	전주에서 박근혜정권퇴진 제1차 전북도민 총궐기 촛불이 진행됨.
2016.11.5.	제주에서 박근혜 하야 촉구 2차 제주도민 촛불집회 진행됨.
2016.11.5.	세종특별자치시에서 '모이자! 분노하자 #내려와라 박근혜 시민촛불'이 개최됨.
2016.11.5.	런던, 더블린, 북가주, LA, 뉴저지, 워싱턴DC, 시카고 등 지역에서 촛불행동 진행함.

2016.11.5.	조시 어니스트 미국 백악관 대변인, "한국과 미국은 긴밀하고 강력한 동맹" "강력한 동맹의 특징 중 하나는 심지어 다른 사람들과 다른 성격들이 그 나라를 이끌 때에도 오래 지속된다는 점."
	— 사실상 박근혜 정권과 거리두기를 진행하고 있다는 점을 우회적으로 표시.
2016.11.7.	우병우 전 민정수석, 검찰에 조사받는 사진이 조선일보에 보도됨. "팔짱 낀 채 웃으며 조사받는 우병우", "손 모은 채 서 있는 검사" 등으로 사진 설명됨. 황제 소환 아니냐며 비난 여론 비등함. 검찰 수사로는 진상규명 안 될 것이라는 상징적 사진들이었음.
2016.11.8.	박근혜 대통령, 정세균 국회의장 방문하여, "국회에서 총리를 추천하면 수용하겠다"는 입장 밝힘.
	— 김병준 총리 내정 사실상 철회.
	— 제1야당인 민주당, 국회 추천 총리 중심으로 거국내각 구성한 뒤 대통령 2선 후퇴를 분명히 하라고 요구함.
2016.11.8.	퇴진행동 성명발표, "'퇴진 없는 총리 교체'는 박근혜에게 면죄부를 주는 용납할 수 없는 꼼수이다", "국회 동의를 명분으로 방탄 총리를 앞세워 하야 요구와 임기 중 구속을 피해 가려는 의도", "야당이 청와대의 2중대라는 비판을 받고 싶지 않다면 '총리 교체-박근혜 살리기'에 동참할 것이 아니라 단호하게 '박근혜 선 하야' 입장을 분명히 밝혀야 한다."
2016.11.8.	울산지역 61개 단체와 개별인사 26인이 참여하여 '울산시민행동' 출범함. 총 20차에 걸친 울산시민대회 진행함.
2016.11.8.	충북지역 84개 단체가 참여하여 '박근혜정권퇴진 충북비상국민행동' 결성. 이후 총 17차에 걸쳐 '박근혜정권퇴진 충북범도민시국대회' 진행함.
2016.11.9.	'박근혜-최순실 국정농단 사태에 즈음한 비상시국회의' 개최.

	― 몇 달 전부터 준비되고 있던 11월 12일의 민중총궐기투쟁은 예정대로 오후 4시 개최 후 가두행진 실시.
	― 11월 12일 오후 7시 30분 퇴진행동 주최로 '제3차 범국민행동' 개최키로 결정함.
	― 서울(중앙)의 열기를 지역으로 확대.
	― 11월 12일 촛불 대규모 집결에 이어 11월 19일 촛불을 이어가고 11월 26일 촛불 최대 집중의 날로 설정함.
2016.11.9.	비상시국회의에서 '박근혜정권 퇴진 비상국민행동'(약칭 퇴진행동) 결성함.
	― 박근혜 퇴진을 위한 범국민투쟁체이며, 투쟁의 고양에 발전에 따라 조직의 발전을 모색해나가기로 함.
	― 국정농단 헌정파괴에 대한 국민적 분노를 모아내고, 민주주의와 주권 회복을 위한 국민들의 행동을 지원하고 지지, 협력하며, 한발 앞서 투쟁을 책임지고 안내하는 역할을 자임함.
	― 각 단체 대표자들로 구성된 대표자회의를 최고 의결기구로 하고,
	― 각 단체/부문과 지역대책위의 집행책임자들로 구성되는 운영위원회를 일상적 의결기구로 하며,
	― 상황실을 설치하여, 사무국, 조직팀, 정책기획팀, 선전홍보팀, 언론팀, 대외협력팀, 집회기획팀, 시민행동팀, 법률팀 등을 두고 실무 집행하는 체계를 세움.
2016.11.9.	인천지역 내 61개 단체가 참여하여 '박근혜퇴진! 인천비상시국회의' 출범함. 매 주말에는 광화문촛불에 집중하고 평일에는 7개 구 지역에서 촛불집회, 서명운동 등을 진행함. 특히 11/17에 부평역 광장에서 인천시민대행진이 진행되었음.
2016.11.9.	광주지역 내 88개 시민사회단체와 6개 정당이 참여하여 '박근혜퇴진 광주운동본부' 출범함. 이후 총 21차에 걸쳐 시국촛불대회 개최함.

2016.11.10.	민주당 의원총회 개최, "국정조사와 별도 특검 그리고 박근혜 대통령의 2선 후퇴, 국회가 추천한 총리에게의 전권위임 등이 이뤄지지 않으면 대통령 퇴진투쟁으로 나설 수밖에 없다"는 기존 당론 확인.
2016.11.10.	서울 지역 내 203개 단체가 참여하여 '박근혜정권퇴진 서울행동' 발족함. 매 주말 광화문촛불 이외에 평일에 서울 시내 총 16군데 구별지역에서 '하야촛불' 집회를 지역 사정에 맞게 진행함.
2016.11.10.	강원도 내 10여 개 단체와 개별참가자가 참여하여 '박근혜정권퇴진 비상강원행동' 결성. 도내 10여 군데 시군에서 시국대회를 진행하였고, 12월 3일에는 춘천에서 1만여 명이 참가하는 '박근혜정권 퇴진 강원시국대회'를 개최함.
2016.11.10.	전남도 내 351개 지역단체가 참여하여 '박근혜정권퇴진 전남운동본부' 결성. 도내 22개 시군지역에서 매 주말 촛불집회를 진행함.
2016.11.10.	경찰당국, 민중총궐기투쟁본부가 청와대 인근 500m 지점인 경복궁역사거리까지 행진 신고한 것에 대해 행진금지 통고함. 민중총궐기투쟁본부는 서울행정법원에 '행진금지통고 집행정지가처분신청' 제기.
2016.11.11.	TV조선 단독보도로 '전 청와대 민정수석' '김영한 비망록'의 내용을 보도함. 민정수석 당시 업무일지인데, 그 내용 속에 각종 국정농단 관련 내용이 포함되어 있어서, 국정농단 사실관계를 입증하는 또 다른 방증 역할을 함.
2016.11.12.	서울행정법원, 집회 직전 시간인 동일 13시 30분경, 청와대로부터 약 500m 지점인 경복궁역까지 행진을 보장하는 가처분 결정을 내림.
2016.11.12.	민주노총 조합원들은 전국노동자대회를, 농민들은 전국농민대회를, 청년학생들과 도시빈민들은 청년학생대회와 전

	국빈민대회를 각각 사전대회 방식으로 진행한 후, 오후 4시 서울광장에 집결하여 총 20만 명이 참가한 가운데〔박근혜정권 퇴진! 가자! 2016민중총궐기대회〕를 진행함. 민중총궐기대회를 마친 후 도심을 관통하는 행진을 진행한 후 오후 7시 반경 범국민촛불이 예정된 광화문광장으로 집결함.
2021.11.12.	저녁 7시에 범국민촛불 사전행사, 저녁 7시 반에 범국민촛불〔모이자! 분노하자! #내려와라 박근혜 3차범국민행동〕진행됨. 참석인원이 당시까지 사상 최고 수준의 인파인 100만 명이 참가하는 대규모 촛불집회를 진행함. 집회를 마친 후 촛불시민들은 경복궁역까지 평화 행진함. 심야까지 촛불행진을 진행하였고, 경찰과의 충돌 없이 평화적으로 마무리함.
2016.11.12.	탑골공원 앞에서 전국청소년시국대회가 진행됨. 전국의 32개 단체와 모임 그리고 132명의 개인이 주최하여 전국 32개 지역에서 '하야버스'를 타고 와서 6,000여 명의 청소년이 참가함.
2016.11.12.	민주노총, 전농 등 주요 조직 대오들이 대규모로 상경한 상황에서도 전국 각 지역에서 촛불집회 진행됨. 부산 35,000명, 광주 10,000명, 대구 5,000명(11월 11일), 대전 1,500명 등 전국 10여 개 지역에서 약 10만 명이 촛불집회에 참여함.
2016.11.12.	해외 17개국 45개 도시에서 촛불집회 진행함.

퇴진촛불항쟁의 상승확산 시기: 제2단계

2016.11.13.	새누리당 비주류 의원들 42명과 원외 위원장들 49명 등 총 91명이 '새누리당 비상시국회의' 결성함. "새누리당 해체 추진, 대통령은 모든 것을 내려놓아야 하고, 국정 정상화 최우선" 등을 주장함.

2016.11.14.부터	박근혜 정부, 기존 정책 계속 강행 추진함, 11월 14일 노동부 장관이 노동법개악 정책을 계속 추진할 방침을 밝히고, 11월 15일에는 철도노조 파업에 대해 노조의 현업 복귀를 촉구하는 합동 담화문 발표, 11월 14일 한일군사정보보호협정 한-일 3차 실무협의에서 협정 가서명, 11월 16일 군-롯데, 군용지-골프장 교환 합의함. 외교부 2차관과 문체부 2차관을 잇달아 임명하고, 11월 22일에는 국무회의 직접 주재하며 12월 일본에서 개최될 예정인 한·중·일 정상회담 참석 방안 검토 등, 계속 대통령 집무를 직접 수행하겠다는 의지를 분명히 함.
2016.11.14.	민주당 추미애 대표는 대통령과 단독 영수회담을 하자고 제안함, 이에 청와대가 영수회담 수용함. 그러나 민주당 의총, 추미애 대표가 제안한 청와대 영수회담 철회하고 대통령 2선 후퇴론 폐기하면서 대통령 퇴진을 당론으로 정함.
2016.11.15.	문재인 전 민주당 대표, 종전의 미온적 태도 바꾸어 "박근혜 대통령이 조건 없는 퇴진을 선언할 때까지, 저는 국민과 함께 전국적인 퇴진운동에 나서겠다" "모든 야당과 시민사회, 지역까지 함께 하는 비상기구를 통해 머리를 맞대고 퇴진운동의 전 국민적 확산을 논의하고 추진해 나가겠다"는 입장을 천명함.
2016.11.15.	민주당 121명, 국민의당 38명, 새누리당 49명 등 국회의원 209명이 '박근혜 정부의 최순실 등 민간인에 의한 국정농단 의혹 사건 규명을 위한 특별검사 등의 임명에 관한 법률'안을 발의함.
2016.11.15.	청와대, 정국 수습 방안으로 박 대통령 퇴진을 고려하지 않고 있다고 입장 밝힘. 하야·퇴진이나 2선 후퇴는 물론이고 헌법이 정한 범위를 넘어서는 대통령의 거취결단은 불가하다는 입장이었음.

2016.11.15.	대전지역 86개 종교노동시민사회단체와 정당이 참여하여 '박근혜퇴진 대전운동본부' 결성. 총 61차례에 걸쳐 시국대회 및 촛불행동 진행함. 또 동네촛불을 총 103회 진행했음.
2016.11.15.	경기도 지역 내 42개 단체가 참여하여 '박근혜퇴진 경기운동본부' 발족함. 매 주말에는 광화문 촛불에 집중하고, 평일에는 도내 22개 시군 지역에 대응기구가 꾸려져서 지역별 촛불집회, 캠페인 등을 진행함.
2016.11.15.	전국농민회총연합(전농)에서 구성한 전봉준투쟁단, 〔농정파탄! 국정농단! 박근혜퇴진! 가자 청와대로! 농기계 투쟁출정식〕을 갖고 출발함. 이후 전봉준투쟁단은 동군과 서군으로 나눠, 경남 의령과 전남 강진에서 시작해서 전국을 돌면서 서울을 향해 가는 농기계 행진을 시작함.
2016.11.16.	검찰, 박근혜 대통령을 조사할 필요 있다고 하였으나, 청와대에서 거부함. 11월 4일에 했던 자신의 2차 담화 발표 내용을 스스로 뒤집음.
2016.11.16.	경남지역 100여 개 단체가 참여하여 '박근혜퇴진 경남운동본부' 결성. 총 19차에 걸쳐 경남시국대회를 진행하고, 총 13개 시군 지역에서 대책기구가 결성되어 활동하였으며, 모두 20여 개 시군 지역에서 촛불을 밝혔음.
2016.11.16.	충남 지역 120개 단체가 참여하여 '박근혜정권퇴진 충남비상국민행동' 결성. 충남도 내 6개 시군 지역에서 대책기구가 결성되어 활동하였고, 총 13개 시군 지역에서 촛불집회가 진행됨.
2016.11.16.	제주 지역 104개 단체가 참여하여 '박근혜정권퇴진 제주행동' 결성. 총 20차에 걸쳐 매주 집중촛불을 진행함.
2016.11.17.	야 3당 대표 회동, '대통령 퇴진을 공동 목표로 뜻을 모으고 범국민서명운동 전개, 검찰이 대통령을 피의자 신분으로 조사를 철저히 해야, 국정조사와 특검 추천에 적극 공조, 박근

혜 퇴진을 위해 시민사회와 협력' 등을 발표함.

2016.11.17. 국정농단 특검법이 국회 본회의를 통과, 두 야당이 각각 추천하는 2인의 특검 후보 중 1명을 특검으로 임명하는 내용. 12월 1일부터 특검 활동 개시. 2월 28일까지 수사 진행하는 내용임.

2016.11.17. 국회 본회의에서 '박근혜정부의 최순실 등 민간인에 의한 국정농단 의혹사건 진상 규명을 위한 국정조사 특별위원회' 구성을 결의함. 12월 6일 1차 청문회를 시작으로 1월 9일 7차 청문회까지 진행함.

2016.11.18. 퇴진행동에서 정치 대응 내부 워크숍을 진행함. 집회와 행진 등 대중투쟁을 확대하고 퇴진행동 강화, 독자성 유지하면서 야당과 연대 고민 필요하다고 종합됨. 박근혜정권 퇴진 기조 강력하게 유지하면서 탄핵 등 혼란을 주는 행동은 반대한다는 의견 제시됨. 또 현재 상황은 재벌 중심 자본주의, 병폐 누적의 결과라는 점, 새로운 비전 만드는 투쟁을 만들어가야 한다는 점이 확인되었음. 야당을 견인, 압박의 필요성은 모두 동의하였으나, 구체적 방안에 대해서는 야당과 하나의 기구를 구성하는 방안, 시국회의 등의 느슨한 형태로 구성하는 방안, 사안별 협력하는 방안 등이 있다고 의견이 모아졌고, 운영위에서 세부 논의 및 결정하기로 함. 광장을 강화하고 지역/부문/시민 조직 및 네트워크 강화가 필요하며, 퇴진행동의 주도성과 대표성을 구축하기로 함. 퇴진투쟁 과정에서 현안 과제의 해결을 함께 추진하되, 병렬적 나열이 아닌 직접적이고 긴밀한 연결이어야 한다고 조정함.

2016.11.18. 저녁 청계광장에서 광장촛불 콘서트 1차 '물러나SHOW' 진행함. 이후 매주 금요일에 콘서트 진행함.

2016.11.19. 서울행정법원, 청와대에서 약 400m 떨어진 통의동사거리와 정부청사 창성동 별관, 삼청동 세움 아트스페이스까지 행진

을 보장하는 가처분 결정을 내림. 단 일몰시간 이전까지의 행진만 보장함.

2016.11.19.	오후 3시, 영풍문고 앞에서 청소년 시국대회 'Save The Democracy'를 제4차 범국민행동의 사전대회로 진행함.
2016.11.19.	광화문광장에서 〔모이자! 광화문으로! 밝히자! 전국에서! 박근혜퇴진 4차 범국민행동〕 촛불집회 진행. 서울 60만 명 참가, 8개 방송차를 활용해 행진진행과 각 방송차마다 시민자유발언대를 운영함.
2016.11.19.	애초 제안된 바와 같이, '촛불집회의 전국화'가 이루어짐. 전국 방방곡곡 100여 개 지역에서 총 36만 명이 참석하여, 서울 60만 명과 지역 36만 명 총 96만 명이 참가함.
2016.11.19.	해외 12개국, 26개 도시에서 촛불집회 진행함.
2016.11.19.	오후 2시, 박사모 등 극우보수단체 회원들, 서울역에서 '헌법수호 위한 국민의 외침 집회' 개최함. 1만 7천 명 참가함.
2016. 11.15.-11.17.	박근혜 대통령 지지율, 3주 연속해서 5% 대로 추락한 여론조사 결과가 발표됨.
2016.11.20.	검찰, 중간 수사 결과 발표함. 최순실, 안종범, 정호성 등에 대해 구속기소 혐의를 밝히면서, 박근혜 대통령에 대해 "공모관계에 있는 것으로 판단한다"고 발표함. 특히 미르·K스포츠 재단은 '박근혜 기획, 최순실 실행' 수준으로 정리함.
2016.11.20.	낮, 야권의 잠재적 대권주자들 8인(김부겸, 문재인, 박원순, 심상정, 안철수, 안희정, 이재명, 천정배) 회동, '박근혜 대통령 퇴진 요구'와 함께 '정치권이 탄핵 절차에 들어가는' 2트랙 전략을 요구함. 또 새 총리 선출 필요성에 합의함.
2016.11.20.	새누리당 비상시국위원회 총회(국회의원 32명 참여), 야 3당과 공조하여 박근혜 대통령 탄핵소추를 성사시키겠다고 결의함. 또 박근혜 대통령이 퇴진에 동의하지 않으면 당 윤리위에 제소하여 제명시키겠다는 방침 발표함.

2016.11.20.	오후, 청와대 대변인, 검찰의 중간 수사 결과 발표내용이 "객관적인 증거는 무시한 채 상상과 추측을 거듭해서 지은 사상누각일 뿐"이라고 비판하면서, 차라리 헌법상 법률상 대통령의 책임 유무를 명확히 가릴 수 있는 합법적 절차에 따라서 논란을 매듭짓자"고 주장함. 탄핵하려면 탄핵해 보라는 일종의 역공을 취한 셈으로 해석되었음. 또 박근혜 변호인, "중립적인 특검의 엄격한 수사와 증거를 따지는 법정에서 허물어질 사상누각"이라고 주장함.
2016.11.21.	민주당 의원총회, 박근혜 대통령 탄핵을 추진하기로 만장일치로 결의함.
2016.11.22.	남경필 경기지사, 김용태 의원 등 새누리당 주요 정치인들 탈당함.
2016.11.22.	퇴진행동, 3차 운영위 열어 탄핵 추진에 대한 입장을 논의함. 논의 결과, "퇴진행동 기조가 '즉각 퇴진'임을 분명히 한다. 탄핵절차로 갈 때 박근혜 정권의 버티기 시간끌기와 다르지 않으며, 헌법재판소가 민의를 왜곡하여 탄핵소추를 인용하지 않을 위험성이 상당히 높다"는 점으로 정리하였음. "다만, 탄핵에 반대한다는 입장을 외부로 천명하지 않는다"로 입장을 정리함.
2016.11.22.	퇴진행동 3차 운영위에서 퇴진행동 정치적 대응 관련해서 이견이 있어서 장시간 격론 끝에, "퇴진행동 독자성 유지하며, 필요에 따라 사안별로 한시적으로 정치권과 협력한다. 조직발전 논의와 조응해 정치권 협력방안은 추후 모색한다"로 입장 정리함.
2016.11.22.	퇴진행동 3차 운영위에서 퇴진행동 내에 재벌개혁특위와 시민위원회를 구성하기로 함. 이후 시민위원회는 시민참여특별위원회로 발전해나감.
2016.11.22.	세종지역 39개 단체가 참여하여 '박근혜정권퇴진 세종비상

국민행동본부' 결성함. 총 18차에 걸쳐 '세종시민 촛불집회'
를 개최함.

2016.11.23. 　박근혜퇴진 광역지역 집행책임자와 서울의 퇴진행동 상임운
영위원들이 참여하는 퇴진행동 전국운영위원회 개최하여,
박근혜정권퇴진 비상국민행동 전국 조직을 결성하고 체계를
구축하는 논의를 하였음. 전국운영위원회 정례화하기로 하
고, 시군구 지역 조직은 광역 조직의 상황에 맞게 자율적으로
구축하기로 함. 또 "지역조직이 가입해 전국조직을 구성하는
1안을 기본으로 한다. 전국조직체계 구성을 위한 광역 단위
및 부문 대표단 회의를 빠른 시일 내에 소집하여 조직구성을
해 나간다. 그전까지는 퇴진행동의 의견과 사업 진행을 존중
하며, 광역 시도 단위에서 자율적 결정을 통해 투쟁하는 현행
방식으로 운영한다"로 정리됨.

2016.11.25. 　대구지역 86개 단체가 참여하여 '박근혜퇴진 대구비상행동'
결성. 이후 총 19차에 걸친 시국대회 진행함. 각 단체 주관으
로 매일촛불, 동네촛불을 진행함.

2016.11.25. 　서울행정법원, 청와대로부터 약 200m 지점인 청운효자동
주민센터 앞까지 등 총 4개 코스의 행진을 보장하는 내용으로
경찰의 행진금지통고 집행정지 결정을 내림. 행진 종료 장소
에서의 집회도 보장함.

2016.11.25. 　전농의 전봉준투쟁단, 경부고속도로 상행선 안성IC에서 경
찰과 대치 상황 벌어짐. 서울행정법원, 전농의 세종로소공원
까지의 농기계 행진 허용, 그리고 청운효자동 주민센터까지
행진을 허용함(다만 농기계 제외).

2016.11.26. 　새벽 전봉준투쟁단, 양재IC에서 경찰과 대치하던 중 28명
연행되고 3명이 부상당함.

2016.11.26. 　광화문광장에서 [모이자 광화문으로! 박근혜는 즉각 퇴진하
라! 최대집중 5차 범국민행동] 진행. 애초 중부권 이상 광화

문 집중하는 '최대집중 촛불대회'로 제안된 대로 광화문에 당시까지 사상 최대인 150만 인파가 집결함. 전국적으로 눈비가 내리고 기온이 급강하한 궂은 날씨에도 최대 촛불은 더욱 거세게 타올랐음. 또 이날 가두행진에는 횃불이 등장하여 말 그대로 횃불행진이 진행됨. 평화행진 마친 이후 광화문광장으로 돌아와서 시민자유발언대를 운영한 이후, 텐트 치고 노숙하는 1박 2일 밤샘 집회를 진행함.

2016.11.26.	부산 15만 명, 광주 7만 명, 대구 4만 명, 대전 4만 명 등 전국 각 지역에서 총 40여만 명이 촛불집회 참가하여, 서울 광화문 150만 명과 합쳐 전국적으로 190만 명이 참가하는 대규모 촛불이 진행됨.
2016.11.26.	해외 20개국 50여 개 지역에서도 현지 거류 교민들과 현지인들이 함께 촛불집회를 진행함.
2016.11.27.	전직 국회의장 등 이른바 정·관계 원로들 20여 명 회동, "대통령 4월까지 하야", "국회는 거국중립내각을 이끌 국무총리 추천하고 대통령은 국정 전반을 맡겨야", "제왕적 대통령제 개선할 개헌 추진해야" 등 발표함.
2016.11.28.	서청원, 윤상현 등 친박 핵심들이 모여서 '4월 퇴진, 6월 대선' 방안 구체적으로 검토함.
2016.11.29.	박근혜 대통령 3차 담화문 발표, "저는 제 대통령 임기 단축을 포함한 진퇴 문제를 국회의 결정에 맡기겠습니다. 여야 정치권이 논의하여 국정의 혼란과 공백을 최소화하고 안정되게 정권을 이양할 수 있는 방안을 만들어주시면 그 일정과 법절차에 따라 대통령직에서 물러나겠습니다."
2016.11.29.	국회, 특검 후보 2인 추천, 야당인 민주당과 국민의당에서 1인씩 추천.
2016.11.30.	극우 목사를 국민통합위원장에 임명, 경찰 고위직 인사 단행, 12월 1일 대구 서문시장 화재 현장 방문, 등 박근혜 대통령이

적극적 활동을 재개함.

2016.11.30.	박근혜 대통령, 국민의당이 추천한 박영수 특검을 임명함.
2016.11.30.	국회 '최순실 국정농단' 국정조사 시작됨.
2016.11.30.	민주당, 대통령에 대한 탄핵을 견고히 추진할 것임. 야 3당 대표 회동을 통해 야권공조 추진할 것임을 밝힘.
2016.11.30.	국민의당, 대통령의 '질서 있는 퇴진'을 촉구하였지만, 반면에 대통령 탄핵 추진에 대해 언급 없음.
2016.11.30.	퇴진행동 '재벌구속 특별위원회' 구성함.
2016.11.30.(수)	광화문광장에서 '민주노총 1차 총파업 및 시민불복종 촛불집회' 진행, 집회 후 청운효자동주민센터 앞 푸르메 재활센터까지 행진과 마무리 집회 진행함. 주로 민주노총 1차 총파업 노동자들과 서울대학 등 대학에서의 동맹 휴업 학생과 교수들, 노점상들과 중소 영세상인들이 참가함. 이날 모두 22만 명이 참가하는 민주노총 총파업이 진행되었는데 전국 각 지역에서 동시다발로 박근혜 정권 퇴진 총파업 집회가 개최되었음.
2016.12.1.	박영수 특검 출범.
2016.12.1.	새누리당 의총, '4월 하야, 6월 대선' 일정 관련 당론을 만장일치로 확정함.
2016.12.1.	국민의당, "준비된 탄핵발의로 박근혜 대통령을 퇴진시키자", "어설픈 탄핵발의야말로 탄핵 거부다"는 성명 발표함. 당장의 탄핵소추안 발의에 부정적 의견 발표함.
2016.12.1.	야 3당 공동으로 탄핵소추안 발의하는 방안 추진했으나, 이견이 확인되어서 결국 그날 발의는 무산됨.
2016.12.1.	퇴진행동, 전국대표자회의 개최, 박근혜의 3차 담화는 정치적 꼼수로 규정, '즉각 퇴진' 투쟁 기조를 더욱 유지·강화하기로 함, 12월 3일을 '박근혜 즉각 퇴진의 날'로 선포, 모든 역량을 총 집중하고, 12월 10일 대규모 범국민투쟁을 성사시키기

로 함. '박근혜 즉각 퇴진·구속과 새누리당 해체'를 주 기조로, '국정농단 정책폐기와 총리/장관 즉각 사퇴 등 박근혜 정권 적폐청산'을 부 기조로 범국민행동과제를 확정함. 또 '질서 있는 사퇴'와 '4월 퇴진, 6월 대선' 반대함. 그리고 '국회차원의 탄핵소추 불투명해진 상황 매우 유감'이고, 국회는 박근혜 즉각 퇴진을 위해 모든 수단을 다해야 하며, 이를 거부한 세력은 엄중한 국민적 심판을 받을 것임을 경고함. 또한 퇴진행동의 전국적 조직체계화를 통한 확대 강화가 필요함을 확인하고, 12월 중순 이후 충분한 논의공정을 거쳐 추진하기로 함.

2016.12.2.   민주당, 야 3당 공조로 탄핵추진 방침 천명, 새누리당 내 양심세력의 탄핵전선 복귀 촉구함.

2016.12.2.   새누리당 정진석 원내대표, '4월 사퇴, 6월대선' 방침 고수, 두 야당에 "거국중립내각 구성 협상에 나서달라" 촉구함.

2016.12.2.   전날(12월 1일) 야당대표 회동에서 탄핵발의 거부한 국민의당 의원들에게 항의하는 문자폭탄이 쏟아졌고, 특히 국민의당 박지원 위원장의 경우 단 하루 사이에 자신에게 2만여통의 항의 문자폭탄이 쏟아지자, 민심의 흐름에 깜짝 놀라서 전날의 입장을 선회해서 당장 탄핵소추안 발의하자고 다른 야당들에게 제안함.

2016.12.2.   서울행정법원, 청와대 앞 100m 지점까지 행진을 보장하는 내용으로 경찰의 행진금지통보를 대부분 집행정지하는 가처분 결정을 내림.

2016.12.3.   민주당, 국민의당, 정의당, 무소속 의원 171명 공동으로 '대통령 박근혜 탄핵소추안'이 발의됨.

2016.12.3.   퇴진행동, 국회에 인근한 새누리당 당사 앞에서 새누리당 규탄 집회를 사전행사로 진행한 이후, 광화문으로 이동해서 퇴진촛불 진행함.

2016.12.3.   광화문광장, [촛불의 선전포고! 박근혜 즉각 퇴진의 날, 6차

	범국민행동] 촛불집회가 진행됨. 광화문광장 참석인원 170만 명이 참가하는 한국 역사상 최대 규모의 집회가 진행됨. 집회 마친 후 청와대 인근 100m 지점까지 횃불행진을 앞세운 촛불행진이 진행됨.
2016.12.3.	부산 20만 명, 광주 10만 명, 대전 5만 명, 대구 2만 5천 명 등 전국 100여 곳에서 모두 62만 1천 명이 참가하였고, 서울 170만 명까지 합쳐서 전국적으로 합계 232만 명이라는 최대 규모로 촛불이 집결함.
2016.12.4.	새누리당 비주류인 새누리당 비상시국회의 총회, "여야 합의가 없을 경우 9일 탄핵 표결에 조건 없이 참여" 결정함. 새누리당 비상시국회의 소속 의원들 숫자가 29명이므로 탄핵 찬성하는 야당과 무소속 의원들 숫자 272명까지 합치면 탄핵소추 가결 정족수인 200표를 넘어서게 됨. 또 새누리당 비상시국회의는 야 3당에 탄핵소추안에서 '박근혜 7시간 행적' 부분을 제외해달라고 요구함. 최순실 국정농단과 무관하고 정치적으로 민감한 세월호 관련 부분을 빼야 여당 찬성표를 더 많이 끌어올 수 있다는 명분이었음.
2016.12.5.부터	민주당 의원들 국회 본관 로텐더홀에서 탄핵 표결이 있는 12월 9일까지 '릴레이 탄핵버스터'를 진행하기 시작하였고, 다른 야당들도 국회 내에서 각각 농성을 이어나감.
2016.12.5.	퇴진행동, 시민참여 특별위원회 구성함.
2016.12.6.-12.8.	여론조사 결과, 탄핵 찬성 81%, 반대 14% 나옴.
2016.12.6.	새누리당 이정현 대표와 정진석 원내대표, 박근혜 대통령 면담, 면담 내용으로 "대통령은 탄핵소추 절차를 밟아서 가결이 되더라도 헌법재판소 과정을 보면서 국가와 국민을 위해 차분하고 담담하게 갈 각오가 되어 있다고 말씀하셨습니다. 저는 현실적으로 '4월 사퇴 6월 대선' 당론이 유지되기 어려운 국면이어서, 9일 탄핵 절차는 헌법이 정한 절차대로 따를 수

밖에 없고 자유의사에 의한 표결에 임하겠다는 말씀을 드렸다"고 의총에서 설명함.

2016.12.6.   국회 국정농단 국정조사 1차 청문회 진행, 재벌 총수들 청문회에 증인으로 출석하여, 기억이 나지 않는다거나 의사 결정에 관여하지 않았다는 식으로 답변함.

2016.12.6.   퇴진행동, 적폐청산특별위원회 구성함.

2016.12.7.   야 3당, 국회 본관 앞에서 '박근혜 대통령 탄핵을 위한 야 3당 결의대회'를 개최함.

2016.12.7.   국정조사 2차 청문회, 세월호 참사 당일 박 대통령의 행적, 최순실 등의 문화예술체육계 비리 의혹 등 증인 심문.

2016.12.8.   대통령 탄핵소추안 국회 본회의 보고.

2016.12.8.   이정현 새누리당 대표의 기자간담회, "탄핵이 부결되어도 '4월 사퇴 6월 대선'은 이행되어야 한다"고 언급, 찬성표 던지지 말아달라는 분위기 조성용.

2016.12.8.   오전부터 탄핵소추안 표결이 있는 12월 9일까지 퇴진행동, 국회 에워싸기 행사인〔모입시다, 여의도! 촛불의 힘을 보여주세요!〕를 진행함. "8일과 9일 여의도에서 만납시다"며 많은 촛불시민이 여의도 국회 앞으로 집결함. 12월 8일(목) 저녁 국회 앞〔박근혜 즉각 퇴진, 응답하라 국회 1차 비상국민행동〕에는 5천여 명이 집결.

2016.12.9.   국회 본회의에서 탄핵소추안 가결됨. 찬성 234명, 반대 56명, 기권 7명, 불참 1명으로 압도적 다수로 가결됨. 당시 집권 여당이던 새누리당 소속 의원 중 62명 이상이 탄핵 찬성투표를 하였음. 박근혜 대통령 권한이 정지되고, 황교안 국무총리가 대통령권한대행 역할을 맡음.

2016.12.9.   낮부터 진행된〔박근혜 즉각 퇴진, 응답하라 국회 2차 비상국민행동〕에도 1만 명이 넘는 시민이 집결하였음. 국회 앞에 집결한 시민들은 대형 영상을 통해 생중계로 탄핵안 가결

상황이 확인되자 모두 벅찬 기쁨을 표출하며 환호성을 질렀다. "국민이 승리했다!"고 소리높이 외쳤다. 세월호 유가족들이 맨 앞자리에 있었고, 또 당시 한강 이남에서 발이 묶여 있었던 '전봉준투쟁단'의 트랙터 중 2대가 국회 앞까지 진출하여, 시민들과 함께 탄핵소추안 가결에 환영함.

퇴진촛불항쟁의 지속 시기: 제3단계

2016.12.9.
74일간 파업했던 철도노조 현장 복귀함. "철도노조의 74일 파업과 현장투쟁으로 전환에 붙여"라는 성명 발표함.

2016.12.9.
박근혜 대통령, 탄핵소추안 가결 직후 열린 국무위원 간담회에서, "피눈물이 난다는 게 어떤 의미인지 알겠다"라는 취지로 발언하였다고 함. "앞으로 헌법과 법률이 정하는 절차에 따라 헌재의 탄핵 심판과 특검 수사에 차분하고 담담한 마음가짐으로 대응해 나갈 것"임을 밝혔다고 함. 즉각적 퇴진은 없을 것임을 밝힌 셈임.

2019.12.9.
새누리당 비박계 의원들, '국가변혁을 위한 개헌추진회의' 출범. 개헌을 고리로 한 정계 개편 촉발 의도로 해석되었음.

2016.12.10.
사전에 미리 설정된〔안 나오면 쳐들어간다. 12.10 박근혜 정권 끝장내는 날 7차 범국민행동〕은 "모두 수고했습니다. 우리의 승리입니다. 이제부터 시작입니다. 끝까지 함께합시다"의 분위기로 폭죽을 터뜨리며 자축하면서, 박근혜 즉각 퇴진과 구속, 부역자들과 공범도 청산해야 한다는 대중의 요구가 폭발하였음. 이날 서울에서의 행진은 청와대 쪽뿐 아니라 헌법재판소 쪽으로도 행진하여 탄핵 인용을 촉구하였음. 이날 촛불에 광화문광장에 80여만 명, 각 지역에서 204,300명이 참가하여 전국적으로 모두 104만여 명이 참가한 것으로 집계됨.

2016년 12월 중순	(탄핵소추 의결 이후 정치권) 여·야·정 협의체 구성이나 개헌논의 등에 관심을 가지면서, 또 야당들은 황교안 총리 등 내각 총사퇴 주장을 사실상 접고, 황교안 대행 체제 인정하는 모양으로 흘러감.
2016.12.11.	교육부 관계자, "23일까지 수렴한 국민 여론을 토대로 역사 국정교과서 현장 적용 방안을 결정한다는 기존 입장에 변함이 없다"고 함.
2016.12.12.	7개 시중 은행, 긴급 이사회를 기습 소집하여 성과연봉제 도입을 결정함.
2016.12.12.	서울고법, 한상균 민주노총 위원장에게 징역 3년과 벌금 50만 원 선고함.
2016.12.13.	새누리당 주류인 친박계 52명, '혁신과 보수연합' 결성.
2016.12.13.	퇴진행동 운영위원회, 박근혜 즉각 퇴진 촉구, 황교안 및 장관 퇴진 촉구 기조, 헌재 조기 탄핵 촉구, 개헌 논의 경계, 특검에 대한 국민적 감시 적극화 등의 사업 기조를 정리하고, 조직 강화 방안 논의하여 복수 안으로 대표자회의에 붙이기로 함. 적폐청산 사업방안 논의함.
2016.12.13.	민주노총과 한국노총 공동주최, '박근혜 적폐 노동개악 폐기 및 부역자 청산 촉구 기자회견'이 열림.
2016.12.14.	국정조사 3차 청문회, 세월호 참사 당일 박 대통령의 행적과 또 비선 진료에 대한 증인 심문. 기억이 안 난다거나 거짓 답변에 대한 적절한 응징이 안 되는 등 지루한 청문 절차에 성과가 별로 가시화되지 않았음.
2016.12.14.	퇴진행동, 전국대표자회의 개최, 탄핵소추안 가결 이후 기조 논의함. 조직강화방안 제출되었으나 제출된 복수 안 모두 부결되고, 차기 회의에서 단일 안으로 제출하여 재논의하고 의결하기로 함. 시민토론 활성화 제안함.

2016.12.15.	국정조사 4차 청문회, 정윤회 문건 관련, 정유라 관련 이대 학사비리, K스포츠재단 등 문체부 농단 관련 증인 심문.
2016.12.16.	새누리당 원내대표로 친박계의 지원을 받은 정우택 의원이 선출됨. 55표를 얻은 나경원 의원보다 많은 62표를 획득하여 당선됨. 새누리당의 친박계가 내부 경쟁에서 승리하여, 박근혜 측근인 적폐세력이 당분간 계속 버틸 수 있는 구조를 확보한 셈이 되었음.
2016.12.16.	박근혜 측, "탄핵 이유가 없다"고 헌재에 답변서 제출함.
2016.12.17.	[끝까지 간다! 박근혜 즉각 퇴진! 공범처벌 적폐청산 행동의 날 8차 범국민행동] 촛불집회 진행됨. 광화문광장에 65만 명, 지역에 122,500명, 전국적으로 77만여 명이 촛불집회에 참가함. 집회 종료 후 청와대, 총리공관, 헌법재판소 세 방면으로 촛불행진 진행함.
2016.12.17.	50여 개 보수단체로 구성된 '대통령 탄핵기각을 위한 국민총궐기운동본부'(탄기국) 주최로 헌법재판소 인근 지역인 안국역 일대에서 탄핵 반대 집회를 개최함.
2016.12.18.	퇴진행동, 2차 내부 워크숍 개최, 퇴진행동 전망 및 전략 논의, 대안과 광장 정치세력화, 대중참여 방안, 적폐청산 방안 논의함.
2016.12.20.	퇴진행동 대표단, 민주당 추미애 대표를 방문하여 '황교안 인정 못 한다, 여·야·정 협의체 추진 중단, 개헌특위 안 된다, 6대 긴급현안 연내 해결' 등을 요구함.
2016.12.21.	박영수 특검 현판식, 본격적인 국정농단 수사에 돌입함. 정유라에 대한 체포영장, 국민연금공단과 보건복지부 등 10여 곳 압수수색, 이재용, 최태원 등 재벌 총수들 출국금지 조치 취함.
2016.12.22.	국정조사 5차 청문회, 우병우 전 수석, 조여옥 전 청와대경호실 간호장교, 정동춘, 박헌영, 노승일 등 출석시켜 증인 심문.

2016.12.22.	'도로 박근혜'는 촛불민심이 아니다. 박근혜와 함께 청산되어야 할 6대 긴급 현안 연내 해결 촉구 국회 토론회 개최함.
2016.12.22.	퇴진행동, 전국대표자회의 개최, 조직강화 방안으로 현행 운영위 체계에서 전국운영위 통한 소통체계 강화, 전국대표자회의 보완 통한 공동대표단 구성 등을 결의함. 퇴진행동 내에 '국정농단 정책, 나쁜 정책 폐기 등 적폐청산 특별위원회'를 구성함. 또 '세월호 진상 규명, 백남기 특검, 성과퇴출제 저지, 국정역사교과서 중단, 언론장악금지법 제정, 사드 배치 중단' 투쟁을 6대 긴급현안 투쟁으로 정리함.
2016.12.23.	새누리당 비대위원장으로 인명진 목사를 선정함. 혁명적 수준의 새누리당 혁신을 위해 모신다고 하였으나, 그러나 얼마 안 가서 친박계에 의해 무력화됨.
2016.12.23.	퇴진행동, 헌법재판소 앞에서 '박근혜#조기탄핵#헌재는 답하라! 퇴진행동 기자회견'을 진행함.
2016.12.24.	퇴진촛불 사전행사로 6대 긴급 현안 연내 해결 촉구 토크콘서트 진행함.
2016.12.24.	〔끝까지 간다! 박근혜 즉각퇴진! 조기탄핵! 적폐청산! 하야 크리스마스 9차 범국민행동〕촛불집회, 영하의 매서운 추위에도 불구하고 광화문 60만 명, 지역 10만 명, 합계 전국 70만 명의 촛불시민이 참가하였음. 촛불집회 도중에 "어둠은 빛을 이기지 못한다"라는 의미의 '1분 소등' 행사 시작함. 이후 1분 소등과 점등 행사는 퇴진촛불이 진행되는 내내 계속 진행되었음. 청와대, 총리공관, 헌법재판소 등 세 방면으로 행진 후 광화문으로 돌아와서 '하야 크리스마스 콘서트' 진행함.
2016.12.24.	오후 2시, 극우 보수단체들, 서울역과 청계광장 등에서 탄핵 반대 집회 진행함. 이후 매 주말마다 낮 시간에 탄핵 반대 집회를 진행함(퇴진행동 촛불은 저녁 시간대에 진행함).
2016.12.26.	국정조사 6차 청문회, 구치소 현장조사 방식 청문회, 최순실,

	정호성, 안종범 등 증인에 대한 면담심문 진행함.
2016.12.27.	새누리당 비주류 국회의원 30여 명, 새누리당 집단 탈당하여 개혁보수신당을 창당함. 이후 바른정당으로 대선에 임함.
2016.12.28.	'장애인과 가난한 사람들이 함께 하는 세상, 장애등급제·부양의무제 폐지를 위한 촛불'이 광화문광장에서 진행됨.
2016.12.29.	황교안 권한대행, 기자간담회에서 주요현안에 대한 입장 밝힘. 사드 배치, 한일위안부협상을 기존 계획대로 추진하겠다고 함. 국정교과서도 박근혜 대통령의 생각과 동일하게 "왜곡과 편향이 없는 올바른 역사교과서를 배우게 하는 게 바람직하다"면서 "현장 적용 방안이 잘 정착이 되길 기대한다"고 말했음. 또 경제관계장관회의에서는 "그간 정부가 추진해온 노동시장 유연화 등 필수적인 과제도 흔들림 없이 추진해야 한다"고 발언함. 그리고 야당의 반대에도 불구하고 인사권 행사도 적극적으로 행사하겠다는 의지를 보였다고 함.
2016.12.29.	황교안 대통령권한대행, 기자간담회에서 "박근혜 대통령이 추진해왔던 정책은 '일관성 있게' 이어가겠다"며 "흔들림 없는 국정운영"을 강조함.
2016.12.29.	'박근혜 정권의 언론장악과 적폐 청산을 위한 촛불문화제'가 광화문광장에서 진행됨.
2016.12.30.	'박근혜 정권 시기의 열사·희생자를 기억하는 문화제, 그리고 행진'이 진행됨.
2016.12.31.	〔박근혜 즉각퇴진! 조기탄핵! 적폐청산! 송박영신 10차 범국민행동〕촛불집회가 광화문광장에서 진행됨. 광화문 100만 명, 지역 104,000명, 전국 합계 110만여 명이 참가하여 누적 촛불 1,000만 명을 돌파하는 날이 되었음. '하야의 종' 타종 행사를 마친 후, 청와대, 총리공관, 헌법재판소 방면으로 행진하였고, 이후 보신각사거리에 열리는 제야의종 타종 행사에 참여함.

2017.1.1.	박근혜 대통령, 청와대 출입기자들과 신년간담회 개최. 박근혜 대통령은 모든 의혹 전면적으로 부인함. "순수한 의도"만 강조하고 "개인적 이익은 없었다" "삼성 도와주라 지시한 적 없다"는 식으로 강한 부인으로 일관했음. 기자들은 '받아쓰기' 즉 대통령이 부르는 대로 받아쓰기만 하여 그대로 보도하였고, "저 말이 맞는 말인지?" "왜? 그런 일이 발생한 것인지?" 또는 "어떤 문제점이 있는지?" 등을 전혀 질문하지 않았기 때문에 여론의 거센 비판을 받았음.
2017.1.2.	정유라, 덴마크 현지에서 체포됨.
2017.1.3.	헌법재판소 탄핵심판의 공개변론 시작함. 피청구인인 박 대통령 측 대리인, 기록이 방대하다면서 신속한 절차 진행을 반대함. 박한철 헌재 소장은 신년사에서 탄핵심판을 신속하고 공정하게 끝내겠다고 발표함.
2016.1.5.	탄핵심판 2차 변론에서 피청구인 측인 박 대통령 대리인이 북한 언론이 촛불집회를 극찬했다면서 색깔론을 적극 제기함.
2016.1.5.	법원에서 최순실, 안종범, 정호성에 대한 형사재판이 시작됨.
2017.1.7.	정원 스님 광화문 열린시민공원 인근에서 박근혜 퇴진을 요구하며 소신공양, 1월 9일 입적, 퇴진행동과 범불교도시국회의가 공동으로 '민주 정의 평화의 수행자 정원 스님 시민사회장'을 모시기로 하고 1월 14일 영결식 진행함.
2017.1.7.	〔박근혜는 내려오고 세월호는 올라오라! 세월호 참사 1,000일, 박근혜 퇴진! 황교안 사퇴! 적폐청산! 11차 범국민행동〕광화문광장에 60만 명, 지역 43,880명, 전국적으로 64만여 명 참가함.
2017.1.8.	아베 일본 총리, 박근혜 정권이 '위안부합의' 당시 약속한 사항을 지키라면서 소녀상 문제 해결할 것을 요구함.
2017.1.9.	1월 임시국회 개회함. 야당인 민주당과 국민의당 모두 개혁 입법 추진을 천명함. 그러나 실제로는 말뿐이었음.

2017.1.9.	국정조사 7차 청문회, 조윤선 문체부장관 등을 출석시켜 문화계 블랙리스트 관련 의혹과 최순실 등에 대한 삼성의 지원 의혹 등에 대한 증인 심문.
2017.1.10.	특검, '제2의 최순실 태블릿PC' 확보를 발표함.
2017.1.11.	퇴진행동 전국대표자회의, 핵심 요구와 8대 대응기조를 정리함. 조기 탄핵, 특검 대응, 적폐청산 사업 등을 추진하기로 함. 퇴진행동 공동대표를 '상임위 단체 대표, 광역 단위 대표, 대표자회의 추천 대표'로 구성하기로 결정함.
2016.1.12.	퇴진행동, 국회에서 토론회〔촛불의 명령 ― 세월호·백남기·성과퇴출제·사드·언론장악·역사교과서 해결하라〕개최함.
2017.1.12.	반기문 전 유엔 사무총장 귀국, 사실상 대선 출마 의도로 광폭 행보를 보임, 개헌을 매개로 보수 정치세력이 모이는 빅텐트를 시도함. 그러나 21일 만인 2월 1일 대선 불출마 선언함.
2017.1.14.	〔박근혜 즉각퇴진! 조기탄핵! 공작정치 주범 및 재벌총수 구속! 12차 범국민행동〕영하 13도의 강추위에도 광화문광장에 13만 명이나 참가하였음. 지역에서 16,700명, 전국적으로 총 14만여 명이 참가함. 집회 후 청와대, 국무총리 공관, 헌법재판소, 재벌대기업 본사들로 향하는 촛불행진을 함.
2017.1.18.	퇴진행동 전국운영위, 2월까지의 대응계획과 공동대표단 구성 인선 논의함.
2017.1.19.	서울중앙지법 영장전담판사, 특검이 청구한 이재용 삼성부회장에 대한 구속영장을 기각함.
2017.1.20.	이재용 구속영장 기각을 규탄하는 변호사, 법학 교수, 노무사 등 법률가들이 서울중앙지법 앞에서 노숙 농성을 시작함. 설 연휴를 관통하여 2월 5일까지 혹한의 날씨에도 노숙농성을 계속함.
2017.1.21.	서울중앙지법, 특검이 청구한 김기춘 전 대통령비서실장, 조윤선 문화체육관광부 장관에 대한 구속영장 발부함. 문화예

술계 인사들에 대한 블랙리스트 작성·관리 혐의임.

2017.1.21.　　〔내려와 박근혜! 바꾸자 헬조선! 설맞이촛불 13차 범국민행동〕 함박눈과 혹한이 엄습한 상태에서도, 또 설날을 앞둔 시점에서도 광화문광장에 32만 명, 지역에 33,400명, 전국으로 총 36만여 명이 촛불집회에 참가하였음. 이재용 삼성부회장 구속영장 기각으로 시민들의 분노 높아짐, 촛불집회 이후 청와대, 헌법재판소, 재벌대기업 본사들 방향, 세 방면으로 촛불행진을 함.

2017.1.25.　　탄핵심판 9차 변론기일, 재판장인 박한철 헌재소장, 이정미 재판관의 임기 종료일인 3월 13일 이전에 탄핵심판 최종 결정이 내려져야 한다는 입장 표명함.

2017.1.25.　　박근혜, 정규재TV와 인터뷰, "최순실 게이트는 거짓말을 쌓아 올린 산"이라며 억울함을 호소함.

2017.1.26.　　퇴진행동, '박근혜 정권 적폐 청산을 위한 30대 우선 개혁 과제' 발표 기자회견을 진행함.

2017.1.31.　　박한철 헌재 소장 퇴임. 이정미 재판관, 헌재 소장 권한대행을 맡음. 헌재 재판관 정원 9인에서 1인이 퇴임하고 후임이 선임되지 않았으므로 재판관 8인으로 진행됨. 재판관 6인 이상이 찬성해야 탄핵과 파면결정이 내려질 수 있음.

2017.2.1.　　퇴진행동 전국운영위, 2월 사업계획 논의에서 2월 탄핵 강조와 정치권에 대한 경고 메시지 내기로 함. 100대 개혁과제 공론화 계획 논의함.

2017.2.2.　　안희정 충남도지사, 여야 공동정부 구성하자는 대연정 주장함. 적폐세력과의 공동정부를 주장하는 것 아니냐는 비판이 있었음.

2017.2.3.　　특검, 청와대 압수수색 시도함. 그러나 청와대 측의 거부로 압수수색 진행하지 못함.

2017.2.4.　　퇴진촛불 사전행사로 서울중앙지법 앞에서 노숙농성 중인

	법률가들과 함께 이재용 구속 촉구 집회를 진행하고 강남역 인근에 있는 삼성 본관까지 행진한 후 광화문 촛불에 합류함.
2017.2.4.	〔박근혜 2월 탄핵! 황교안 사퇴! 공범세력 구속! 촛불개혁 실현! 14차 범국민행동〕 "2월에는 탄핵하라!" 설 연휴 이후 첫 촛불집회 진행함. 광화문광장에 40만 명, 지역 60여 곳에 33,400명, 전국에서 총 43만여 명이 참가하였음. 집회 후 청와대, 총리공관, 헌재, 3방면으로 행진함. 또 퇴진행동은 촛불집회 무대에서, 대선 준비에 몰입하면서 퇴진촛불 참석을 게을리하는 민주당 등 야당 세력에 대한 경고와 또 촛불개혁 과제가 제대로 추진되지 않는 상황에 대한 강력한 경고 메시지를 발표함.
2017.2.5.	촛불 100일을 맞아 퇴진행동은 "100일 촛불은 우리 사회를 바꾸었습니다"는 입장 발표함.
2017년 2월 초	국군기무사 등에서 비상계엄령 발령 등을 검토하고 실제 계엄령 준비까지 하였다는 사실이 촛불항쟁 승리 후 출범한 촛불정부에서 밝혀짐. 당시 '전시계엄 및 합수업무 수행방안'과 '세부 자료'와 야당 국회의원 검거계획 등이 국방부장관과 청와대 안보실장 등에게도 보고되었다는 정황도 있었으나, 퇴진촛불 당시 기무사령관이었던 조현천이 미국으로 도피한 것을 구실로 윗선 등으로의 후속 수사는 중단된 상태임. 당시 계엄선포를 통한 친위쿠데타 음모 발각을 계기로 국군기무사는 2018년 8월 해편되고 인원도 30% 감축하여 군사안보지원사령부가 출범됨.
2017.2.9.	퇴진행동 전국대표자회의, 6대 현안, 30대 우선개혁과제, 100대 개혁과제 채택, 적폐청산사업 논의, 자문단 구성 논의, 2월 25일 전국집중 결의문 채택, "탄핵 즉각 인용! 특검연장! 2월 총집중으로 박근혜 없는 봄을 만듭시다"는 호소문 발표함.
2017.2.11.	퇴진촛불의 사전행사로 막바지 심리가 진행되고 있는 헌재

앞에서 〔박근혜 탄핵촉구 시민대회〕가 개최됨. 국정농단 공범인 재벌총수 구속을 촉구하는 1박 2일 대행진이 시작되어, 법원과 강남역 삼성 본관을 거친 후 다음 날에는 국회 앞에서 광화문까지 행진함.

2017.2.11.   〔박근혜 황교안 즉각퇴진! 신속탄핵을 위한 15차 범국민행동의 날〕"천만 촛불 명령이다. 2월 탄핵! 특검 연장!" 광화문 광장에 75만 명, 지역에 56,000명, 전국적으로 총 80만여 명이 참가함. 퇴진행동의 경고 덕분인지 야당 세력들도 촛불집회 참석에 성의를 보이기 시작함. 정월대보름 날이어서 '박근혜 퇴진!' 라이트벌룬을 무대 뒤에서 띄워 올렸고, 집회 이후 1차 행진은 청와대 방면으로 3갈래로 포위하는 행진을 하고, 2차 행진은 헌법재판소 2월 탄핵 촉구행진을 진행함.

2016.2.13.   새누리당, 자유한국당으로 개명함.

2017.2.15.   퇴진행동 전국운영위, 3·1절 퇴진행동 집회 개최 결정함. 2월 탄핵을 위한 48시간 집중행동, 재벌 총수 구속사업 논의함. 관제시위 관련 대응 시작함.

2017.2.17.-2.18.   서울중앙지법 앞에서 이재용 구속을 촉구하는 1박 2일 농성을 진행함.

2017.2.17.   서울중앙지법, 삼성부회장 이재용에 대한 구속영장 실질심사를 진행함. 이재용 구속됨.

2016.2.18.   장충체육관에서 〔촛불권리선언 시민대토론회〕 '2017 대한민국 꽃길을 부탁해' 진행함. 11개 분야별 개혁의 구체적인 방안을 토론, 결과는 성안위원회 논의를 거쳐 3월 11일 발표함.

2017.2.18.   〔박근혜 황교안 즉각 퇴진! 특검 연장! 공범자 구속을 위한 16차 범국민행동〕"탄핵 지연 어림없다!" 갑자기 기온이 급강하한 상태에서도 광화문에 80만 명, 지역에 45,000명 전국적으로 총 85만여 명이 참가함. 촛불집회는 소등·점등 퍼포먼스와 "어둠은 빛을 이길 수 없다"는 노래와 함께 박근혜 즉각

퇴진을 요구하는 80만이 함께하는 '레드카드 퍼포먼스'로 마친 후, 청와대, 헌법재판소, 재벌 본사 등 세 방면 6개 코스로 촛불행진 진행함.

2017.2.23. 〔박근혜 퇴진 48시간 비상행동〕 시작함. 촛불시민의 힘으로 특검 연장을 관철하자는 취지로, 전국 100군데에서 선전전과 캠페인, 2월 24~25일 강남 및 도심 지역에서 1박 2일 대행진 진행함.

2017.2.25. 퇴진행동 전국대표자회의, '새 특검법처리, 황교안 탄핵, 개혁입법, 적폐청산 요구' 등 국회 압박 사업을 논의함.

2017.2.25. 민중총궐기투쟁본부, 광화문광장에서 〔박근혜 4년, 너희들은 끝났다〕 민중총궐기대회를 진행함. 민중총궐기대회의 사전대회로 교사 공무원 건설 노동자들의 집회와 빈민대회, 농민대회가 진행되었음. 민중총궐기대회 마친 후 퇴진촛불에 참가함.

2017.2.25. 〔박근혜 4년, 이제는 끝내자! 2.25. 전국집중 17차 범국민행동의 날〕 "박근혜 탄핵·구속! 특검연장!" 광화문광장에서 100만 명, 지역에서 78,130명, 전국적으로 총 108만여 명이 참가하여, 새해 들어서 최대 규모 집회로 진행됨. 집회 후 청와대, 헌법재판소, 도심 행진 등 6개 코스로 촛불행진을 진행함.

1월 말-2월 중하순 박근혜 대통령 측에서 노골적인 탄핵심판 지연 전술을 입체적으로 구사하였음. 1월 25일 무더기 증인 신청한 증인이 모두 받아들이지 않으면 '중대 결심'하겠다거나, 또 박근혜 대리인 전원 사퇴 불사를 압박하기도 하고, 핵심 증인이지만 그 사이 잠행하고 있던 박근혜 최측근인 이재만, 안봉근 비서관 증인출석하겠다는 것도 흘리면서 추가 심판 일정을 잡아야 된다는 분위기 조성뿐 아니라, 박근혜가 심판정 직접 출석할 테니 일정을 3월 초로 조정해달라는 요청을 하기도 하였음. 그러나 우여곡절 끝에 3월 13일의 이정미 재판관 임기 종료 전 탄핵심판 선고 쪽으로 가닥이 잡혀 나감.

2017.2.27. 헌법재판소, 탄핵심판청구 사건의 변론을 종결함.

2017.2.28. 박영수 특검, 수사 종료함. 황교안 권한대행의 수사 기간 연장 거부로 말미암아 서둘러 수사 종료한 것임. 17명 추가 기소함. 이로써 모두 30명을 기소한 것임.

2017.3.1. 퇴진행동 전국운영위, 황교안 퇴진, 새 특검법 처리 등 투쟁 기조 예각화 방안 등 논의를 진행함.

2017.3.1. 3·1절을 맞아〔박근혜 구속 만세! 탄핵인용 만세! 3·1절 맞이 박근혜퇴진 18차 범국민행동의 날〕특별촛불을 진행함. 광화문광장에 30만 명이 참가함. 주말이 아닌 공휴일(수요일)에 촛불집회가 진행된 것은, 비폭력 항쟁인 3·1운동을 계승한다는 점도 있지만, 당시 극우 보수단체가 탄핵선고 지연 분위기 조성 등을 위한 집중집회로 예고한 탄핵반대집회에 대한 예비적 대응책의 의미도 있었음. 특히 촛불집회에서 한·일 위안부합의 폐기와 한·일 군사정보보호협정 폐기를 강조함.

2017.3.1. 탄기국, 애국단체총협의회, 한국기독교총연합회 등 극우 보수단체들이 광화문 일대에서 제각각 박근혜 탄핵반대 집회 진행함. 광화문광장 북쪽 세종로소공원에서 광화문사거리 인근의 동화면세점 앞까지 진행되었는데, 관광버스를 대규모로 동원해서 지역에서 실어 날랐다고 함.

2017.3.4. 〔헌재 탄핵인용! 박근혜 구속! 황교안 퇴진! 제19차 범국민행동〕"박근혜 없는 3월, 그래야 봄이다." 광화문광장에 95만 명, 지역에서 100,890명, 전국적으로 총 105만여 명이 촛불집회에 참가함. 촛불집회 후 청와대, 총리공관, 헌법재판소 방면으로 촛불행진을 진행함.

2017.3.6. 퇴진행동 진로논의 워크숍, 퇴진행동 지속 여부에 대한 토론

	진행함. 해소, 전환, 유지 등으로 의견 차이 확인하고, 향후 협의 및 결정 위한 일정 논의함.
2017.3.6.	특검, 국정농단 사건 최종 수사 결과 발표함. 박근혜 혐의는 검찰에서 넘어온 8가지 혐의 내용에 5가지 혐의를 추가하여 총 13가지 혐의가 되었다고 발표함.
2017.3.6.	KBS, MBC 등 공영방송은 그날의 북한 미사일 발사 뉴스로 온통 도배질 하다시피 하면서, 특검의 최종 수사 결과 발표는 2~3꼭지 보도하는 데 그쳤고, 대신 특검 수사 결과를 반박하는 박 대통령의 입장은 6~7꼭지로 구구절절 보도하는 극히 편향적 보도 태도를 보임.
2017.3.7.	미군, 오산기지에 사드 포대 2기를 전개함.
2017.3.8.	헌법재판소, 3월 10일 11시 정시를 박근혜 대통령 탄핵심판 선고일로 지정함.
2017.3.10.	헌법재판소, 박근혜 대통령 탄핵심판청구 인용함. 헌법재판관 8인의 전원 일치된 의견으로 대통령 파면을 선고함. '사인의 국정 개입 허용과 대통령 권한 남용 사유'를 인정하고, "피청구인(박근혜)의 헌법과 법률 위배 행위는 국민의 신임을 배반한 행위로서 헌법 수호의 관점에서 용납될 수 없는 중대한 법 위반 행위"라며 "피청구인을 파면함으로써 얻는 헌법수호의 이익이 대통령 파면에 따르는 국가적 손실을 압도할 정도로 크다"라고 심판함.
2017.3.10.	헌재의 탄핵선고 시점에 안국동로터리에서 종로경찰서 쪽 방향으로 퇴진행동의 집회가 열렸음. 탄핵선고가 나자 참석자 모두 부둥켜안고 감격했음.
2017.3.10.	헌재의 탄핵선고 시점에 안국동로터리에서 창덕궁 쪽 방향으로 탄기국 등의 탄핵반대 집회가 열렸는데, 여기서 집회장의 스피커가 떨어져서 참석자가 사망하는 사고가 발생함.

퇴진촛불항쟁 마무리 시기: 제4단계

2017.3.10.	퇴진행동 전국대표자회의. 탄핵 선고 직후 개최됨. 3/11촛불 기획을 논의함. 퇴진행동 진로모색 논의하여 해산 쪽으로 가닥을 잡음. 촛불권리선언, 사드 투쟁 계획 등을 논의함.
2017.3.11.	'2017촛불권리선언문'과 '100대 촛불개혁과제' 발표함.
2017.3.11.	[모이자 광화문으로! 촛불승리를 위한 20차 범국민행동] "촛불과 함께 한 모든 날들이 좋았다." 광화문광장에 65만 명, 지역에 58,160명 전국적으로 70만여 명이 참가하여, "국민이 승리했다"고 자축하며 '박근혜 없는 첫 주말'을 기쁜 마음으로 즐겼음. 집회 이후 '박근혜가 남아 있는 청와대/황교안 권한대행이 있는 총리공관/도심으로의 축하 행진', 세 방면으로 촛불행진을 진행함.
2017.3.12.	저녁 7시, 박근혜 전 대통령, 청와대에서 퇴거하여 사저로 돌아감(촛불정부가 출범한 뒤 밝혀진 친위쿠데타 음모와 연동해서 박근혜의 청와대에서의 퇴거 지연 사유를 해석하는 견해도 생겼음).
2017.3.15.	황교안 대통령권한대행, 19대 대통령 선거일을 5월 9일로 확정함.
2017.3.15.	퇴진행동 전국운영위, 조직적 정리 등 이후 과제 협의함. 공범자 처벌, 박근혜 구속 대응, 사드 저지 투쟁, 3월 임시국회 대응 등 논의함.
2017.3.17.	퇴진행동이 촛불집회를 진행하느라고 1억 원의 빚이 있다는 소식을 들은 시민들 수만 명이 모금에 참가하여 불과 2~3일 만에 후원금이 엄청난 속도로 쇄도하여 바로 계좌를 폐쇄했는데도 총 12억 원의 후원금이 모임. 이날 퇴진행동은 시민들께 감사 인사를 올리고 투명하고 의미 있는 재정 집행을 다짐함.
2017.3.18.	사드 저지를 위한 전국 집중 '평화버스' 진행함.

2017.3.20.	중앙선관위, 19대 대선일정 공고함. 4월 15~16일 후보자 등록, 4월 17일 선거기간 개시일, 5월 9일 투표일.
2017.3.21.	박근혜 전 대통령, 검찰 출석함.
2017.3.24.	퇴진행동 전국대표자회의, 적폐, 개혁입법, 재벌구속 사업계획 논의함.
2017.3.25.	〔박근혜 구속! 황교안 퇴진! 공범자 처벌! 사드 철회! 세월호 진상 규명과 책임자 처벌!〕"촛불은 멈추지 않는다." 탄핵 심판이 끝나고 박근혜가 파면되었지만, 광화문광장에 10만 명, 지역에서 2,400명, 전국적으로 10만여 명이 참가하는 촛불집회를 진행함.
2017.3.29.	퇴진행동 전국운영위, 4·15대회와 사드 및 현안 대응 등 4월 사업계획 논의함. 퇴진행동 백서제작 등 계획 논의함. 공안탄압과 소환·기소자 파악 등 대응책 논의함.
2017.3.31.	박근혜 전 대통령, 구속 수감됨. 그날 세월호가 인양되어 목포 신항으로 돌아옴.
2017.2.16.	정의당, 대선 후보로 심상정 후보 선출함.
2017.3.28.	바른정당, 대선 후보로 유승민 후보 선출함.
2017.3.31.	자유한국당, 대선 후보로 홍준표 후보 선출함.
2017.4.3.	더불어민주당, 대선 후보로 문재인 후보 선출함.
2017.4.4.	국민의당, 대선 후보로 안철수 후보 선출함.
2017.4.14.	퇴진행동 전국대표자회의, 대선 후보 보수화에 대한 경고 등 대선국면 집중점 등에 대한 논의를 진행함. 퇴진촛불 1차 집회일인 10월 29일을 '1주년 기념집회일'로 정함. 퇴진행동 기록·기념위원회를 구성하여 2017촛불혁명의 역사적 기록을 남기고 퇴진촛불혁명을 기념하는 사업을 추진하기로 함.
2017.4.15.	〔세월호 3주기 22차 범국민행동의 날〕"끝날 때까지 끝난 게 아니다." 세월호 참사 미수습자 수습과 철저한 선체 조사, 책임자 처벌, 철저한 박근혜 수사와 처벌, 공범자 구속, 적폐

청산 요구함. 광화문광장 10만5천 명, 지역 4,600명, 전국적으로 10만 5천여 명이 촛불집회에 참가함.

2017.4.19.	퇴진행동 1차 평가워크숍 진행함.
2017.4.26.	대통령 선거운동이 한창 진행되고 사드가 중요 쟁점이 되고 있는 도중에, 경북 성주 소재의 구 롯데골프장 부지에 사드 장비가 전격적으로 배치됨.
2017.4.26.	퇴진행동 2차 평가워크숍 진행함. 촛불의 성격과 명칭에 대해 '촛불혁명'과 '촛불항쟁'을 병기해 표시하기로 함. 촛불 개혁과제와 관련, 6대 긴급현안 이외에 30대 주요 과제와 100대 개혁과제를 제시하기로 함. 5월 12일에 평가작업 마무리하기로 함.
2017.4.29.	["광장의 경고" 촛불 민심을 들어라 23차 범국민행동] 상대적으로 여론의 초점, 이 대선으로 옮겨갔지만, 광화문광장에 5만 명이 참가하여 마지막 퇴진촛불집회를 진행함.
2017.5.9.	제19대 대통령 선거, 문재인 더불어민주당 후보가 41.1%의 득표율로 당선됨. 2위 후보는 24% 득표에 그쳤고, 득표 차이는 557만 표로 사상 최대 득표수 차이임.
2017.5.10.	문재인 대통령의 '촛불정부' 출범함.
2017.5.10.	퇴진행동 운영위, 사드투쟁 대응계획 등 논의함. 19대 대선 이후 연대체 구성 제안이 있었으나, 퇴진행동이 조직 전환을 하지 않기로 결의하였기 때문에 별도 논의하지 않음. 기록·기념위원회 활동 및 재정 사용 관련 논의를 정리함.
2017.5.12.	퇴진행동 전국대표자회의, 퇴진행동을 계승·전환해야 한다는 의견이 제시되었으나, 조직 전환을 하지 않고 퇴진행동을 해산하기로 함. 퇴진행동 해산 절차 논의 후 5월 24일을 해산 기자회견을 하기로 결정함. 기록·기념위원회 사업을 백서, 미디어 기록, 기념사업으로 정함. '적폐청산 6대 현안투쟁 지원, 학술연구사업, 법률 대응' 사업에 재정을 사용하기로

	정함. 또 남는 과제인 적폐청산 과제 이행을 위해 '(가칭) 적폐청산과 사회대개혁을 위한 국민행동'에 적극 동참하기로 함.
2017.5.24.	'박근혜정권퇴진 비상국민행동 해산선언 및 촛불대개혁 호소 기자회견' 진행함. "1,700만 촛불과 함께 한 모든 날이 행복했습니다. 퇴진행동은 해산하지만 세상을 바꿀 촛불은 언제든 타오를 것입니다." 기자회견의 제목임.
2017.6.21.	퇴진행동기록·기념위원회 대표자회의 개최함, 416연대, 민주노총, 시민사회단체연대회의, 참여연대, 한국진보연대 대표자로 구성하여 회의 진행함.

에필로그: 편저자의 마무리 글[*]

2016년 10월 29일부터 6개월간 한국에서 지속된 퇴진촛불항쟁은 국정농단과 헌정유린을 일삼았던 박근혜 당시 대통령을 국민의 힘으로 파면시키고 권좌에서 끌어내리는 성공을 거두었다.

'박근혜 정권 퇴진촛불항쟁'을 통해 한국의 주권자들은 1960년 시민혁명으로 독재정권을 퇴진시킨 이후 57년 만에, 평화적 촛불항쟁으로 무도한 권력자를 쫓아내고 권력 교체에 성공한 사례를 만들었다. 퇴진촛불항쟁은 한마디로 위대한 국민승리, 민중승리였다.

퇴진촛불항쟁 승리의 결과로 2017년 5월 9일 대통령 선거를 통해 문재인 대통령 정부가 출범하였다. 문재인 대통령 정부는 스스로 '촛불정부'라고 자리매김하였다. 문재인 대통령의 '촛불정부'는 취임 초기에 공

---

[*] 이 글은 2020년 8월에 출간한 촛불항쟁 영문판 *A RECORD OF CANDLELIGHT IN SOUTH KOREA*에 게재된 내용임.

공부문 비정규직 노동자의 정규직화 조치 등을 추진하고 또 남북정상회담 성사 등 한반도 평화 분위기 정착에 성과를 내기도 하였다. 또한 권력기관의 적폐청산과 각종 분야의 사회적 개혁조치를 시도하면서, 당시까지 한국 사회를 주도하던 극단적 보수 세력이 몰락하고 민주화되고 자율화되는 방향으로 사회적 분위기가 형성되기 시작하였다. 특히 '미투, 위드유'(ME TOO, WITH YOU)로 표현되는, 성폭력 근절을 요구하는 강력한 사회적 흐름이 한국 사회를 중요하게 변화시키고 있다. 또한 '갑질'(사회적 권리관계에서 우위에 있는 자들이 약자들에게 가하는 부당한 행위)과 차별을 추방하는 사회적 캠페인이 강력하게 진행되는가 하면, 비정규직 노동자들의 노조 조직화가 상당 부분 확대되기 시작하는 등 촛불항쟁의 성과가 사회의 각 영역으로 확산되기도 하였다.

그러나 촛불개혁 조치는 국회 문턱을 넘지 못하고 개혁의 법제도화에 결정적인 한계에 봉착하게 된다. 즉, 퇴진촛불항쟁으로 박근혜 정권 행정부의 상층부는 쫓아내고 새로 구성하였지만, 권력의 또 다른 축인 입법부의 국회의원들은 혁파되지 못한 채 여전히 촛불항쟁 이전의 국회의원으로 구성된 국회가 유지·온존되었다. 퇴진촛불항쟁 과정에서 개혁 요구가 결집된 촛불개혁 과제는 국회에서 실종되거나 지연되는 상태로, 제대로 된 개혁이라고는 정말 아무것도 이룬 것 없이 허송세월하면서 3년이 흘러갔고, 결국 그 상태로 임기를 마치게 된 것이다.

촛불정부가 사회경제적 개혁에서 지지부진하게 되면서 촛불개혁은 결정적인 한계에 부딪혔다. 집권 초기 선거공약이었던 최저임금의 의미 있는 인상을 추진하는 등 '소득주도 성장', 즉 '임금주도 성장' 정책을 추진했던 문재인 대통령 정부는, 기득권층의 입체적인 반발에 부딪혀 얼마 있지 않아 본질적인 후퇴를 하게 된다. 박근혜 정부 말기의 '사드' 배치에 대한 보복으로 취해진 중국의 한국 방문 관광객 통제정책 때문에 가뜩이나 한국 내 판매서비스나 관광 관련 경기가 후퇴하고 있던 상황에서, 새로 취임한 트럼프 미대통령이 주도한 미·중 간의 무역 분쟁이 격화되면서, 중국이나 미국과의 교역에 상당 부분 의존해왔던 한국 경제는 일정한 침체 국면에 빠지게 되었다. 보수 기득권 세력들이 이러한 경기침체에 대한 대중적 불만에 올라타고 문재인 정부의 소득주도 성장정책에 대한 뒤집기를 시도한 결과, 문재인 정부의 경제개혁정책은 무기력하게 후퇴하게 된다. 그 결과 촛불정부 하에서도 경제적 불평등과 사회적 불공정 상황을 개선하지 못하고 불평등 상황은 여전히 심각한 상태에 머무르게 된다. 촛불항쟁 이후에 출범한 촛불정부에서 획기적인 정치적·사회적·경제적 개혁 조치가 취해질 것을 기대하였던 수많은 국민은 실망감을 감추지 못한다. 특히 문재인 대통령 정부는 촛불개혁의 핵심적 요구 중의 하나였던 재벌경제체제 혁파라는 개혁과제를 등한시하고 도리어 경기 진작을 위해 재벌들에게 손을 벌리는 방식의 경제정책을 추진하기도 하는가 하면, 또 한국 사회의 핵심적 생활상 모순인 주택 관련 불로소득 편취 체제를 혁파하기는커녕 도리어 이를 더욱 심화하는 방향으로 정책을 추진한 결과, 주택 가격이 폭등하게 된다. 이는 기득권층에게는 불로소득의 추가적 획득 기회가 되지만, 서민 대중은 심각한 주거비 부담에 빠지게 되는 결과를 초래하게 된 것이다.

촛불정부 하의 지난 3년 동안 한국 사회는 긍정적인 사회적 변화를 일부 만들어내기도 하였지만, 촛불항쟁에 참가한 국민의 염원이었던 적폐청산과 사회대개혁(재벌개혁, 검찰개혁, 언론개혁, 사법개혁, 정치개혁, 노동기본권보장, 국가보안법폐지와 공안통치기구개혁 등)과 사회불평등 혁파와 사회적 불공정 시스템의 혁파 등에 있어서는 매우 미흡한 상태에 머물러 있다. 촛불개혁 과제의 대부분이 실현되지 않았거나 불충분하게 실현되는 데 그친 셈이고, 어떤 점에서는 개혁 역주행 조짐이 나타나기도 하는 상황이다.

한편 최근(2020.4.15.) 실시한 국회의원 총선거 결과, 중도개혁 성향의 집권여당인 더불어민주당 계열이 총 의석수의 61%(정당투표 득표율은 38.77%), 강경보수 성향의 제1야당인 미래통합당(새누리당, 자유한국당 후신) 계열이 총 의석수의 34.3%(정당투표 득표율은 33.84%)를 차지하는 등 국회의석분포가 극단적으로 양극화되었다. 반면 진보 성향의 정의당이나 보수 성향의 국민의당은 각각 총의석수의 2%(정당투표 득표율 9.67%)와 1%(정당투표 득표율 6.79%)를 차지하는 데 그쳤다(정당투표에서의 득표율과 실제 의석수 차이가 많이 나는 것은 각 선거구마다 다수 득표자 1인을 선출하는 소선거구제 선거법 때문에 초래된 상황임). 이번 국회의원 총선거에서 집권여당의 압승으로 귀결된 것은 박근혜를 비호하던 적폐정치세력에 대한 국민적 심판으로 해석된다. 향후 한국 정치의 방향이 촛불개혁의 완성으로 갈 수 있느냐, 아니면 적당한 수준의 미봉적 개혁에 그치게 될 것이냐의 기로에 서 있는 셈이다. 특히 코로나19 팬데믹 상황에서 지속가능한 새로운 사회를 만들 수 있느냐 아니냐의 기로에도 서 있는 상황이다.

1단계 퇴진촛불항쟁은 박근혜 대통령을 쫓아내면서 승리로 마무리되었지만, 이후 상황 전개는 단선적으로 전개되지 않고 매우 복잡한 양상을 보이면서 진화하고 있다. 한편으로는 촛불항쟁의 성과를 타고 긍정적 변화가 만들어지기도 하였지만 또 다른 한편으로는 기득권(적폐)세력들의 지능적이고 완강한 저항에 개혁의 흐름이 좌절되거나 왜곡되는 상황에 처해 있다. 여러 가지 구실을 대며 시간을 지연시키는 한편 정부여당의 실책을 타고 넘으면서 끊임없이 엎어치기를 시도하고 있는 기득권 연합세력의 입체적인 저항은 실로 상상을 초월하는 수준이다. 이런 저항을 뚫고, '헬조선'을 마감하고 사람이 사람답게 살 수 있도록, 민주주의와 평등, 민중생존권과 사회공공성 강화, 평화와 자주통일의 새 세상을 앞당기기 위한 '2단계 촛불항쟁'이 불타오르고, 그리하여 촛불항쟁을 명실상부한 '촛불혁명'으로 완성해나가야 할 과제가 우리 앞에 놓여 있는 셈이다.

퇴진촛불항쟁을 승리로 마무리한 후 촛불항쟁의 실무를 담당해온 '박근혜정권퇴진비상국민행동'(약칭 '퇴진행동')은 그 소임을 완수하였으므로 일단 조직을 해산하면서, '퇴진행동기록기념위원회'를 구성하여 퇴진촛불항쟁의 후속 작업을 수행하기로 결정하였다.

퇴진행동기록기념위원회는 퇴진촛불항쟁 관련 실무적 뒤처리를 수행하는 한편, 촛불항쟁 관련 자료를 수집하고 기록을 남기는 것을 우선적 과제로 삼았다. 그래서 서울시기록원(문서자료 외 유형물)과 민주화운동기념사업회(문서자료와 디지털 파일자료 등)와 MOU를 맺고 당시까지 수집된 자료를 이관시켜 보존토록 요청하였다. 그리고 투쟁의 경과와 전개 과정을 기록한 투쟁백서인 《박근혜정권퇴진 촛불의 기록》(1권 백서 491쪽, 2권 자료집 783쪽)을 퇴진촛불항쟁이 일단락된 지 1년 1개월이 경과된 시점인 2018년 6월 8일 발간할 수 있었다. 투쟁백서는 1만 질을 인쇄하여 전국 각지의 공공도서관과 주요 기관에 무료로 배포하는 한편, 각 지역과 부문의 참가 단체들과 출판기념회에 참석한 촛불시민들에게 골고루 무료 배포하였으며, 전자책(e-BOOK) 형태로도 제작하여 촛불항쟁의 주역들과 일반 시민들에게도 무료로 공개하였다.

한편 퇴진촛불항쟁을 평가하고 향후 사회운동의 과제를 정리하는 국내 학술심포지엄을 2018년 5월 18일부터 5월 19일까지 2일간 개최하였다. 심포지엄은 "촛불항쟁과 사회운동의 전망"이라는 주제로 진행되었는데, 발표와 토론은 학계가 중심이 되고 민중진보단체와 시민사회단체 쪽 활동가들이 참여하는 통합적이고 협력적인 방식으로 진행되었다. 심포지엄의 결과는 《촛불 이후 사회운동의 과제 및 전망》이라는 제목의 책으로 출판되었다. 또한 국제 토론회도 "광장민주주의와 사회변화 전망"이라는 주제로 2018년 5월 24일 진행되었다. 각 나라별로 광장시민운동과 그 성과를 정치적·제도적으로 수렴하는 과정과 성과, 과제와 전망을 살펴보기 위해 기획되었는데, 스페인(15M 운동과 포데모스), 아이슬란드(프라이팬 혁명과 해적당), 튀니지(재스민 혁명과 바스켓 혁명), 일본(SEALDS운동과 안보관계법 개정 반대운동), 대만(해바라기운동과 대만청년당) 사례를 공유한 후, 한국 사례와 비교해보는 종합토론이 진행되었다. 그 외에도 퇴진촛불항쟁의 경과를 정리하는 다큐멘터리 동영상 제작과 촛불기념조형물 제작도 추진하고 있다.

그리고 유서 깊은 독일의 프리드리히 에베르트 재단(Friedrich-Ebert-Stiftung)에서 '박근혜정권퇴진비상국민행동'을 2017년 인권상 수상자로 선정했음을 알려왔다. 또 특별상으로 '대한민국 촛불시민'을 선정하기도 하였는데(이 상장을 복제하여 촛불백서 발간행사장에서 나누었는데, 추가에 추가를 거듭하여 무려 8만 장의 상장을 수상자인 촛불시민들이 받아가는 놀라운 상황이 전개되었다), 2017년 12월 5일 독일 베를린에서 개최된 시상식에서 상금도 수령하였는데, 퇴진행동기록기념위에서 이 인권 상금의 용처를 의논한 결과, 이 상금과 퇴진행동기록기념위 잔여 재원을 보태어서, 퇴진촛불항쟁을 국제적으로 알리는 영문판 투쟁백서를 제작하기로 하였다. 실로 역사적인 광장투쟁인 퇴진촛불항쟁을 통해 한국에서 민주주의와 인권 신장을 위한 결정적인 승리를 일구었는데, 정작 촛불항쟁의 구체적 과정과 그 현실적·역사적 의미 등이 국제적으로는 제대로 알려지지 않은 상태였다. 촛불항쟁 과정에서 외신을 통해 다른 나라에 단편적으로 보도되기는 하였지만 퇴진촛불항쟁을 전반적으로 살펴볼 수 있는 종합적인 보고서 또는 종합적인 소개 책자가 만들어지지 않았기 때문이기도 하였다. 특히 아시아·아프리카와 중남미 등 지역에서 독재정권의 탄압을 받으면서도 그에 굴하지 않고 끊임없이 인권과 민주주의를 향한 민중투쟁, 광장투쟁을 지속하고 있는 민주화·인권운동가들에게 퇴진촛불운동의 경험을 전하는 것은 동시대를 살아가는 활동가로서의 기본적 도리라는 생각도 들었다. 이 기회를 빌려서 함께 일구어가는 지속가능한 공동체의 전진을 위해 헌신하고 있는 세계 각국의 민중들과 활동가들에게 따뜻한 연대의 인사를 드리고자 한다.

영문판 촛불백서는《박근혜정권퇴진 "촛불의 기록(1, 2)"》을 바탕으로, 한국 사회 상황이나 촛불항쟁의 전후 흐름을 잘 모르는 외국 분들도 이해하기 쉽게 전체적인 맥락에서 재차 기술하였다. 전반적인 재편집과 대폭적인 추가 집필 등을 통해 영문판 백서를 출간하였는데, 역사적 항쟁으로 기록될 박근혜 퇴진촛불을 이렇게 기록하여 외국에 알리는 작업을 맡게 된 것에 대해 무거운 책임감과 함께 뿌듯한 보람을 느낀다. 한편 영문판 백서의 원고를 준비하는 사이에 일본에서 평화운동을 하시는 분들께서 일본어로 번역하여 일본에서 출판하시겠다는 연락을 해오기도 하였다. 곧 일본어판도 나올 것을 기대할 수 있게 되었다.

영문판 백서는 여러 사람의 헌신에 의해 제작이 가능할 수 있었다. 박래군 대표, 오민애 변호사, 남정수 전 민주노총 대변인, 최예륜 작가 등 여러 분의 협력에 감사드린다. 또 영문판 번역을 담당해주신 고소라 님, 강예린 님, 곽영미 님, 이경 님, 진주 님께도 특별히 감사의 인사를 올린다. 영문판 편집자인 다니엘 콕스 님과 편집디자인을 담당하신 조용신 님께도 감사하다는 말을 전한다.

그 무엇보다 승리의 촛불을 기록할 수 있게 해주신 촛불시민 여러분, 그 비바람과 눈보라가 몰아치는 광장에서 끝내 승리를 쟁취하신 촛불시민들께 깊은 감사의 인사를 올린다.

촛불과 함께한 모든 날이 행복했습니다.
세상을 바꿀 촛불은 계속됩니다.

2020년 5월
박석운(전 박근혜퇴진비상국민행동 기록기념위원회 공동대표)
주제준(전 박근혜퇴진비상국민행동 기록기념위원회 백서팀장)